Kunst und Politik
Band 13/2011

KUNST UND POLITIK
JAHRBUCH DER GUERNICA-GESELLSCHAFT

Begründet von Jutta Held

Herausgegeben
von Martin Papenbrock
und Norbert Schneider

KUNST UND POLITIK
JAHRBUCH DER GUERNICA-GESELLSCHAFT

Kunst und Politik
Band 13/2011

Schwerpunkt:
Museum und Politik –
Allianzen und Konflikte

Herausgeberin dieses Bandes:
Anna Greve

V&R unipress

– Veröffentlichung des Universitätsverlags Osnabrück bei V&R unipress –

Redaktion:	Anna Greve (Leitung), Britta Borger, Julia Frohnhoff, Regine Hess, Julica Hiller-Norouzi, Dirk Janßen, Helga Lechner, Barbara Martin, Martin Papenbrock, Hilde Schreiner
Redaktionsadresse:	Guernica-Gesellschaft, Klauprechtstraße 19, 76137 Karlsruhe, Tel. 07 21/3 52 93 79
Erscheinungsweise:	Jährlich im Herbst
Abonnement:	Der Preis für ein einzelnes Jahrbuch beträgt EUR 22,50 im Abonnement EUR 19,50

Gedruckt mit Unterstützung folgender Institutionen:
Karlsruher Universitätsgesellschaft
Ulmer Verein – Verband für Kunst- und Kulturwissenschaften
Stiftung Kritische Kunst- und Kulturwissenschaften

Bibliografische Information der Deutschen Nationalbibliothek

Die Deutsche Nationalbibliothek verzeichnet diese Publikation in der Deutschen Nationalbibliografie; detaillierte bibliografische Daten sind im Internet über <http://dnb.d-nb.de> abrufbar

1. Aufl. 2011

Einbandgestaltung: Tevfik Göktepe
Druck und Bindung: CPI Buch Bücher.de GmbH, Birkach

Gedruckt auf säurefreiem, total chlorfrei gebleichtem Werkdruckpapier. Alterungsbeständig.
Printed in Germany

ISBN 978-3-89971-859-1

Inhalt

WEITERE BEITRÄGE

MATERIALIEN

ANHANG

Anna Greve

Museum und Politik – Allianzen und Konflikte
Einführende Gedanken zu einer schwierigen Beziehung

»Kunst ist unschuldig« – »Politik macht schmutzig«?

Die Idee für diesen Band entstand vor sieben Jahren, als ich Jutta Held von meinen Erfahrungen als Volontärin bei den Staatlichen Kunstsammlungen Dresden erzählte. Nach dem theoretischen Studium der Kunstgeschichte und Politikwissenschaft erlebte ich in der Praxis die Widerlegung des gängigen Vorurteils, dass Kunst unschuldig, Politik dagegen ein schmutziges Geschäft sei.

Die Frage, inwiefern ein Bachelor-Abschluss in europäischer Kunstgeschichte für die Museumsarbeit qualifiziert, mag noch unpolitisch erscheinen. Weiten wir sie so aus, dass wir nach dem Unterschied zwischen einem promovierten Volontär und einem Abiturienten (der ein freiwilliges kulturelles Jahr absolviert) fragen, wenn beide ähnliche Aufgabenfelder bekommen, zeigt sich, dass es in einem Museum schnell um Personalpolitik geht, die nicht nur finanzieller, sondern auch inhaltlicher Natur ist. Mitten in der Tagespolitik befinden wir uns, wenn wir fragen, welche Verantwortung bei der Beschäftigung von »Ein-Euro-Jobbern« im Museum übernommen wird.[1] Mit Unbehagen erinnere ich mich an die 20-jährigen Frauen, die 2005 im Foyer der neu eröffneten Kunsthalle im Lipsius-Bau in Dresden potenzielle Besucher_innen zum Gang in die Ausstellung motivieren sollten. Warum habe ich mit ihnen keine Einzelgespräche geführt, um zunächst sie für die Thematik zu begeistern? Tat ich es nicht, weil ich keine Zeit hatte, weil ich sowieso gegen diese Maßnahme war, weil ich keine Machtposition in der Institution hatte? Das sind alles keine guten Ausreden.

Mein Bewusstsein für die Thematik wurde hauptsächlich dadurch geschärft, dass ich regelmäßig die Mittagspause zusammen mit sieben weiteren Wissenschaftler_innen der Staatlichen Kunstsammlungen Dresden verbrachte, um über das politische Selbstverständnis »unserer« Institution nachzudenken.[2] Ergebnis war die Vortragsreihe *Auf der Baustelle: Dresdner Perspektiven zur Zukunft des Museums* im Jahr 2004. Eingeladen wurden externe Referent_innen zur Diskussion der gesellschaftlichen Verantwortung von Museen. Während der praktischen Organisation fiel plötzlich auf, dass unter uns nur ein in Vollzeit unbefristet angestellter Wissenschaftler_innen war, wodurch wir die veränderte Personalstruktur am Museum deutlich spiegelten. Dass die Kolleg_innen in Festanstellung weniger Anlass hatten, den Ist-Zustand kritisch zu hinterfragen, leuchtet ein. Erstaunt waren wir allerdings, als Generaldirektor Martin Roth einen bekannten deutschen Kunsthistoriker, der sich um die Erneuerung des Faches um 1968 verdient gemacht hat, mit der Erarbeitung eines Profilpapiers für die Staatlichen Kunstsammlungen Dresden beauftragte und dieser dann ausschließlich Einzelgespräche mit den Festangestellten führte. Mehrfach wiesen wir darauf hin, dass die Überzahl Beschäftigter mit befristeten Verträgen entscheidende Konsequenzen für das wissenschaftliche Arbeit am Museum hat. Schließlich wurden wir in einem überfüllten Raum als Kollektiv angehört.[3]

Den skizzierten Themenkomplex Personal- und Finanzstruktur habe ich bei der Konzeption des Bandes aus unterschiedlichen Gründen ausgeklammert. Zum Thema Personal und Ausbildung trauten sich alle Angefragten leider nicht zu sprechen – als Angehörige konkreter Institutionen. Einen angstfreien Raum zur Diskussion dieses Themas scheint es nicht zu geben. Die prekäre Finanzsituation der Museen ist dagegen ein Thema, für das sich temporäre Mitarbeiter_innen und Direktor_innen gleichermaßen »begeistern« können. Entsprechend wird sie von dem offiziellen Organ – dem Museumsbund – diskutiert.[4] Die Geldforderungen der Museen an die Politik für die Aufrechterhaltung des laufenden Betriebs sowie für die Umsetzung von Forschungsvorhaben und von pädagogischen Maßnahmen sind berechtigt. Hinter dem Geldmangel kann man sich aber auch verstecken und Verantwortung zurückweisen. Entsprechend geht es in den folgenden Beiträgen weniger um die Erwartungen der Museen an die Politik, als um die Politik der Institution Museum.

Ausgangslage

Was ein Museum ist, definiert der Internationale Museumsrat (ICOM) mit den Worten:

> »Ein Museum ist eine gemeinnützige, ständige, der Öffentlichkeit zugängliche Einrichtung im Dienst der Gesellschaft und ihrer Entwicklung, die zu Studien-, Bildungs- und Unterhaltungszwecken materielle Zeugnisse von Menschen und ihrer Umwelt beschafft, bewahrt, erforscht, bekannt macht und ausstellt.«[5]

Der Begriff »Politik« lässt sich dagegen weniger scharf fassen. Bekanntlich geht er auf Platon zurück und meint in etwa die Kunst der Staatsverwaltung.[6] Die demokratische Gestaltung des Gemeinwesens durch alle Bürger der Polis schloss Nicht-Bürger – die Mehrzahl der Bevölkerung – aus: Frauen, Kinder, Migranten, Sklaven. Insofern war Politik schon immer elitär – wie das Museum. Gustav Pauli war 1919 der Ansicht, dass das Kunstmuseum die demokratischste aller Bildungsinstitutionen sei.[7] Im Sinne von Platons bürgerlichem Demokratieverständnis könnte das richtig sein. Die damit verbundene Exklusion großer Bevölkerungsgruppen bedachte Pauli ebenso wenig wie die nachfolgenden Diskutanten des Themas Museum. Bürgerliche Kultureinrichtungen wurden selbstverständlich, ihre Bedeutung für das Gemeinwesen immer höher eingeschätzt. Der frühere Innenministers Otto Schilly (SPD) äußerte sogar explizit die Funktion von Kultur als gesellschaftlicher Befriedungsstrategie: »Jede Abschaffung einer musischen Einrichtung ist ein Angriff auf die innere Sicherheit.«[8]

Heute ist die Differenzierung von Politik in die institutionellen Organe (*polity*), die Gestaltung von Inhalten (*policy*) und die Durchsetzungsprozesse von Interessen (*politics*) üblich.[9] Alle drei Politikdimensionen sind im Museum anzutreffen: (1) Die Rechtsform bestimmt die Machtstruktur. Die Weisungsbindungen bzw. Weisungsbefugnisse sind unterschiedlicher Art, wenn ein Museum eine nachgeordnete Behörde des Kultusministeriums oder eine Stiftung des öffentlichen Rechts ist. (2) Bei der Gestaltung von Inhalten und (3) der Durchsetzung der mit den Inhalten verbundenen Interessen stellt sich die Frage, inwiefern letztere potenziell im Konflikt mit denjenigen der auf der Machtskala höher gestellten regierungspolitischen Organen oder im Konflikt mit den auf der Machtskala niedriger gestellten Lebenswelten marginalisierter Bevölkerungsgruppen stehen. Die derzeitige Tendenz, auf ein vielfältiges Publikum einzugehen, wird von den Museen als Demokratisierung verstanden, könnte aber auch im Habermas'schen Sinn als Zielgruppen-Kolonialismus interpretiert werden.[10] Warum sollen sich Schüler_innen für die Staatliche Kunsthalle Karlsruhe interessieren, warum ausgerechnet Personen »mit Migrationshintergrund« an Projekten des Übersee-Museums Bremen teilnehmen? Indem sie es tun, legitimieren sie die Existenz dieser Institutionen.[11] Erst im Verlauf der Vorbereitungen dieses Bandes beschlich mich das Unbehagen bezüglich der Überzeugung des *weißen* Bildungsbürgertums – zu dem ich auch gehöre –, dass ein breiteres Publikum für das Museum als essenziellem Teil kultureller Identität gewonnen werden muss.[12] Welche Interessen stecken hinter dieser Grundannahme, die selten in Frage gestellt wird? Das Museum ist traditionell eine hegemoniale Institution, die im Interesse einer Minderheit eine kollektive Narration konstruiert. Boris Groys formulierte in Hinblick auf das westliche Kunstmuseum:

> »Die museale Inszenierung der freien künstlerischen Subjektivität geschieht gemäß einem ideologischen Auftrag des modernen Staates, der sich verpflichtet fühlt, die Individualität seiner Bürger zu schützen.«[13]

Eine zentrale Allianz zwischen den Inhalten des Museums und den institutionellen Organen der Regierungspolitik – die sowohl vom Museumspersonal als auch von Kulturpolitiker_innen häufig als Konflikt erlebt wird – besteht also in der Propagierung individueller Freiheit – für jeden Künstler wie für jeden Bürger. Aber nicht jeder in Deutschland lebende Mensch gilt als Bürger, daran sei erinnert.[14] Das Ringen um individuelle Freiheit ist systemimmanent und wirkt systemstabilisierend. Das ist eigentlich keine neue Erkenntnis.[15]

Neuer ist der Gedanke, dass das Museum im existentiellen Konflikt mit Gesellschaftskräften steht, welche klar benennen, dass die Idee eines politisch autonomen und inhaltlich neutralen Museums nicht realisierbar ist. Hans Beltings Überlegungen zum »diskursiven Museum« als einem Medium im öffentlichem Gebrauch, das aktive Publikumsinterventionen zulässt und an der Herausbildung einer kritischen Öffentlichkeit beteiligt ist,[16] erscheinen zunächst ebenso innovativ wie das von ihm mitgetragenen Projekt *Global Art and the Museum* (GAM) des Karlsruher Zentrums für Kunst und Medientechnologie (ZKM) als weltweiter Plattform zur Diskussion des Transformationsprozesses der Kunstszene vor dem Hintergrund der Globalisierung.[17] Das Museum für Neue Kunst im ZKM erlebe ich allerdings als nicht weniger elitär als die Staatliche Karlsruher Kunsthalle: Gesammelte Objekte werden, vor dem Zugriff der Besucher_innen geschützt, durch eine Kuratorenautorität präsentiert. Neuartige Freiräume, die dieses traditionelle Museumsverständnis zur Disposition stellen, werden nicht eröffnet. Dass eine derartige Grundsatzdebatte aber auch nicht angestrebt wird, zeigt sich an Beltings Verständnis des Museums als »Enklave der Gesellschaft, wo auf Machtausübung verzichtet wird.«[18] Würde das Museum tatsächlich eine basisdemokratische Institution werden wollen, müsste es seinen Objektivitätsanspruch aufgeben und radikale Interventionen aushalten. Bereits ein namentlich gekennzeichneter Raumtext ist ein bewusster Bruch mit dem Naturalisierungseffekt der Institution. Sind Ausbildung, berufliche Position, Alter oder andere Informationen zu der »sprechenden« Person wichtig? In jedem Fall bestünde kein Zweifel mehr daran, dass der Raumtext eine Interpretation ist, andere aber ebenso denkbar sind.[19] Transparenz bezüglich veränderter Präsentationen und Verfahren der musealen Arbeit können verdeutlichen, wer eigentlich mit welcher Autorität spricht.[20] Auch die Gemäldehängung nach Epochen und Schulen ist nur ein mögliches Ordnungssystem, das sich bekanntlich in den Anfängen der Institution erste durchsetzen musste.[21] Ein konsequentes Infragestellen der Institution Museum und die Umsetzung der bereits vorliegenden vielfältigen Ideen dazu würde sie in ihrer herkömmlichen Form auflösen. Geht es nicht letztendlich um eine grundlegende Wertedebatte, die aber nicht als solche klar ausgesprochen wird? Wirklich an die Substanz ginge die Frage, was »man« bereit ist aufzugeben – und wer dieses »man« ist und wer nicht. Erst wenn Museen zugeben, dass sie immer nur eine partielle Wahrheit präsentieren, die sie beibehalten wollen, kann das Fehlen anderer Positionen sichtbar werden.

Aktualität der Debatte

Eine enge Bindung des Museums an die Regierungspolitik war von Anfang an gegeben. Dienten die ersten europäischen Kunstkammern den fürstlichen Machtdemonstrationen, so entstanden die westlichen Museen des 18. und 19. Jahrhundert durch die Enteignung von Adels- und Kirchenbesitz durch das Bürgertum. Der propagierte öffentliche Bildungsauftrag bezog sich ausschließlich auf den bürgerlichen Wertekanon. Seit der Tagung zum Museum als Volksbildungsstätte im Jahr 1903 in Mannheim wiederholen sich die Debatten um die gesellschaftspolitischen Aufgaben des Museums periodisch.[22] Lassen sich überhaupt Schwerpunktverlagerungen ausmachen? Ich glaube, dass das Thema vor allem deshalb weiterhin aktuell wirkt, weil die praktischen Umsetzungen stets weit hinter den theoretischen Überlegungen zurückliegen. Das große Verdienst der 68er-Kritik am Museum war es, die bereits in den 1920er Jahren geforderte Aufgabe der elitären Abgeschlossenheit und Selbstgenügsamkeit aufzugreifen. »Jeder Mensch sollte mehrmals in seinem Leben gefragt werden: Ist das etwas für Dich? Er soll bemerken, daß er hier einen Mitbesitz ergreifen kann«, schrieb Gerd von der Osten 1968.[23]

Er zählte bundesweit nur sieben Fachkräfte im Bereich Öffentlichkeitsarbeit. Das erscheint heute ebenso befremdlich wie seine auf dem 11. Kunsthistorikertag in Ulm 1968 vorgetragene Aufforderung an die Politik, die Museen als »gute Stube« zu Repräsentationszwecken zu nutzen.[24] Dieser »Mangel« ist lange behoben. Die politischen Organe geben inzwischen Ausstellungen zu Repräsentationszwecken bei den staatlichen Museen in Auftrag und machen damit Kunsthistoriker_innen zu Kompliz_innen ihrer Politik.[25]

Immer wieder mischt sich ›die Politik‹ in die alltägliche Museumsarbeit ein. Im November 2009 wurde auf Wunsch des Staatsministeriums für Kultur eine Texttafel in der Ausstellung *Fremde? Bilder von den Anderen in Deutschland und Frankreich seit 1871* im Deutschen Historischen Museum in Berlin ausgetauscht. Museumsdirektor Hans Ottomeyer ließ verlauten, dies sei aufgrund »berechtigter Rückfragen« veranlasst worden. Stein des Anstoßes war die Aussage:

> »Während innerhalb Europas die Grenzen verschwinden, schottet sich die Gemeinschaft der EU zunehmend nach außen ab. Die ›Festung Europa‹ soll Flüchtlingen verschlossen bleiben.«[26]

An dieser Aussage kann ich nichts Falsches finden, außer vielleicht der Tatsache, dass »Festung Europa« in distanzierende Anführungszeichen gesetzt war. Für den Historiker Jürgen Kocka, der in *Die Zeit* den Austausch der Tafel kritisierte, waren sie allerdings der richtige Nachweis einer Distanzierung der Ausstellungsmacher von direkten politischen Äußerungen. Ersetzt wurde die zitierte Passage jedenfalls durch die Aussage, das Bundesamt für Migration fördere die Integration von Zuwanderern in Deutschland. Ab wann ist eine Aussage »zu politisch«? Lässt sich über ein solches Thema neutral sprechen? Denkbar wäre die Konfrontation unterschiedlicher Perspektiven, die es den Besucher_innen möglich macht, sich eine eigene Meinung zu bilden. Aber vielleicht ist das ein unerreichbares Ideal.

Anlässlich des 60. Geburtstags der Bundesrepublik Deutschland zeigte das Germanische Nationalmuseum in Nürnberg 2009 die in Los Angeles entstandene Ausstellung *Kunst und Kalter Krieg. Deutsche Positionen 1954–1989.*[27] Die auf langjährige Forschungsarbeit basierende Ausstellung verfolgte das Ziel, das polarisierende Klischee abstrakter Kunst im demokratischen Westen und realistischer Kunst im sozialistischen Osten aufzubrechen. Bundeskanzlerin Angela Merkel (CDU) entschied sich, lieber die Eröffnung der Ausstellung *60 Jahre, 60 Werke* im Martin-Gropius-Bau in Berlin mit ihrer Anwesenheit zu ehren. Jeweils ein Werk repräsentierte ein Jahr bundesrepublikanischer Geschichte. DDR-Künstler_innen waren nicht vertreten. Erst nach diesem Datum dürfen sich ihre Werke zu denen der West-Kolleg_innen gesellen. Getragen wurde die Ausstellung von der Stiftung für Kunst und Kultur Bonn. Medienpartner war die Bild-Zeitung. Hauptgeldgeber waren der Energieriese RWE und das Innenministerium. Diese bunte Mischung von Interessensgruppen spiegelt das potenzielle Publikum einer solchen Ausstellung. Wie der Presse zu entnehmen war, nahm Merkel direkten Kontakt auf zu Frankreichs Staatspräsidenten Nicolas Sarkozy, um den in Filz gehüllten Konzertflügel von Joseph Beuys als Leihgabe des Centre Pompidou zu erhalten, was vormals aus konservatorischen Gründen abgelehnt worden war.[28] Alle Museumsmitarbeiter_innen kennen das: Im Zweifel steht das politische Bedürfnis über der bewahrenden Aufgabe des Museums.

Diese Beispiele für die Verflechtung von Museumsarbeit und politischen Interessen trug ich auf der Tagung zur Vorbereitung des Bandes im November 2010 in der Staatlichen Kunsthalle Karlsruhe vor. Sie muten seltsam veraltet an, angesichts der aktuellen Debatten um die Ausstellung *Die Kunst der Aufklärung* in Peking (2.4.2011–31.3.2012).[29] Von den Staatlichen Museen zu Berlin, den Staatlichen Kunstsammlungen Dresden und den Bayerischen Staatsgemäldesammlungen München gemeinsam konzipiert,[30] findet sie anlässlich der Wiedereröffnung des von dem Hamburger Architektenbüro gmp umgebauten und erweiterten National Museum of China statt. Das mit 200.000 Quadratmetern derzeit größte Museum der Welt will sich zukünftig als »Forum der Weltkulturen« etablieren.[31] Die Ausstellung unter der Schirmherrschaft des chinesischen Staatspräsidenten Hu Jintao und des deutschen Bundespräsidenten Christian Wulff ist ein politisches Projekt zur Festigung des deutsch-chinesischen Kulturaustauschs. Finanziert wird es durch das Auswärtige Amt mit zehn Millionen Euro und einer in der Öffentlichkeit nicht genannten Summe der BMW Group. An dieser Konstellation lässt sich bereits ablesen, dass hinter der Kulturpolitik konkrete ökonomische Interessen stecken, die im Kontext der Ausstellung allerdings niemals benannt werden. In Deutschland geriet die Schau wenige Tage vor der Eröffnung in die Schlagzeilen, weil dem Sinologen Tilman Spengler, der an der Ausstellungskonzeption beratend beteiligt war, die Einreise verweigert wurde. Dahinter verbarg sich sicherlich der Groll über seine Laudatio auf den in China inhaftierten und inzwischen auch mit dem Friedensnobelpreis ausgezeichneten Autor und Menschenrechtsaktivisten Liu Xiaobo. Spengler hatte sie anlässlich der Verleihung der Hermann-Kesten-Medaille an Liu Xiaoba 2010 gehalten.[32] Als zwei Tage nach Ausstellungseröffnung der international bekannte Künstler Ai Weiwei verhaftet und an einen unbekannten Ort verschleppt wurde, überschlugen sich die Empörungen in der deutschen Öffentlichkeit.[33] Bundestagspräsident Norbert Lammert (CDU) forderte die Schließung der Ausstellung. Außenminister Guido Westerwelle (FDP) sprach sich dagegen aus. Gegenüber der »dpa« erklärte er: »Damit würden viele hunderttausend Menschen in China keine Möglichkeit mehr haben, sich mit der Geistesgeschichte der Aufklärung zu befassen.«[34]

Statt die Ausstellung als Instrument zur Durchsetzung politischer Interessen (*politics*) zu verstehen, erfolgte eine Überbewertung der Gestaltung des Inhalts (*policy*), dem damit eine naturgegebene Wirkmacht zugesprochen wurde, die weit über die diplomatischen Möglichkeiten der institutionellen Organe (*polity*) hinaus geht. Diese Verschiebung politischen Handelns von ›der Politik‹ in den Kulturbereich ist insofern erstaunlich, als dass sie auf den ersten Blick wie eine freiwillige Kompetenzabgabe erscheint. In jedem Fall wird auf diese Weise politische Verantwortung auf größere Kreise verteilt. Wie anhand der beiden ersten Beispiele dargelegt, scheut die Regierungspolitik zumeist nicht vor Einmischungen in Ausstellungsinhalte zurück und versteht bestimmte Ausstellung – wie auch *Die Kunst der Aufklärung* – explizit als politische Events. Sie dagegen als politisches Instrument in der Auseinandersetzung um die allgemeine Gültigkeit von Menschenrechten zu benutzen, scheint den meisten Politiker_innen und Kunsthistoriker_innen dagegen abwegig. Brisant ist dies m.E. vor allem deshalb, weil die Wissenschaftler_innen an den Museen sich ihrer Verstrickung in das politische System selten bewusst sind und dies innerhalb der Institution Museum nicht diskutiert wird.

Zum Inhalt der Ausstellung *Die Kunst der Aufklärung* heißt es offiziell:

> »Die Ausstellung zum Kunst- und Ideenerbe der Aufklärung, das bis heute identitätsstiftend für die westliche Zivilisation ist, setzt ein Zeichen für den Bildungsauftrag der Museen als Orte der Aufklärung [...] Im Mittelpunkt stehen dabei Kunstwerke, in denen die zentralen Ideen der Aufklärung sichtbar werden, ihr Einfluss auf die Bildenden Künste sowie ihre Wirkungsgeschichte von den künstlerischen Revolutionen des 18. Jahrhunderts bis in die Gegenwart.«[35]

Die Funktion der Institution Museum, ein Ort der Vermittlung eines *weißen*/westlichen Wertekanons zu sein, wird hier klar benannt. Insofern dürfte man sich in Deutschland eigentlich nicht über ein chinesisches Aufbegehren dagegen empören. Allerdings wird die Ausstellung sehr viel stärker in der deutschen als der chinesischen Öffentlichkeit diskutiert.[36] Dies ist konsequent, steht sie doch tatsächlich stärker im Dienst der deutschen als der chinesischen Gesellschaft. Was würden deutsche Besucher_innen wohl über eine Ausstellung zu chinesischen Staatsidealen im Deutschen Historischen Museum in Berlin sagen? Das sei aufgrund der unterschiedlichen politischen Systeme nicht das gleiche? Zur Ausstellung *Die Kunst der Aufklärung* sind in der deutschen Öffentlichkeit nur die Chancen und Grenzen einer solchen Ausstellung in China diskutiert worden, nicht aber die Konsequenzen derartiger Ausstellungen für das deutsche/europäische Bild der Aufklärung. Im Kapitel *Perspektiven des Wissens* wird »die Geburt der modernen Naturwissenschaften und ihr immenser Einfluss auf das künstlerische Schaffen« thematisiert. Die westliche Disziplin der Archäologie wird dabei nicht in Bezug zu dem von ihr beförderten weltweiten Kunstraub gesetzt. In dem Kapitel *Ferne und Nähe* geht es um die »Faszination für ferne Epochen und Kulturen und ihren ästhetischen Niederschlag in der europäischen Kunst.« Dass die europäische »Weltneugierde« nicht von Kolonialismus und Imperialismus zu trennen ist, wird mit keinem Wort erwähnt. Dass die Einteilung der Menschheit in »Rassen« ein Produkt der Aufklärung ist, wird ebenso verschwiegen.[37] Eine Ausstellung, die auch diese »Schattenseiten der Aufklärung«[38] in den Blick genommen hätte, wäre weniger autoritär gewesen, hätte bei den Ausstellungsmacher_innen einen Prozess der Selbstreflexion anstoßen können und den chinesischen Behörden sowie Einzelbesucher_innen gleichermaßen die Möglichkeit eingeräumt, das europäische Projekt »Aufklärung« auf positive und negative Folgen hin zu befragen. Die veränderten Kontexte reisender Ausstellungsobjekte, die von den als *global player* auftretenden Museen präsentiert werden, erzeugen Mehrwerte im Sinne einer ›Glokalisierung‹: Globale und lokale Prozesse sind ineinander verschränkt und beeinflussen sich wechselseitig.[39] Auch für die »Heimatorte« der Objekte eröffnen sich neue Fragen.

Vor diesem Hintergrund ist es das Ziel dieses Bandes, anhand von Fallbeispielen festzustellen, inwiefern sich Museen ihrer Verstrickung in brisante Gesellschaftsthemen bewusst sind und ob alternative Konzepte zum *weißen*/westlichen Museumsverständnis denkbar sind.

Inhalt des Bandes

Der einleitende Beitrag des Politologen Klaus von Beyme verortet *Museen und Ausstellungen im Kräftefeld von Kunst, Wirtschaft und Politik*. Im Anschluss legt Susanne Asche als Leiterin des Kulturamtes der Stadt Karlsruhe zusammen mit Peter Pretsch, Leiter des Stadtmuseums Karlsruhe, und Anke Mührenberg, Leiterin des Pfinzgaumuseums Durlach, ihre Überlegungen zum *Stadtmuseum als Ort der Identitätskonstruktion und der interkulturellen Begegnung* dar. An der Autor_innenkonstellation wird die enge institutionelle Verflechtung von Museum und Politik deutlich, sind doch beide Museen Teil einer Abteilung des Kulturamtes. Von der Vision eines »Museums für alle« führen die folgenden kunsthistorischen und kulturwissenschaftlichen Beiträge schrittweise weg.

Beatriz V. Toscano zeigt anhand des Guggenheim-Museums in Bilbao, wie der Versuch scheiterte, sich als geschichtslose, politisch unschuldige Institution zu inszenieren. Martin Papenbrock diskutiert *Positionen der Museumsguerrilla von 1968 bis heute* und stellt fest, dass die Museen inzwischen nicht mehr mit Exklusion, sondern Inklusion auf institutionskritische Kunst reagieren. Gilbert Lupfer legt die *Zwickmühlen und Gewissensbisse* dar, denen Provenienzforscher_innen zwischen ihrem konkreten Arbeitsauftrag und der Loyalität zu ihren Institutionen ausgesetzt sind. Zeigt der Beitrag von Papenbrock die Unmöglichkeit auf, als kritische/r Künstler_in nicht von der Institution Museum vereinnahmt zu werden, so demonstriert Lupfer, wie schnell die wissenschaftliche Arbeit am Museum an ihre politischen Grenzen stößt.

Belinda Kazeem, Nicola Lauré al-Samarai und Peggy Piesche bringen ihr Unbehagen im Museum zur Sprache und zeigen anhand der Wechselausstellung *Homestory Deutschland – Schwarze Biografien in Geschichte und Gegenwart* wie sich alternative Narrationen jenseits der *weißen* Institution Museum formieren.

Die weltweite Dominanz des westlichen Museumswesens diskutieren Buket Altınoba und Sylvester Okwunodu Ogbechie exemplarisch an den Museumsszenen in der Türkei und in Nigeria. Während Altınoba im Internet die Möglichkeit eines Ausstellens jenseits der mächtigen Institution Museum sieht, steht Daniel Hornuff dem Demokratisierungspotenzial des *virtuellen Museums*, im Sinne einer allgemeinen Zugänglichkeit, eher skeptisch gegenüber. In seinem Beitrag diagnostiziert er für das Internet ähnliche Durchsetzungs- und Marginalisierungsprozesse von Inhalten wie in der realen Museumspolitik.

Abschließend sei festgestellt, dass die Kritik an der Politik des Museums aus sehr unterschiedlichen Außenseiterpositionen erfolgt, sind doch – abgesehen von Anke Mührenberg und Peter Pretsch – alle Autor_innen keine Museumsinsider. Es zeigt sich, dass Museen wie zur Zeit ihrer Gründungen auch heute noch eng an die politischen Organe eines Staates und deren Interessen gebunden sind. Die traditionellen Museumsaufgaben (Sammeln, Bewahren, Erforschen, Vermitteln) »im Dienst der Gesellschaft« (ICOM) befinden sich im Widerspruch zu Rückgabeforderungen von Beutekunst, die durch Kolonialismus und Nationalsozialismus in Museen gelangten. Sobald über alternative Konzepte im Umgang mit derartigen Objekten nachgedacht, der ideologische Gehalt der identitätsstiftenden Funktion von Museen offen gelegt und die Frage nach der Definition jener Gesellschaft – in deren »Dienst« das Museum steht – eröffnet wird, geht es dem Museum an die Substanz.

Für ihre große Unterstützung danke ich allen Redaktionsmitgliedern. Ohne die Hilfe von Martin Papenbrock hätte ich die technischen Schwierigkeiten bei der Gestaltung des Bandes nicht bewältigen können.

1 Der Einsatz von ehrenamtlich tätigen Personen zur Kosteneinsparung und Unterstützung des Museumsbetriebs ist dagegen ein schon länger diskutiertes Thema. Vgl. J. Cordelia Eule: »Überlegungen zum Ehrenamt am Museum« In: *Museumskunde*, Bd. 69, 2004, H. 1, S. 77–80.

2 Dazu gehörten Dr. Birgit Dalbajewa (Gemäldegalerie Neue Meister), Dr. Elisabeth Hipp (Gemäldegalerie Alte Meister), Dr. Michael Korey (Mathematisch-Physikalischer Salon), Prof. Dr. Gilbert Lupfer und Dr. Thomas Rudert (Forschungsprojekt *Kunsttransfer – Die deutsch-russischen Kulturbeziehungen seit dem 17. Jahrhundert*), Cornelia Munzinger-Brandt (Öffentlichkeitsarbeit), Dr. Sabine Siebel (Porzellansammlung). Ihnen allen danke ich für die vielen anregenden Gespräche, die zur Entstehung dieses Bandes führten.

3 Die Vortragsreihe *Im Sog der Kunst: Museen neu denken* (2009/10) anlässlich der Wiedereröffnung des Albertinums wurde von der Generaldirektion der Staatlichen Kunstsammlungen Dresden organisiert. Für August 2011 ist eine entsprechende Publikation angekündigt: Volkmar Billig, Julia Fabritius und Martin Roth (Hg.): *Im Sog der Kunst: Museen neu denken.* Köln 2011. – Direktor_innen international renommierter Museen hielten Vorträge über Herangehensweisen und Erfahrungen bei der Neupräsentation und Umgestaltung ihrer Häuser. Damit wurden die Impulse aus der ›Subkultur‹ einer Mitarbeiter_inneninitiative aufgegriffen und in das institutionelle Handeln integriert. Dies ist ein gängiges Verfahren heutiger Politik. Einerseits wird so eine basisdemokratische Legitimation hergestellt, andererseits ein Wider-

standspotenzial durch Einbindung in das System reduziert. Aktuelles Beispiel dafür ist der Versuch, den großen Protest gegen den Bahnhofsbau »Stuttgart 21« durch ein von dem CDU-Politiker Heiner Geißler geleitetes Schlichtungsverfahren zu entkräften. Auch die schnelle Rücknahme der Laufzeitverlängerungen für deutsche Atomkraftwerke nach den katastrophalen Ereignissen im japanischen Atomkraftwerk in Fukushima ist ein Beispiel derartiger Politik. Der CDU-Regierung bot sich ein eleganter Weg, den öffentlichen Forderungen nach der Kündigung des »Atomkonsenses« nachzugeben und sich gleichzeitig als Verfechter einer fortschrittlichen Energiepolitik zu inszenieren.

4 Vgl. Michael Eissenhauer (Hg.): *Museen gestalten Zukunft. Perspektiven für das 21. Jahrhundert* (= Museumskunde, Bd. 71,2). Berlin 2006. – Inwiefern die Museen noch fest in öffentlicher Hand sind oder angesichts leerer Staatskassen zukünftig anders organisiert und finanziert werden müssen, ist in den letzten Jahren unter anderem anlässlich der Arbeit des Direktors der Frankfurter Museen, Max Hollein, kontrovers diskutiert worden. Hollein stellte wiederholt die Unterschiede zwischen dem deutschen Museumswesen und demjenigen in den USA heraus. Dort handle es sich in der Regel um private Stifungen ohne Unterstützung der öffentlichen Hand. In der Tradition eines Mäzenatentums sei die Spende eines Großteils des unternehmerischen Vermögens eine gesellschaftliche Erwartung, die durch eine entsprechende Steuergesetzgebung begünstigt würde. Vgl. Klaus Heid und Ruediger Jahn (Hg.): *Transfer: Kunst, Wissenschaft, Wirtschaft*. Baden-Baden 2003.

5 http://www.museumsbund.de/de/das_museum/geschichte_definition/definition_museum/ (01.06.2011).

6 Vgl. Platon: *Der Staat* (*Politeia*). Hg. von Karl Vretska. Stuttgart 1991, S. 3–7.

7 Vgl. Gustav Pauli: *Die Kunstmuseen und das deutsche Volk*. München 1919, S. 148.

8 Zit. nach: Bazon Brock: »Gott und Müll – Museen sind Schöpfer von Zeit« In: *Das diskursive Museum*. Hg. von Peter Noever. Ostfildern 2001, S. 33.

9 Vgl. Albert Scharenberger und Oliver Schmidtke (Hg.): *Das Ende der Politik? Globalisierung und der Strukturwandel des Politischen*. Münster 2003, S. 7–24.

10 Zur Kolonialisierung von Lebenswelten durch verselbständigte wirtschaftliche und administrative Handlungssysteme vgl. Jürgen Habermas: *Theorie des Kommunikativen Handels*. Frankfurt a.M. 1981, Bd. 2, S. 198; Jürgen Habermas: *Die Neue Unübersichtlichkeit*. Frankfurt a.M. 1985, S. 28.

11 Vgl. Staatliche Kunsthalle Karlsruhe (Hg.): *Miroslaw Balka: Wir sehen dich. Texte von Jugendlichen*. Karlsruhe 2010; Anka Bolduan und Ulrike von Gemmingen: »Museum und Gesellschaft. Interkulturelles Lernen im Museum« In: *Kulturelle Bildung im Museum. Aneignungsprozesse. Vermittlungsformen. Praxisbeispiele*. Hg. von Susanne Kudorfer, Hannelore Kunz-Ott und Traudel Weber. Bielefeld 2009, S. 143–151.

12 Hilfreich war diesbezüglich insbesondere der Band *Das Unbehagen im Museum. Postkoloniale Museologien* (= Ausstellungstheorie & Praxis, Bd. 3) von Belinda Kazeem, Charlotte Martinz-Turek, Nora Sternfeld (Wien 2009).

13 Brois Groys: *Logik der Sammlung. Am Ende des musealen Zeitalters*. München 1997, S. 11.

14 Über eine Million Menschen in Deutschland führen nach Schätzungen des Bundesamtes für Migration und Flüchtlinge als Personen mit ungeklärtem Aufenthaltsstatus ein Leben außerhalb der sozialen Absicherung. Vgl. »In Deutschland leben eine Million Illegale« In: *Die Welt*, 20. April 2006; Andreas Fisch: »Die Würde der Statuslosen. Warum die Kirchen sich für illegal in Deutschland lebende Personen einsetzen« In: *Rheinischer Merkur*, 5. Februar 2009.

15 Vgl. Werner Schmalenbach: »Kunst und Gesellschaft – heute Abschied von der Kunst?« In: *Museum und Kunst. Beiträge für Alfred Hentzen*. Hg. von Hans Werner Grohn und Wolf Stubbe. Hamburg 1970, S. 212.

16 Vgl. Peter Noever (Hg.): *Das diskursive Museum*. Ostfildern 2001; Hans Belting: »Das Museum als Medium« In: *Das Museum als Global Village. Versuch einer Standortbestimmung am Beginn des 21. Jahrhunderts*. Hg. von Hans-Martin Hinz. Frankfurt a.M. 2001, S. 25–42; Hans Belting: »Das Museum. Ein Ort der Reflexion, nicht der Sensation« In: *Der Merkur*, 2002, Nr. 8, S. 649–662.

17 Vgl. http://www.globalartmuseum.de (01.06.2011); Peter Weibel und Andrea Buddensieg (Hg.): *Contemporary Art and the Museum. A Global Perspective*. Ostfildern 2007; Hans Belting und Andrea Buddensieg (Hg): *The Global Art World. Audiences, Markets, and Museums*. Ostfildern 2009.

18 Belting 2002 (wie Anm. 16), S. 657. – Der ebenfalls am ZKM tätige Bazon Brock sieht in der Musealisierung gar eine friedvolle Zivilisationsstrategie. Von dem politologischen Verständnis ›kultureller Gewalt‹ und ihrer Verflechtung mit struktureller und direkter Gewalt scheinen Belting und Brock gleichermaßen weit entfernt zu sein. Vgl. Bazon Brock: *Musealisierung als Zivilisationsstrategie: fünftes Memorial am 24.1.2009*. Kromsdorf 2009; Johann Galtung: *Frieden mit friedlichen Mitteln. Frieden und Konflikt, Entwicklung und Kultur*. Opladen 1998, S. 342.

19 Vgl. Oliver Marchart: »Die Institution spricht. Kunstvermittlung als Herrschafts- und als Emanzipationstechnologie« In: *Wer spricht? Autorität und Autorschaft in Ausstellungen* (= Schnittpunkte – Ausstellungstheorie und Praxis, Bd. 1). Hg. von Beatrice Jaschke, Charlotte Martinz-Turek und Nora Sternfeld. Wien 2005, S. 34–58.

20 Vgl. Charlotte Martinz-Turek und Monika Sommer-Sieghart (Hg.): *Storyline. Narration im Museum* (Schnittpunkte – Ausstellungstheorie und Praxis, Bd. 2). Wien 2009.

21 Vgl. James J. Sheenhan: *Geschichte der deutschen Kunstmuseen. Von der fürstlichen Kunstkammer zur modernen Sammlung*. München 2002, S. 197 und 268.

22 Vgl. *Die Museen als Volksbildungsstätte. Ergebnisse der 12. Konferenz der Centralstelle für Arbeiter-Wohlfahrtseinrichtungen*. Berlin 1904; Gustav Pauli: *Die Kunstmuseen und das deutsche Volk*. München 1919; Gerhard Bott (Hg.): *Das Museum der Zukunft*. Köln 1970; Hans Werner Grohn und Wolf Stubbe (Hg.): *Museum und Kunst. Beiträge für Alfred Hentzen*. Hamburg 1970; Deutsche Forschungsgemeinschaft (Hg.): *Die Notlage der Museen in der BRD: Appell zur Soforthilfe*. Bonn 1971; Ellen Spickernagel und Brigitte Walbe (Hg.): *Das Museum. Lernort contra Museumstempel*. Marburg 1976; Klaus Bleker und Andreas Grote (Hg.): *Ausstellung – Mittel der Politik? Ein Symposium* (= Berliner Schriften zur Museumskunde, Bd. 3). Berlin 1980; Angela Arras (Red.): *Wer trägt die Kultur? Welche Rolle spielen die Museen?*. Basel 1996; *Museumstempel oder Disneyland – Museen im 21. Jahrhundert. Dokumentation des Forums der SPD-Fraktion im Schleswig-Hollsteinischen Landtag am 25. Juni 1999 im Schloss vor Husum*. Kiel 2000; Uwe M. Schneede (Hg.): *Museum 2000 – Erlebnispark oder Bildungsstätte?*. Köln 2000; James Cuno (Hg.): *Whose Muse? Art Museums and the Public Trust*. Princeton 2003; *kritische berichte*, 2005, Nr. 4: *Museum im Umbruch*; Michael Eissenhauer (Hg.): *Museen gestalten Zukunft. Perspektiven für das 21. Jahrhundert* (= Museumskunde; Bd. 71,2). Berlin 2006; Griselda Pollock und Joyce Zemans (Hg.): *Museums after Modernism. Strategies of Engagment*. Malden 2007.

23 Gert von der Osten: »Museum und Öffentlichkeit« (Vortrag auf dem 11. Deutschen Kunsthistorikertag in Ulm am 11. Oktober 1968). In: *Museum und Kunst. Beiträge für Alfred Hentzen*. Hg. von Hans Werner Grohn und Wolf Stubbe. Hamburg 1970, S. 149.

24 Ebd., S. 153.

25 Dies geschieht nicht nur auf der inhaltlichen, sondern auch auf der persönlichen Ebene. Als Dank für meine Mitarbeit an der Ausstellung *Blicke auf Europa. Europa und die deutsche Malerei des 19. Jahrhunderts* (2007), anlässlich der Übernahme der EU-Ratspräsidentschaft durch Deutschland, fand ich am Eröffnungsabend auf meinem Hotelbett in Brüssel eine CD *Die Schöpfung* von Joseph Hayden, aufgenommen von WDR Sinfonieorchester und WDR Rundfunkchor Köln als »Sonderpressung aus Anlass der Aufführung zum 40. Jahrestag deutsch-israelischer Beziehung am 10. April 2005 im Flagey Brüssel«, mit einem Gruss der Bundesregierung. In dem Moment wurde mir klar, dass unser überdimensionierte Katalog mit wenig neuen Forschungsergebnissen, aber großen farbigen Abbildungen aktuell ein nettes Präsent der Bundeskanzlerin Angela Merkel an ihre Gastgeber auf ihren zahlreichen Reisen wäre und veraltet dann auf den Hotelbetten der nächsten Kulturschaffenden im Dienste der Bundesregierung landen würde. Meine Verstrickung in dieses Netzwerk hätte ich gerne diskutiert, für derartige philosophische Überlegungen ist aber kein Platz im Museumsalltag.

26 Jürgen Kocka: »›Das darf nicht sein!‹ Ist das Deutsche Historische Museum in Berlin ein Sprachrohr der Regierung?« In: *Die Zeit*, 19. November 2009.

27 Die Ausstellung war der Abschluss einer von Stephanie Barron im Los Angeles Country Museum konzipierten Ausstellungstrilogie zu deutscher Kunst des 20. Jahrhunderts. Alle Ausstellungen wurden als Wanderausstellung nach Deutschland übernommen: Stephanie Barron (Hg.): *»Entartete Kunst« – das Schicksal der Avantgarde in Nazi-Deutschland*. Ausst.-Kat. (Altes Museum Berlin) München 1991; Stephanie Barron (Hg.): *Exil. Flucht und Emigration europäischer Künstler 1933–1945*. Ausst.-Kat. (Neue Nationalgalerie Berlin) München 1997; Stephanie Barron (Hg.): *Kunst und Kalter Krieg. Deutsche Positionen 1954–1989*. Ausst.-Kat. (Germanisches Nationalmuseum Nürnberg) Köln 2009.

28 Vgl. http://60-jahre-brd.t-online.de (28.9.2009).

29 Vgl. Hanno Rauterberg: »Aufklärung in eigener Sache. Chinas neues Nationalmuseum rückt ab von der Revolution – mit Kunst aus Berlin, München und Dresden« In: *Die Zeit*, 31. März 2011, S. 51.

30 Als Kuratoren der Ausstellung werden Michael Eissenhauer, Martin Roth und Klaus Schrenk, Generaldirektoren der Kunstsammlungen Berlin, Dresden und München, bezeichnet. Die wissenschaftlichen Teams, welche die Inhalte erarbeiteten und die Ausstellung konzipierten werden nur im Impressum der Begleitbroschüre zur Ausstellung genannt: Cordula Bischoff, Joachim Kaak, Jörg Völlnagel, Moritz Wullen. Dass auch diese Personen weiterer Mitarbeiter_innen bedurften, um ein derartiges Großprojekt auf die Beine zu stellen, ist für jede und jeden selbstverständlich, die/der einmal an einer derartigen Ausstellung mitgearbeitet hat. In den offiziellen Danksagungen im Katalog, auf der Internetseite und in der Presse tauchen nur politische Amtsträger, Medienpartner und Geldgeber auf. Warum ist die Offenlegung der Netzwerke und Hierarchien, innerhalb derer solche Ausstellungen entstehen, keine Selbstverständlichkeit?

31 Michael Eissenhauer, Martin Roth und Klaus Schrenk: »Das Museum als Ort der Aufklärung« Auf: http://www.kunstderaufklärung.de (3.6.2011). – Der Text ist dort als Einleitung des dreisprachigen Katalogs zur Ausstellung ausgewiesen (Peking 2011, 416 Seiten). Eine gedruckte Version ließ sich allerdings weder im Karlsruher Virtuellen Katalog noch in der Deutschen Nationalbibliothek nachweisen. Auf meine Anfrage nach dem Katalog an die Staatlichen Kunstsammlungen Dresden erhielt ich bis zur Drucklegung dieses Bandes keine Antwort.

32 Vgl. Kito Nedo: »Unterkühlte Kuschelaktion« In: *Die Tageszeitung*, 31. März 2011.

33 Vgl. Tobias Timm: »Ai ist ein Berliner. Zum Gallery Weekend in Berlin zeigt die Galerie Neugerriemschneider neue Kunst des in China festgenommenen Ai Weiwei« In: *Die Zeit*, 28. April 2011, S. 59.

34 Vgl. http://www.liberale.de/Ausstellung-Kunst-der-Aufklaerung-nicht-abbrechen/7540c12562i1p69/index.html (14.6.2011).

35 Staatliche Museen zu Berlin, Staatliche Kunstsammlungen Dresden und Bayerische Staatsgemäldesammlung Munich (Hg.): *Die Kunst der Aufklärung. Begleitbroschüre zur Ausstellung*. o.O. 2010, S. 3. Als pdf-Datei auf: http://www.kunstderaufklärung.de (3.6.2011).

36 Vgl. Angela Köckritz: »Nachhilfe für Peking? Eine Umfrage unter den Besuchern der umstrittenen Pekinger Ausstellung ›Die Kunst der Aufklärung‹: Sie kennen zwar nicht die deutsche Debatte, dafür aber die Französische Revolution« In: *Die Zeit*, 28. April 2011, S. 58.

37 Vgl. Peggy Piesche: »Der ›Fortschritt‹ der Aufklärung – Kants ›Race‹ und die Zentrierung des *weißen* Subjekts« In: *Mythen, Masken und Subjekte. Kritische Weißseinsforschung in Deutschland*. Hg. von Maureen Maisha Eggers, Grada Kilomba, Peggy Piesche und Susan Arndt. Münster 2005, S. 30–39.

38 Vgl. Gudrun Hentges: *Die Schattenseiten der Aufklärung. Die Darstellung von Juden und »Wilden« in philosophischen Schriften des 18. und 19. Jahrhunderts*. Schwalbach / Ts. 1999.

39 Roland Robertson führte den Begriff »Glokalisierung« in die Soziologie in Anlehnung an die japanische Unternehmenssprache der 1980er Jahre (*dochakuka*) ein, die sich auf das Prinzip der Anpassung landwirtschaftlicher Techniken an lokale Umstände bezog. Vgl. Roland Robertson: »Glokalisierung: Homogenität und Heterogenität in Raum und Zeit« In: *Perspektiven der Weltgesellschaft*. Hg. von Ulrich Beck. München 1998, S. 192–220.

Klaus von Beyme

Museen und Ausstellungen im Kräftefeld von Kunst, Wirtschaft und Politik

1. Deregulierung des Kunstmarkts

Museen entstanden aus fürstlichen Kunstkammern, als die Herrscher sich dem Publikum öffneten und ihre Kunstschätze nicht nur zur privaten Befriedigung ihrer Gelüste als Connaisseurs, sondern auch zur Legitimation ihrer Herrschaft benutzten, indem sie »dem Volk«, oder anfangs eher ausgewählten Teilen, Zugang zu ihren Sammlungen verschafften. In der Klassischen Moderne wurde das Museum eine Art Religionsersatz. Kunst verlangte gleichsam Anbetung. In der Postmoderne wurde seit dem Aufkommen der Pop Art das Gewöhnliche Gegenstand der Kunst. Ins Museum zogen Darstellungen von Gebrauchsgegenständen und sogar verfremdet komponierte Gebrauchsgegenstände selbst ein. Das Museum verlor seinen sakralen Charakter. Es lebte weniger vom Besuch der Sammlungen als von speziell arrangierten Events. Die Museumsnacht wurde wichtiger als das Museum. So alt wie die Museen ist die Kritik an ihnen durch einzelne Intellektuelle. Julius Langbehn hat in einem Bestseller über *Rembrandt als Erzieher* (1874) Museen als »Grabmäler lebloser Kunst« bezeichnet, und schon 1842 hatte Friedrich Theodor Vischer von »schönen Gräbern« gesprochen, bei denen »nicht Schöpfer, sondern Sammler« im Vordergrund stünden. Zweifel an der Geschmacksbildungsfähigkeit für das Bürgertum wurden laut und der Kunstreformer Hermann Muthesius betrachtete die Museen als »gigantische Lagerhäuser voller unzusammenhängender Gegenstände«.[1]

Anfangs war diese Kritik historisch-schöngeistig. Erst später stieß sie zu einer Kritik des »Kunstkapitalismus« vor. Die Abhängigkeit der Künstler vom Mäzenatentum, von Fürsten, Aristokraten und Klerikern wurde im 19. Jahrhundert überwunden. Aber eine neue Abhängigkeit hat die Künstler, die meist nicht sehr ökonomisch dachten, betroffen: die Entstehung des Kunstmarktes. Die Beziehung »Patron – Künstler«, die frühere Jahrhunderte geprägt hatte, wurde von einer neuen Beziehung abgelöst: »Künstler – Art Dealer«. Kunsthändler waren sehr unterschiedlich. Die Rolle des Kunsthändlers war anfangs noch wenig festgelegt. Einige empfanden sich als »Dealer« und vertrieben am liebsten nicht mehr lebende Künstler. Andere gefielen sich in der Rolle der alten Mäzene, die ein persönliches Verhältnis zu wenigen sorgfältig ausgewählten lebenden Künstlern aufbauten wie Daniel-Henry Kahnweiler.

Zwei politische Faktoren hatten langfristig Einfluss auf die Entwicklung moderner Kunstmärkte: (1) Der Wandel des politischen Klimas nach der Dreyfus-Affäre, (2) Die Deregulierung der Ausstellungspolitik. Die Dreyfus-Affäre hatte in Frankreich zu einer beispiellosen ›Politisierung‹ geführt. Als die Partizipationswelle im Kampf um eine laizistische und ideologisch »solidaristische« Republik nach der Theorie von Léon Bourgeois abflaute, hat die politische Militanz sich stärker in eine ästhetische Militanz gewandelt.[2] Mit Maurice Barrès' nationalistischer Agitation, die zeitweilig zur Kooperation mit Maurras' »Action française« führte, verschmolz der republikanische Gedanke der Linken mit den Werten der extremen Rechten. Die eher anarchoid-links gestimmte Künstlerschaft der Avantgarde zog sich aus dem direkten politischen Engagement zurück und konzentrierte alle Kräfte auf die »ästhetische Revolution«.

Entscheidender noch war der ›Deregulierungsprozess‹. Die Staatskontrolle über die Salons wurde 1881 abgeschafft und der Kunstmarkt damit ein Stück »privatisiert«. 1887 wurde jedoch der »Commission des Monuments historiques«, welche dem Ministerium unterstand, Kontrolle über die Anschaffungspolitik der Museen gegeben. Der zuständige Minister Bérard sprach sich 1912 gegen staatliche Kontrolle aus, um den Zugang zu den Herbstsalons zu regeln.[3] Diese Liberalisierung führte zur Diversifikation der Märkte. Der Markt teilte sich. In den Salons dominierten nun die etablierten Kubisten unter den Franzosen.

Die Salons büßten schrittweise ihre alte Vormachtstellung ein. Um 1900 verloren die Franzosen ihre Monopolstellung in der modernen Kunst. Private Galerien vertrieben vornehmlich die Produktion der ausländischen Migranten. 1910 schienen Galerien wie Durand-Ruel (die als spekulativer Horter von Kunst galt), Bernheim-Jeune und Petit eine Art oligopolistische Kontrolle über den Markt auszuüben. Ab 1890 kamen amerikanische Sammler wie die Morgans, Rockefellers oder Whitneys und sammelten Post-Impressionisten. Die Preise stiegen. Ein neuer Typ des Sammlers kam auf: der »dénicheur«, der connaisseur, wie Uhde oder Gertrude und Leo Stein, die eine Weile vor Ort in Paris lebten, und »Schnäppchen« jagten.[4] Sie hatten kaum Beratungsbedarf, sondern vereinten bei ihren Entdeckungen Eigeninitiative mit beträchtlicher Sachkenntnis. Noch konservierten sie überwiegend einen halb-traditionellen Geschmack, der an Solidität und Ordnung orientiert war. Diese Haltung immunisierte sie gegen den Expressionismus aus dem Osten. Im 19. Jahrhundert war ein Kunstmarkt entstanden, aber er blieb regional, sektoral und war wenig transparent. Der Markt erlebte jedoch im 20. Jahrhundert mehrere Einbrüche. Je nach Stadt war die Lage unterschiedlich. Am günstigsten schien sie in Paris – die Stadt, in welche die Mäzene aus allen Ländern, selbst aus Amerika und Russland, anreisten. Die »gatekeepers« begannen Netzwerke zu bilden, die aus Galeristen, Impresarios und Kuratoren der Museen bestanden. Aber auch in Paris gab es um 1907 – als Kahnweiler sich dort niederließ – noch kaum Galerien, die auch moderne Kunst vertrieben.[5]

Klar war allen Beteiligten, dass die Preisbildung auf dem Kunstmarkt nicht nach der marxistischen Arbeitswertlehre vor sich ging. Die psychologisierende Grenznutzentheorie des österreichischen Ökonomen Eugen Böhm-Bawerk schien mehr Erklärungskraft zu besitzen. Sie hat häufig ihre Beispiele aus dem Kunstmarkt gewählt, um die Marxisten zu widerlegen. Aber auch diese Lehre hatte ihre Schwächen. Der Grenznutzen von Kunsteinkäufen hätte nur bei kompletter Übersicht des Marktes festgestellt werden können. Mag sein, dass er kalkulierbar war, wenn man den Markt mit Paris identifizierte, was vielfach getan wurde. Aber der Markt internationalisierte sich. Die Käufer hatten keinen transnationalen Durchblick. Der Markt war zudem nur partiell ein freier Markt. Er war vielfach noch von quasi-politischen Kräften reguliert – von den Akademien bis zum offiziellen Ausstellungswesen.

Unter den Mäzenen verkauften einige ihre Bilder nie und strebten auf ein Museum ihres Namens zu (wie das Ehepaar Peter und Irene Ludwig, Museum Ludwig Köln). Andere bedienten den entstehenden Sekundärmarkt, verstärkt durch die Kunstmessen in der zweiten Hälfte des 20. Jahrhunderts, und förderten eine unübersehbare Zahl von Kleinsammlern. Der Mythos von Kunst als wirtschaftlicher Geldanlage wurde vielfach geglaubt. Kunstökonomische Studien zeigten freilich, dass die Rendite von 1935 bis 1949 1,4% kaum überschritt.[6]

Zu den »oligopoleurs« traten zunehmend die Museumsdirektoren hinzu. Allein in den USA sind von 1950 bis 1980 123 neue Museen, überwiegend für moderne Kunst, entstanden.[7] Die staatliche Anschaffungspolitik schuf einen Markt für »Museumskunst« zu billigeren Einkaufspreisen, zumal die Zunahme von Assemblagen und Installationen keinen allgemeinen Markt mehr bedienen konnte.

2. Die Internationalisierung des Ausstellungswesens

Der »Ausstellungskünstler« ist keine Errungenschaft der Klassischen Moderne. Schon in der zweiten Hälfte des 18. Jahrhunderts hat dieser neue Typ den »Hofkünstler« abgelöst. Ausstellungen wurden von jährlichen Festtagsveranstaltungen zum ausschließlichen – oder wenigstens überwiegenden – Medium der Kunstrepräsentation.[8] Der Künstler musste nicht mehr einem fürstlichen oder kirchlichen Auftraggeber gefallen, sondern dem Publikum. Dafür bedurfte er des Vermittlers in der Kunstkritik und in den Medien. Der Vorwurf der Anbiederung beim Publikum stand anfangs auf schwachen Füßen, da das Publikum die neue Kunst überwiegend ablehnte. Die Avantgardekünstler hatten mehrere Möglichkeiten, ihr Werk auf den Markt zu bringen:

1) Die Salons, die weniger Chancen der individuellen Profilierung boten. Selbst die »Salons des indépendants« erstarrten nach dem Verpuffen der innovativen Initialzündung, wie schon Breton in *Les pas perdus* bemerkte.[9]
2) Die Ausstellung einzelner Künstler durch eine Galerie, ein Verfahren, das Picasso und Braque vorzogen.
3) Gruppenausstellungen von Künstlern, die vom »Blauer Reiter« bis zum Surrealismus von den Gruppierungen bevorzugt wurden, die eine gewisse Kohäsion besaßen. Die Entwicklung ging vom Salon zur internationalen Ausstellung.

Die Beteiligung der Avantgardekünstler an wichtigen internationalen Ausstellungen zwischen 1903 und 1929, von den »Salons des Indépendants« über die Ausstellungen der »Neuen Künstlervereinigung München«, dem »Blauer Reiter«, den Sonderausstellungen, dem »Erster Deutscher Herbstsalon« und der »Armory Show« in New York, ist quantitativ erfasst worden. Es ist eine Minderheit der Spitzenkünstler wie Delaunay, Matisse oder Kandinsky, die in den Listen auftauchen. Es überwogen die Künstler im zweiten Glied wie van Dongen, Dufy, Friesz, Le Fauconnier, Metzinger, Villon oder Vlaminck.[10] Die Ausstellungshäufigkeit korrelierte also nicht mit der künstlerischen Bedeutung des Ausstellers.

Die Unvollkommenheit des Kunstmarktes zu Beginn der Avantgarde erwies sich als Bremse für die Einkommensentwicklung der Künstler. Erst durch das Internet entstand ein annähernd qualitativ übersehbarer – wenn auch quantitativ unübersehbarer – Weltmarkt der Kunst. Die Internationalisierung des Ausstellungswesens war eine wichtige Vorbedingung zur Entstehung weltweiter Kunstmärkte. Anfangs aber war vor allem die

Kunstmetropole Paris noch sehr lokal gesonnen. Noch 1932 hat Kahnweiler an den britischen Avantgardisten Ben Nicholson geschrieben, dass kein Pariser »Dealer« ihn ausstellen würde, wenn er nicht nach Paris zöge.[11] Die Internationalisierung wurde vor allem durch Einzelinitiativen der Künstler selbst vorangetrieben. Noch nannte man es nicht »Globalisierung« – mit Recht. Es handelte sich nur um eine »Europäisierung«. Allenfalls die USA gewannen Einfluss auf dem europäischen Markt. Manche Künstler hatten anfangs auch Vorbehalte gegen das Ausstellungswesen. Aber die handwerkliche Enge des Künstlerateliers, welches Käufer vor Ort anlockte, ließ sich auf die Dauer nicht halten. Die Kunstausstellung erwies sich auch für die selbsternannten »fortschrittlichen Künstler« als unverzichtbar, weil das individuelle Mäzenatentum nicht weniger ausgedünnt wurde als die Galerie-Verkäufe.

Ausstellungen innovativer Kunst wurden häufig zum Politikum. Entweder, weil der Staat von oben eingriff,[12] oder – wo er neutral beiseite stand – konservative Gruppen die ausgestellte Kunst politisierten und den Staat zur Hilfe riefen. Die Künstler haben auch aus ökonomischen Gründen zur Gruppenbildung gegriffen. Kein Wunder, dass sie versuchten, auch als Gruppe wahrgenommen zu werden. Eine syndikalistische Revolution ist bei den Künstlern in einer selbstorganisierten Gruppe von Albert Gleizes bis Günter Grass meist gescheitert. Aber eine »Revolte« in der Ausstellungspolitik hatte Erfolg. Sie begann mit den »Salons des refusés« als Maßnahme gegen die einseitige Hängungspolitik der Ausstellungskomitees. Nach dem »Salon d'Automne« 1910 haben die Kubisten Gleizes, Le Fauconnier, Metzinger, Delaunay und Léger sich in dem berühmt-berüchtigten Restaurant »Closerie des Lilas« getroffen und ihren Coup gegen das Hängungskomitee im »Salon des Indépendants« geplant. Die Neo-Impressionisten um Paul Signac – einst selbst unterdrückt – dominierten den Ausstellungsbetrieb. Die Rebellen waren mit Ausnahme von Picasso und Gleizes durch eine neoimpressionistische Phase hindurch gegangen. Sie hatten sich jedoch weiter entwickelt. Signac und seine Freunde verließen angesichts der Opposition den Raum. Der Sieg war allerdings recht bescheiden. Die Rebellen benutzten Henri Rousseau als Galionsfigur und bekamen den berühmten »Raum 41«. Gleizes geriet im Rückblick ins Schwärmen über die »Männer des ersten Aufbruchs« und ihren »uneigennützigen Mut [...] in jenen heroischen Tagen unter meinen Kampfgenossen.«[13] Aber die Einheit hielt nicht an. Gleizes neigte ohnehin immer wieder zum syndikalistischen Überschwang.

Auch »Die Brücke« in Deutschland drängte auf Solidarität in der gemeinsamen Ausstellungspolitik. Wer dagegen verstieß, wie Pechstein, hatte mit Sanktionen zu rechnen. Selbst der »Blaue Reiter«, der damit kokettierte, keine Gruppe zu sein, war empört, dass Nell Walden im »Ersten Deutschen Herbstsalon« die Gruppe nicht geschlossen aufhängte.[14] Hier zeigten sich widerstreitende Interessen von Ausstellungsmachern und Künstlergruppen, die immer wieder zu Konflikten führen sollten. Gruppensolidarität schlug vorübergehend in Organisation um. Heckel schrieb um 1912 an Marc:

> »Im Sonderbund bin ich nicht Mitglied. Werde ich dort eingeladen, so stelle ich da nicht allein, sondern mit anderen Brückenmitgliedern zusammen aus, genau wie in der Sezession, so dass gerade die Existenznotwendigkeit der ›Brücke‹ sich zeigt.«

Die Gruppenausstellung schien Heckel erfolgversprechender, als auf den Kunsthandel zu vertrauen, wie ihn Walden repräsentierte.[15] Kirchner zeigte sich noch 1930 von Davos aus in einem Brief an den Kritiker Will Grohmann betroffen, dass die Franzosen mit Sammelbezeichnungen wie »Les fauves allemands« sich die künftige »Konkurrenz auf dem Weltmarkt« vom Halse zu halten versuchten.[16] Kirchner warb für »unsere Propagandaarbeit in Deutschland«, um die deutsche Kunst international besser zu etablieren.

Der »Blaue Reiter« hat für seine Ausstellungen noch bei der Konkurrenz der »Brücke« um Beteiligung geworben, obwohl die Künstler manche Meinungsverschiedenheiten hatten. Marc meinte freilich, dass auch »ausgesprochene Eroticas« dabei seien, die er nicht für die Ausstellung mitnahm »sondern nur für andere Zwecke« – welche blieb unausgesprochen.[17] Manchmal konnte sich die Konkurrenz auch in Häme wandeln. Als Pechstein mit einer futuristischen Zeichnung hereinfiel, die er empfohlen hatte und die sich als Fälschung erwies, wurde dieses Missgeschick genüsslich ausgeschlachtet.[18] Die Werbung des »Blauen Reiters« beschränkte sich nicht auf deutsche Künstler. Kandinsky lud Delaunay ein. Seine Gegnerschaft zum »Primat der Linie« bei den Kubisten machte Delaunay für die deutschen Kollegen interessant.[19] Marcs Bericht über die Pariser Szene zeigt, dass der Osten sich von der Paris-Hörigkeit im Ausstellungsbetrieb zu lösen begann.[20] Braque fand er »totlangweilig«. Nur Picasso und Matisse wurden durchgängig gelobt. Die differenzierte Beurteilung des Ausstellungsmarktes hob sich wohltuend von deutschtümelnden Einschätzungen à la Nolde ab, der die Internationalisierung des Propagandagetöses übel vermerkte, vor allem bei den Futuristen.[21] Da ließ er nur die gelten, die auch ihn gelobt hatten.

Gruppen erreichten gelegentlich durch internationale Ausstellungen einen Erfolg, der ihnen auf dem heimischen unterentwickelten Markt verwehrt war. Das galt für die Futuristen, die Sackville in London oder Walden in Berlin bekannt machte. Der Erfolg war freilich oft schwer messbar. Meist wurde das Presse-Echo als Maßstab gewählt, wie bei der Pariser Futuristen-Ausstellung. Gewichtiger aber war ja für den Künstler die Frage, wieviel verkauft werden konnte. Ein notabler Käufer für ein Bild von Carrà war für den Künstler gewichtiger als der Presse-Rummel ohne finanzielle Folgen.[22] Walden vermutete beim »Ersten Deutschen Herbstsalon« 1913 einen »künstlerisch durchschlagenden Erfolg«.[23] Wieder waren die Kriterien das Presse-Echo und die Tatsache, dass 75 internationale Künstler in Kontakt getreten waren. Der finanzielle Misserfolg wurde verschwiegen, aber langfristig gesehen ist Walden zuzustimmen: Die Initiative war der Beginn eines Erfolges, der sich auf die Dauer auch finanziell auszahlen sollte.

Ausstellungen wie die »Armory Show« 1913 in New York – so genannt, weil sie in einem ehemaligen Militärarsenal stattfand – oder die Sonderbundsausstellung von 1912 in Köln hatten eine wichtige Funktion zur Durchsetzung der Avantgardekunst. Die »Armory Show« zog nicht nur Massen von Zuschauern in New York, Chicago und Boston an, sondern hat auch nahezu ein Fünftel der 1500 ausgestellten Bilder verkauft. Ein gutes Resultat, wenn man bedenkt, dass auf vielen der frühen Ausstellungen von Avantgardekunst viel gelobt und wenig abgesetzt wurde. Über die Gründe dieses raschen Durchbruchs der Moderne in Amerika ist viel gerätselt worden. Gerade die mangelnde Tradition des Landes, in dem keine Akademien und staatlichen Museen den Dammbau gegen die Moderne betrieben, hat rasche Erfolge ermöglicht.[24] Die amerikanische Avantgarde schien in ihren Manifesten und Organisationsformen, verglichen mit Europa, relativ gemäßigt. Anfangs wurde akzeptiert, dass man zu einer neuen amerikanischen Kunst erst kommen konnte, wenn man Europa gleichsam »abgearbeitet« hatte.[25] Die Widerstände gegen die Moderne hatten in Amerika andere Kriegsschauplätze, zum Beispiel in der Politik. Auch die »Armory Show« wurde von einem Politiker wie Ex-Präsident Theodore Roosevelt vielfach beschimpft.[26]

Die Internationalisierung vollzog sich derart rasch, dass sie selbst einer Inkarnation des Internationalismus wie Hans Hofmann, der in München, Paris und New York die avantgardistische Kunst in Werk und Lehre vertreten hatte, schon zu rasch vor sich ging. Amerika hatte so den Vorteil, dass Avantgardekünstler nicht nur von Liebhabern sondern auch von Museen früher als in Europa gekauft wurden. Europa hieß freilich vor allem Paris, wo der Louvre sich bis zum zweiten Weltkrieg als relativ resistent erwies – verglichen mit Deutschland, wo die vielen Provinzmuseen von Hamburg bis München moderne Kunst ankauften. Hätten sie es nicht getan, wo hätten die Nazis ihre Bilder »entarteter Kunst« herbekommen, außer von enteigneten jüdischen Privatleuten?

Die Internationalisierung im Ausstellungswesen wurde in New York von der deutschstämmigen Katharina Dreier 1917 vorangetrieben. Das Experiment nannte sich echt amerikanisch »société anonyme«, wohl auf Anregung Man Rays. Das Unternehmen endete in einer Dauer-Ausstellung, die – gegen die ursprünglichen Intentionen der Avantgardisten wie Duchamp – in die Yale University Art Gallery integriert wurde.[27] Auch dies war eine typisch amerikanisch-pragmatische Lösung, um den Schnellschüssen der ad hoc-Initiativen zu entgehen. Es schien anfangs keine andere Alternative zu geben als »Flop oder museale Institutionalisierung«.

3. Überlebtheit von Kunstausstellungen?

Die Internationalisierung des Ausstellungswesens ging so rasant vor sich, dass sie Misstrauen erregte. Auch Förderer der Moderne wie Alfred Lichtwark haben im Rückblick diese Entwicklung kritisch eingeschätzt.[28] Die »Große Berliner Kunstausstellung« von 1886 schien ihm als ein erster Sündenfall. Die »Drachenbrut der Kunstausstellungen« hat seiner Ansicht nach verheerend auf Künstler und Konsumenten gewirkt. Die Ausstellungen sollten den Mittelstand an den Kunstmarkt heranführen, aber das Ziel schien nicht erreicht.

Es kam auch für den Ausstellungsbereich zu syndikalistischen Vorschlägen: Gewinnbeteiligung der Künstler bei steigenden Preisen und Steuererleichterungen für den Kunsthandel wurden gefordert. Das war recht deutsch gedacht. Experten des Kunstmarktes haben daher zu Recht vor dem Ruf nach dem Staat gewarnt.[29] Gewinnbeteiligungen würden die arrivierten Modekünstler fördern, lautete eine Befürchtung. Marktgerechter schien die Forderung nach Steuererleichterung, um die Kunst von dem Odium der Luxussteuer zu befreien.[30]

Von der Nachkriegsinflation bis zur Weltwirtschaftskrise hat die Kritik am Kunstmarkt und am Ausstellungsbetrieb bei einigen Modernisten zu der Vorstellung geführt, dass die Zeit der Malerei-Ausstellungen vorbei sei, so bei Le Corbusier.[31] Gewicht konnten solche Äußerungen schon deshalb nicht gewinnen, weil Künstler, die auf die Architektur gesetzt hatten, wie Le Corbusier, nur den Wandel ihrer persönlichen Schwerpunkte ausdrückten.

Ähnliche Töne hatte Gropius schon 1919 von sich gegeben:

> »Die Kunstausstellung ist eine Missgeburt des kunstverarmten Europas. Da die Kunst im wirklichen Leben der zivilisierten Völker erstarb, musste sie sich in jene grotesken Schauhäuser flüchten und sich dort prostituieren.«[32]

Solche kulturkritischen Abstraktionen von Architekten, die sich nach 1918 als Linke fühlten, konnten nicht verhindern, dass auch das Bauhaus wenigstens interne Ausstellungen veranstaltete. Dort wurde das nur pompös »Räume für Gesamtarbeit« genannt. Ähnlich hatte »De Stijl« 1922 in seinem Rechenschaftsbericht gegenüber der »Union fortschrittlicher Künstler« festgestellt:

> »Wir verneinen die jetzigen Kunstausstellungen als Magazine, wo mit Dingen, die beziehungslos gegeneinander gestellt sind, Handel getrieben wird.«[33]

Nicht nur antikapitalistische Sehnsüchte äußerten sich in solcher Markt- und Handelskritik. Je stärker Künstler zur Abstraktion neigten, umso fremder war ihnen das Marktgeschehen. Paul Klee hat selbst die bescheidenen Kommerzialisierungstendenzen im Bauhaus verabscheut:

> »Das Werk gehört nicht mehr uns. Wir verlieren es so weit, dass es sogar zum Handelsobjekt wird. Der Himmel bewahre uns davor, dass wir museale Erscheinungen werden.«[34]

Mit dieser Kritik klang die Sorge der Avantgarde an, dass der Handel das Vehikel zur Musealisierung werden könne und damit das Ende der Avantgarde einläute. Die »große Verweigerung« gegenüber dem Ausstellungsrummel – die später noch in der kritischen Theorie gepredigt wurde – endete meist in »Sezessionen« und Sonderausstellungen Gleichgesinnter.

Nur wenige Künstler konnten sich dem Ausstellungsbetrieb entziehen. Diese Möglichkeit hatten nur die ganz frugal Lebenden oder die Arrivierten. Einige Künstler konnten sich von ihren Werken nicht trennen und behielten sie möglichst bei sich. Andere, wie Miró, haben ihr Werk bevorzugt aus der Distanz geliebt.[35] Nicht einmal seine Frau durfte die Werke in der Wohnung aufhängen. Die Rückzugshaltung hatte gerade bei den eingewanderten Künstlern häufig ihren Grund in Misserfolgen. Die Internationalisierung der Moderne hat nach den beiden Weltkriegen Fortschritte durch Ausstellungen, Kontakte in Netzwerken, internationale Publikationen und durch Migrationen gemacht.[36]

Empirische Studien, die das Einkommen der Postavantgarden untersuchten, zeigten, dass nur 6% von ihrer Kunst komfortabel leben konnten. Nur 15% lebten 1975 bis 1980 ausschließlich von ihrer Kunst, 31% brauchten Nebenjobs, 22% konnten leben dank der Unterstützung ihrer Eltern und dem Einkommen der Ehefrau.[37] Rosig ist die Lage noch immer nicht, aber die pauschale Marktverketzerung ist abgeflaut. Nach dem »Künstlerreport« in der Bundesrepublik hatte sich die Lage selbst in Zeiten des Wohlfahrtsstaates nur unwesentlich gebessert.[38] 3% ernährten sich überwiegend von der Kunst. 10% waren Freischaffende und entsprachen dem konservativen Bild des »Kleinunternehmers«. Sie lebten aber überwiegend von Nebentätigkeiten. Die Mehrheit war bereits in den Status der »abhängig Beschäftigten« eingerückt – was in der Diskussion des Berichts durch die damalige CDU-Opposition als eine schlimme Tendenz zur Proletarisierung der Künstler kritisiert worden ist. Neuere Studien des Deutschen Kulturrates anhand der Daten der Künstlersozialkasse weisen kaum positivere Ergebnisse aus. Es ist kein Trost für die soziale Lage der Künstler mit einem Jahreseinkommen von etwas über 12.000 Euro pro Jahr, dass die bildenden Künstler noch besser abschneiden als Musiker und Schauspieler. Nur die Sparte »Wort« hat günstigere Ergebnisse.[39]

4. Musealisierung des Exotismus im internationalen Ausstellungsbetrieb

Die Internationalisierung der Klassischen Moderne beschränkte sich auf Europa und Nordamerika. Dem Ziel der ›Überwindung dieses Eurozentrismus‹ haben sich seit Ende der 1990er Jahre zahlreiche Ausstellungen gewidmet: in Paris (*Magiciens*, 1989), in Köln und Graz (*Inklusion*, 1996), in Köln (*Kunstwelten*, 2000) oder auf der Biennale zeitgenössischer Kunst in Lyon (2000). Im Zuge der Globalisierung entstanden ganz neue Kartografien, Orientierungssysteme, Kulturökonomien und institutionelle Netzwerke.[40] Sie sprengten vielfach die herkömmlichen Schemata von Museum und Ausstellung, schienen aber noch den imperialen Vorstellungen von Differenzierung und Angleichung von Absorption und Neuverteilung der alten Nationalstaaten verpflichtet.[41]

Die Documenta 11 (2002), die erstmals einem Nichteuropäer das Amt des Kurators übertrug, hat durch fünf Plattformen in verschiedenen Erdteilen, die eurozentrische Sicht und die Grenzen der Kunst zu überwinden versucht. Mit dem Pathos einer »spektakulären Andersartigkeit« wurde die herkömmliche Ausstellungslogik auf den Kopf gestellt: Die Ausstellung ist nicht mehr das zentrale Anliegen. Die Ausstellungskonzeption tauchte in postmodernen Systemtheoriejargon ein:

> »Eine Ausstellung lässt sich auch als eine Art Metasprache der Mediatisierung betrachten, die ein tautologisches System konstruiert, in dem das Kunstwerk durch die Beziehungen zwischen Medien, Objekten und Systemen gewissermaßen auf seine eigene Selbstreferentialität verpflichtet wird.«[42]

Soziale, politische und kulturelle Netzwerke sollten den Horizont des globalen Diskurses abstecken. Der Vergangenheit sollten Versuche angehören, einen erzählerischen Zusammenhang zu entwickeln und damit zu einer einheitlichen Sicht zu gelangen. Die Globalisierung in ihren postkolonialen Nachwirkungen offenbart eine »erschreckende Nähe der Ferne«, welche die globale Logik zu beseitigen trachtet und in eine einzige Sphäre entterritorialisierter Herrschaft einzubringen versucht. Die klassischen Avantgarden antizipierten eine sich ändernde Ordnung. Die postkolonialen Postavantgarden hingegen streben nach Unbeständigkeit und Aterritorialität.

Enwezor kam in seiner umfassenden Analyse zugute, dass er unter anderem auch Politikwissenschaft studiert hatte.[43] Plattform 1 war daher der Demokratie als unvollendetem Prozess gewidmet. Das war nicht ganz neu. Der Kontext als Schlüsselbegriff hatte schon auf der 10. Documenta (*Politics – Poetics*) zu einer Wiederentdeckung des politischen Kontextes geführt, um die »postmoderne Bequemlichkeitsästhetik« aufzubrechen.[44] Schon 1997 geriet die »Postdemokratie« ins Visier – eine Pseudodemokratie, die ohne Subjekt auszukommen glaubte und die Demokratie auf »Konsens« reduzierte. Antonio Gramsci wurde beschworen, der angesichts der kulturellen Hegemonie im Konsens den Konflikt einschloss. Wiederum wurde das »Ich« mit Foucault dekonstruiert. Aber immer wieder schlichen sich in die autopoetische Selbstreferentialität der Systeme aktionistische Vokabeln ein. Kunst sollt nicht nur Kritik am System üben. Kontextkunst wurde zur neuen Form, um die Kunst zur Teilhabe an der sozialen Konstruktion von Wirklichkeit werden zu lassen: »Die KünstlerInnen werden zu autonomen Agenten sozialer Prozesse, zu Partisanen des Realen.«[45]

In der 11. Documenta wurde die Demokratiekritik handfester. Man beklagte, dass das Ende des Kalten Krieges und der Zerfall des Kommunismus die Demokratie zum

Exportartikel transformierte, ohne dass überall volle Demokratie entstand. »Defekte Demokratie« wurde in der »Transformationsforschung« zu einem wichtigen Arbeitsbereich der Sozialwissenschaften. Der Terminus unterstellt nicht, dass es »perfekte Demokratien« gebe. Jedenfalls zeigte sich, dass die Defekte nicht nur bei den neuen Demokratien auftreten, sondern auch bei den »konsolidierten Demokratien« noch nicht ganz überwunden sind. Plattform 1 sollte nicht eine neue Demokratietheorie entwickeln, sondern die gängigen Konzepte der Demokratie im Hinblick auf die Bildung nationaler und kultureller Identität kritischer hinterfragen. Der sozialwissenschaftliche Ansatz bei Enwezor war auf der Höhe des Forschungsstandes und verdienstvoll, da er sich nicht auf die Rituale der Demokratisierung durch Wahlen beschränkt.[46] Es zeigte sich, dass zur Konsolidierung neben Demokratie auch der Rechtsstaat gehört. Die Rechtsstaatlichkeit ist in neuen Demokratien meist noch defekt und im internationalen Bereich unvollkommen, obwohl es mit den »Wahrheitskommissionen« in postdiktatorischen Systemen und mit dem Beginn einer internationalen Gerichtsbarkeit hoffnungsvolle Ansätze gibt. Aber diese werden durch eine selektive und überpolitisierte Inszenierung noch immer stark in ihrem Wert gemindert.

Obwohl der karnevaleske Ansatz der publizistischen Begleitmusik im ersten Jahrzehnt des 21. Jahrhunderts von einem mörderischen Terrorismus überlagert wurde, werden die Folgen der Globalisierung, die Müllberge und Ödland in der Welt produzieren, in einer »Metaphysik der Scheiße« in zynischer Wahrheitssuche drastisch benannt. Dabei wurde versucht, die postmoderne Beliebigkeit zu überwinden. Die Erfahrungen einer oppositionellen Kunst des Dadaismus und einiger Nachkriegsbewegungen der klassischen Avantgarde zeigten, dass das System die Kritik absorbieren kann, solange wichtige Begriffe nur umgedreht werden, der zentrale Code des Systems jedoch unangetastet bleibt. Eine hoffnungsvolle Figur wurde im »Trickster« entdeckt, einer Figur mit einer Moral, die vom Codex der Gesellschaft abweicht. Der Trickster ist Lügner, Wahrsager, Erotomane, Humorist, Verwandlungskünstler, »bricoleur« und »agent provocateur«, der die Sprache manipuliert und im »Zwischenraum der Andersheit« operiert. Alle Kulturen haben große Vorbilder dafür wie Hermes im alten Griechenland, der Kojote in Nordamerika, der Affenkönig in China, Genesha in Indien, Loki in Skandinavien oder Pulcinella in Italien. Empfohlen wird ein befreiendes Lachen, das »Hinübergleiten in den regenerativen Zeit-Raum des Anderswerden« – im Gegensatz zum herkömmlich abgeschlossenen Kunstwerk oder einer propagandistischen Botschaft.[47]

Die ›Globalisierung‹ sollte die Dichotomie Zentrum – Peripherie aufbrechen, hat aber die Zentren nur verlagert und selten hat die Peripherie davon profitiert. Dass die nordatlantische Presse über die Documenta-Plattformen in Indien und Nigeria 2002 so wenig berichtet hat, zeigt das Dilemma auch bei besten postkolonialen Intentionen von Ausstellungsmachern. Der große Entlarver des westlichen Orientalismus und Globalismus, Edward Said, hat ein neues Dilemma der Postmoderne angedeutet: Da die eurozentrische Kultur sich in der ganzen Welt »bedient hat«, ist sie für den Rest der Welt umso interessanter geworden.[48] Said schien zahm geworden und den Postkolonialismus und das neue »Empire« ohne Machtzentrum schon internalisiert zu haben. Die nordatlantische Kultur droht zunehmend die Standards zu setzen für die hybriden Formen der Kultur, welche »in« sind.

Für die großen Ausstellungs-Events sollte daraus folgen, dass Kunst wieder Kunst sein dürfen sollte. Sie muss Distanz zum Marktrummel der Inszenatoren gewinnen. Das

Dilemma bleibt, dass auch gutwillige Kuratoren auf diesen Medienrummel angewiesen bleiben, um ihre Ausstellungen zu finanzieren. Nachdem die Verknüpfungen von Kunst und Politik sich von Jahr zu Jahr in kühnere Theoreme flüchteten, wird es Zeit für eine Schau, die kein »Exerzierplatz« der neuesten postkolonialen Theorien mehr sein will.

Diese Zukunft schien mit der Documenta 12 im Jahr 2007 begonnen zu haben, ohne dass der politisch-soziale Kontext der Werke verschleiert wurde.[49] Der Kurator der 12. Documenta Roger Buergel versprach, dass die Theorielast abgebaut werde und die Besucher »nicht bereits ein Soziologiestudium absolviert haben« müssten, »damit sie die Kunst auch verstünden«.[50] Gleichwohl wurde einige theoretische Begleitmusik aufgeboten. Wieder sorgte man sich um die Demokratie, diesmal aber auch kritisch gegenüber immer neuen Kritikern der Demokratie als »modellhafte Vorgabe« des Westens von links, die nach dem Verlust revolutionärer Hoffnungen in eine Nostalgie versinken, welche die Demokratie ablehnt. Jacques Rancière durfte seine Thesen über den Hass auf die Demokratie in den theoretischen Begleittexten wiederholen,[51] dass negative Koalitionen von moslemischen FanatikerInnen bis zur Finanzoligarchie und afrikanischen Diktatoren ihre Kräfte bündeln, um an einem gemeinsamen antidemokratischen Strang zu ziehen.[52] Der Kurator wollte jenseits des Marktes wirken. Aber der Markt wurde selbst von der wachsenden Kritik an der zeitgenössischen Kunst nicht ruiniert. Im Gegenteil, man wunderte sich über die astronomischen Preise, die auf modernen Verkaufsausstellungen gezahlt werden.

Das Presseecho 2007 fiel sehr viel negativer aus als über die beiden vorangegangenen Kasseler Ausstellungen. Vergleichsweise zu Unrecht, aber den jeweils letzten beißen die Hunde. Der Drang zur postkolonialen Gleichberechtigung wurde nun als »Beliebigkeit« empfunden. Der Kampf für eine globale Perspektive galt als längst gewonnen. Die »Migration der Formen« durch die Epochen und Kontinente waren seit der Klassischen Moderne immer wieder gewürdigt worden. Aber Originalität war in diesem Bereich wie so oft wieder einmal Mangel an Literaturkenntnis. Variationen eines postkolonialen Grundgedankens in dritter Auflage erzeugten Ermüdungserscheinungen. Häme breitete sich in Kommentaren aus. Das »globale Dorf«, das in der Kunst von den Kuratoren beschworen wurde, erschien nun als ein »einziger großer Waldorf-Kindergarten«.[53] Kunstwerke, die nur auf Betroffenheit zielten, auf Angst, Ekel und politische Belehrung endeten für einige Kritiker in einer »Art Negativkitsch«.[54] Die Migrationsidee wurde zur Retro-Attitüde, zur Sehnsucht nach einer Kunst, die Zeiten und Grenzen überspringt und »persische Teppiche, Stoffhund und ausgestopfte Giraffen aus dem Gaza-Streifen zusammen bringen könne«.[55] »Produktives Scheitern« schien vorprogrammiert und das Unwetter, dass die »Bauschrottkathedrale« von Ai Weiwei zum Einsturz brachte, wurde als »Geschenk der Wettergötter« empfunden – nicht weniger als die Beseitigung eines Kunstwerks durch die Stadtreinigung, weil sie die »Deformation der befreiten Form« akzentuierten.[56] Der Kurator Buergel musste sich mit widersprüchlichen Vorwürfen des »Lynchmobs« auseinander setzen.[57] Einige Kritiker vermissten ein Konzept, andere fanden die Ausstellung »überkuratiert«. Buergel sah in der Kritik »Angst vor der Globalisierung«. »Seltsame Weltecken« würden den lieb gewordenen Kanon verunsichern, den man erkämpft habe. Schließlich kam es in der Selbsttröstung des Kurators sogar zur verbalen Angstmache, weil die »seltsamen Weltecken« (Lateinamerika, Ostasien, Südafrika) durch die Schubkraft der Globalisierung demnächst auch wirtschaftlich und technisch gleichziehen würden.

Der Schluss, der sich irritierten Betrachtern aufdrängte, zielte auf die Empfehlung an die Kuratoren von Ausstellungen über postkoloniale Weltkunst, ihre geistigen Verbeugungen vor der autopoietischen Systemtheorie endlich ernst zu nehmen. Sie dürfen die Subsysteme Politik, Gesellschaft und Kunst nicht mehr für so vordergründig verknüpfbar halten, wie sie es bisher meist taten. Rancière hat dies in den Debatten um die Documenta 12 klar artikuliert:

> »Das Paradoxe im ästhetischen Regime der Kunst liegt darin, dass die Kunst eine politische Wirkung genau aufgrund der Abgekoppeltheit der ästhetischen Sphäre entfaltet.«[58]

Eine Analyse von Kunst und Gesellschaft kann in der Postmoderne nicht mehr von simplen kausalen Verursachungsschemen ausgehen und die Entfremdung ihrer Urheber dadurch überwinden, dass sie die Macht verdinglicht, die sie aus den Bildern herauslesen. Die »Differenz«, die der postkoloniale Diskurs zum Grundkonzept erhob, sollte aber nicht so weit essentialisiert werden, dass eine vergleichende Kulturanalyse keinerlei »Ähnlichkeiten« mehr feststellen darf. Seit John Stuart Mills Logik galt die Spannung einer Methode, die Differenzen ermittelt, und einer Methode, die Übereinstimmung verglichener Phänomene feststellt.[59] In der Zeit des Rationalismus der klassischen Moderne war es nötig, die Differenzmethode gegen die vorschnellen gedanklichen Vereinnahmungen herauszustellen. Heute muss man eher die ›Übereinstimmungsmethode‹ hinsichtlich des Allgemein-Menschlichen und der Menschenrechte, die alle Differenzen transzendieren, wieder in ihre komplementären Rechte einsetzen.

5. Markterfolg und Eventisierung der Kunst

Der Markterfolg hat den »Erlösungsaspekt« der klassischen Avantgarden obsolet werden lassen.[60] Die »authentische Kunst« wird nicht mehr dem »profanen Markt« ideologisch entgegengesetzt. Das instinktive Gefühl war noch der Klassischen Moderne verpflichtet: Es kann nur ein so zugespitztes Kunstwerk geben, jede Nachahmung muss läppisch werden. Die Postmoderne hat auch diese Bedenken überwunden. Die ästhetische Theorie versuchte nicht mehr, zwischen Objekt und Kunstwerk zu differenzieren.[61] Das Kunstwerk wurde autopoetisch und selbstreferentiell. Objekte weisen sich als Kunst aus, wenn ihr Künstler sie zu Kunst erklärt. Solcher Art Gelassenheit bedeutet nicht, dass der Kunstmarkt zum fröhlichen Nebeneinander humorvoller Dilettanten geworden ist.

Das Publikum bekam ein zunehmendes Interesse, sich eine Schneise durch den Dschungel der neuen künstlerischen Unübersichtlichkeit zu bahnen. »Festivalisierung« und »Eventisierung« der Kunst machten es möglich, jene postmoderne Gelassenheit des Publikums zu erzeugen, die einem glühenden Avantgardisten, der das »kalte Herz« beklagte, fremd bleiben musste. Ad Reinhardt hat in einem Monolog von 1970 einen richtigen Trend erkannt, den der »abstrakte Expressionismus« förderte, der sich aber mit der Pop Art zuspitzte.[62] Kunst entstand zum Teil in Galerien: Der Sammler und »Dealer« wurde nicht weniger berühmt als der Künstler. Mit der totalen Akzeptanz der Moderne wurde das »Guggenheim-Prinzip« einer Schaffung internationaler Netzwerke von Museen zum Vehikel einer boomenden Kulturökonomie.[63] Für Reinhardt war die Entwicklung von Cage zu Rauschenberg vor allem Happening und »Fluxus«, ebenso wie die Strömungen der 1960er Jahre, die er am stärksten bekämpfte. In einer kommerzialisierten Gesellschaft haben die »Dealer« und die Medien häufiger über das Schicksal einer Künstlerkarriere entschieden als in jeder früheren Epoche der Kunstgeschichte. Die Kommerzialisierung der Kunst wird in Wellen bejammert. Aber neue Formen des »Art Consulting« setzten sich durch. Die Vorstellung, dass man an Kunst nichts verdienen dürfe, gehört inzwischen zu den Lehren »in den Klöstern der deutschen Kunstreligion, die freilich säkularisierungsbedroht sind«.[64] In Museumsnächten kommen häufig mehr Zuschauer als im Normalbetrieb eines Museums im ganzen Monat.[65]

Mit dem Boomen der Kulturökonomie boomen auch die Theorien über ein ganz neues Verhältnis von Künstler und Bürgertum. Übertreibungen boten sich an: Künstler ersetzen das einstige Bürgertum. Die Künstler – eine Wachstumsbranche – sind inzwischen als »creative class« in der Kunstökonomie eingestuft worden, die keine Außenseiterrolle mehr spielt und in Amerika schon 30% der Erwerbstätigen ausmacht.[66] Großbritannien gilt als Musterland der »creative industries«. Die Wachstumsbranche hat die Regierungsorganisation erreicht. Dem Kabinettsmitglied für Kultur, Medien und Sport unterstehen ein »Kulturminister« und ein »Minister für Kreativwirtschaft und Tourismus«.[67] Mit weitgefassten Indikatoren wird eine kulturelle Klasse konstruiert, die eine ausdifferenzierte Kulturwirtschaftsstatistik ermöglicht, aber die qualitativen Probleme im Konflikt zwischen Kunst und Bürgertum, Kunst und Staat oder Kunst und Wirtschaft nicht gerade erhellt. Faktum bleibt, dass die Erwerbstätigen im Kultursektor viereinhalb Mal so schnell gewachsen sind wie die gesamte Erwerbsbevölkerung. Das Durchschnittsalter sank, das Bildungsniveau ist überdurchschnittlich hoch. Es besteht ein Trend zur Feminisierung. Die soziale Ungleichheit unter den Künstlern ist extrem. Ein Fünftel der Berufskünstler erwirtschaftet 80% aller Gewinne.[68]

Zur Provokation durch Kunst gehört ein gewisser bourgeoiser Puritanismus der Gesellschaft. Schon Karl Krauss hat gesagt: »Die wahre Boheme macht den Philistern nicht mehr das Zugeständnis, sie zu ärgern«.[69] Periodisch tun Künstler dem Bürgertum gleichwohl noch diesen Gefallen. Die Provokation blieb nicht bei Duchamps *Pissoir* stehen. Skandale mussten spektakulärer auftreten, wie 1987 in Andres Serranos *Piss Christ*, als der Gekreuzigte in einem Urinbad gezeigt wurde.[70] Die Provokation wurde vom Markt entschärft: Indem die Werke der Avantgarde der Moderne akzeptiert wurden, kam die Musealisierung und damit die Unschädlichmachung von sozialen Veränderungsansprüchen der Avantgarde.

Die Altmeisterin der Performance-Kunst, Marina Abramovič, hat die flüchtige Performance in eine »museale Ewigkeit« zu heben versucht, als sie im Museum of Modern Art (MoMA) durch eine Ausstellung Aufmerksamkeit erregte. Sie hatte sich einst als Protest gegen den Kommunismus im Heimatland Jugoslawien einen roten Stern in den Körper geritzt, sie peitschte sich und ließ sich von Zuschauern quälen.

Die Grenzen von Ausstellung und Museum wurden fließend. Das Museum ging ins Theater über.[71] Die Museen haben vor allem seit den 1980er Jahren die »Eventisierung« durch gut inszenierte Ausstellungen vorangetrieben. Angesichts der Publikumserfolge des selektiv Ausgestellten schienen die Museen vor der »Fülle des Heterogenen« im täglichen Betrieb zu kapitulieren.[72]

Ein Bollwerk der Kunstlandschaften waren vor allem in Deutschland die Kunstvereine. Sie erhielten zunehmend staatliche Subventionen und sorgten für die Vielfalt im Museums- und Ausstellungswesen. Inzwischen sind die Kunstvereine von drastischen

Kürzungen bedroht und diese führten nicht nur zur Kommerzialisierung, sondern auch zur ›Oligopolisierung‹. Die Kunstvereine sind gezwungen, von kommerziell orientierten Galerien zusammengeschnürte Ausstellungspakete zu übernehmen, um in ihrer Aktivität zu überleben.[73]

Die Demokratie generell geriet unter Postulate des Finanzierungszwanges. Die Moderne wird Teil einer populistischen Bereicherung des Produktionsstandorts der jeweiligen Länder.[74] Selbst ein so sperriger abstrakter Künstler wie Ben Nicholson, der bis in den Zweiten Weltkrieg hinein immer wieder gehungert hat, weil er sich dem Druck zur gefälligen Gebrauchskunst nicht beugte, wurde vom Kommerz mit einem unerwarteten Erfolg überrannt. Ein Pullover-Produzent brachte Mondrian- und Nicholson-Motive auf Skipullovern heraus und schuf einen Mode-Trend. Am 3. Februar 2010 erzielte die Skulptur Giacomettis *L'homme qui marche* mit 65 Millionen Pfund den höchsten Preis, den je ein Kunstwerk auf einer Auktion erzielte.[75] Die Kunst der Klassischen Moderne – die sich einst schwer durchsetzen konnte – hat in Spitzenerzeugnissen mit der Klassik gleich gezogen. Entsetzt fragte die Kunstpublizistik,[76] wie es möglich ist, dass ein Gerhard Richter soviel kostet wie ein Botticelli? Dramatische Wandlungen haben die Museen erfasst:

– In der Krise drohen Schließungen von Kultureinrichtungen – vor allem in Hamburg – oder die Aussetzung von Neubauten. Als die Galerie der Gegenwart in der Hamburger Kunsthalle wegen Geldmangels geschlossen werden musste, schien das Museum in die »Griechenland-Falle« geraten. Dinosaurische Prestigeobjekte wie die Elbphilharmonie mit einer halben Milliarde wurden unfinanzierbar.[77] Das Altonaer Museum, vor kurzem für drei Millionen Euro saniert, sollte liquidiert werde.[78] Öffentlicher Protest hat selbst in Hamburg in einem Spitzengespräch zur Kulturfinanzierung erste Erfolge gezeitigt. Aber der Staat entwickelt die Tendenz, sich zurückzuziehen, private Investoren gewinnen Oberwasser. Angesichts der Finanzkrise und der kulturellen Bauruinen von der Hamburger Philharmonie bis zum Heidelberger Stadttheater häuften sich die Stimmen, welche die Leere des Berliner Schlossplatzes gar nicht mehr museal aufrüsten wollten, sondern an eine Art »Central Park« oder eine Bibliothek dachten.[79] Das Humboldt-Forum wurde als »Mogelpackung« denunziert – oder als Kuhhandel: »Hohenzollernschloss gegen Multikulti-Nutzung«.[80] Dabei könnte der preußisch-deutsche Erinnerungsraum durchaus sinnvoll dem kulturellen Austausch mit der Welt zugeführt werden. Der staatlich finanzierte Museumsbau geht auch in der Krise weiter. Im September 2010 war das Richtfest für das Kompetenzzentrum Archäologie in Berlin, für das der Bund vierzig Millionen Euro bewilligte. Es steht in Richtung Monbijou-Brücke und Bode-Museum und wird Werkstätten und Depotflächen aufnehmen, die bisher im Pergamon-Museum untergebracht waren, das saniert werden muss.[81]

  In Zeiten der Krise erschien es wie ein Wunder, wenn Kulturstaatsminister Neumann 2010 noch eine Zulage zu seinem Budget von 2,4% bekam. In einigen Ländern bröckelte die Abwehrfront gegen Kürzungen und schlug sich in Schlagzeilen nieder wie: »Müssen Städte wie Flensburg ein Opernhaus haben?«[82] Jedes siebte Opernhaus in der Welt ist ein deutsches – als Folge der Kleinstaaterei im Deutschen Reich und im Deutschen Bund. Es mehren sich daher die Stimmen, dass in der hochtechnisierten Postmoderne diese Zersplitterung langsam überwunden werden müsste.

– Während in einigen Städten zu wenig Neues entstand, schien es in anderen Städten einen Überfluss zu geben. Mit dem Bau des fünften Münchner Kunstmuseums Brandhorst näherte sich die Dominanz privater Sponsoren im maroden Museumsbau einem neuen Höhepunkt. Der bayerische Steuerzahler subventionierte einen reichen Sammler bei der Mehrung seines Besitzes mit Bildern, die sich bei einem Zusammenschluss mit der Pinakothek der Moderne gut ergänzt hätten und so ohne bauliche Kommunikation mit den benachbarten Museumsbauten isoliert wirken.[83]
Bei den Hamburger Kürzungen des Kulturetats vertraute man offenbar darauf, dass das private Bucerius-Kunst-Forum in die entstandene Bresche springen und attraktive Ausstellungen organisieren werde.[84] Viele der heute auf dem Aussterbeetat stehenden Kultureinrichtungen und Museen in Hamburg sind einst durch bürgerliches Engagement zustande gekommen. Wo bleibt der bürgerliche Protest? Hamburg ist nicht Stuttgart, heißt die resignative Antwort. Sie ist nicht ganz korrekt, denn bei Streichungen im Kulturbereich würde auch in Stuttgart keine Massenbewegung wie beim Bahnhofsprojekt zustande kommen, gegen das man jeden Kulturbanausen unter den Pendlern mobilisieren kann. Die Stuttgart-Parallele ist nur insofern interessant, als in Hamburg nicht einmal die Betroffenen und die Kulturbehörden eine sinnvolle Kommunikation pflegen: »Die einen schweigen, die anderen schreien«,[85] was bei asymmetrischen Beziehungen zwischen Verwaltung und Bürgern anfangs meistens so zu sein scheint.
In Berlin hat Oberbürgermeister Klaus Wowereit für ähnliche Unruhe gesorgt, wie sie in Hamburg entstand, als er als Vorsitzender im Lotto-Stiftungsrat eine Million beantragte. Sie sollte für eine neue Kunsthalle auf der Brache am Humboldthafen verwendet werden, wo doch schon die Neue Gesellschaft für bildende Kunst (NGBK), die Berlinische Galerie und andere Ausstellungseinrichtungen chronisch unterfinanziert sind. Kein Wunder, dass auf den hinteren Bänken der Berliner Lokalpolitik ein Aufschrei zu hören war.[86]
Noch fehlen in allen Städten und auf den meisten Politikfeldern die Mechanismen einer Versöhnung von plebiszitärer Mobilisierung und planender Obrigkeit. Heiner Geißler prägte die Vorstellung, dass beide Seiten künftig in gleicher Augenhöhe verhandeln müssen. Das lässt sich sicher auch auf die Kulturpolitik übertragen, zumal hier die Sprecher der Protestler meist stärkeren Sachverstand mitbringen als emotionalisierte Populisten. Der Kulturbereich eignet sich gottlob nicht zum Tummelplatz für Populisten. Die Schweiz zeigte jedoch, dass auch wenigstens als Vetogruppe gegen größere Finanzierungsprojekte der Populismus in die Kulturpolitik Einzug hält.
Wer entscheidet über die Ausgaben der öffentlichen Hände? Über den Bau von Museen und die Erstellung von Kunstwerken im öffentlichen Raum entscheiden meist Gemeinderäte nach den Empfehlungen von Expertengremien. Populistische Gruppen und Parteien versuchten aber vor allem in der Schweiz mit Abstimmungen des Volkes Projekte zu verhindern, wie im Fall des Nagelhauses von Demand in Zürich. Eine Toilette, die mit dem Haus verbunden sein sollte, wurde als pars pro toto in die Agitation eingeführt: »5,9 Mio für e Schiissi!« verkündete das Plakat der SVP gegen das Projekt.[87] Mit dem postmodernen Wandel der Demokratiekonzeptionen auch in Deutschland stellt sich die Frage, ob man in der Demokratie zulassen muss, dass ein Volksentscheid Kunst verhindert? Bei der Zulassung von

Volksabstimmungen über die Kunst wäre vermutlich keine moderne Architektur und sehr vieles von der Kunst der Avantgarde in unseren Museen nicht zustande gekommen.

Die Wirtschaftskrise von 2009 hat den Niedergang der öffentlichen Ausgaben für die Museen beschleunigt. Mehrere Entwicklungen boten sich an:

- Mittelkürzungen. Sie wurden nicht mehr überall ohne politische Folgen hingenommen. Gelegentlich nehmen sie die Form von herkömmlichen Arbeitskämpfen an. Sie führten etwa zu Streiks wie im Centre Pompidou. Aber Frankreich hat es in diesem Punkt besser: Dort ist der Streik das erste Mittel einer Opposition – in Deutschland das letzte, wie ein Vergleich der politischen Kulturen unter Nachbarn zeigt.
- An anderen Orten wurde erwogen, ob man museale Kunst verkaufen darf, um zu überleben.[88] Am 9. November 2010 sollte bei Sotheby Gerhard Richters Bild *Matrosen* für sechs bis acht Millionen Dollar versteigert werden. Dies war nur ein Anfang. 52 weitere Kunstwerke sollten verkauft werden, um den Einbau einer Klimaanlage zu finanzieren, da es in den Ausstellungsräumen an der richtigen Luft für die Erhaltung der Kunstwerke mangelt.[89]
- Mobilisierung privater Sponsoren. In den USA wurde seit langem der private Sponsor mindestens so wichtig wie die staatliche Alimentierung. Mit abnehmender Staatsfinanzierung kam es zunehmend zu Konflikten zwischen privaten Stiftern und der Museumsverwaltung, wie beim Beuys-Museum Schloss Moyland.[90] Das Modell staatlicher Museen bietet sich weiterhin für die Kunst der Vergangenheit an, die musealisiert wurde. Aber selbst der Routinebetrieb musste »eventisiert« werden. Die Kunstsammlung Nordrhein-Westfalen im Ständehaus versuchte es mit innovativen Präsentationen. Die Konfrontation von alten und neuen Werken wird als »Zwiegespräch«, als »Zankduett« oder auch nur als »Small talk« angepriesen, um Besuchermassen zu mobilisieren. Anlässlich des politisch erzwungenen Abschieds eines verdienten Präsidenten der Weimarer Klassik-Stiftung wie Hellmut Seemann begann die Kunstpublizistik ein neues Prinzip zu wittern:

  > »Die Einführung der Befristung in diesem sensiblen Bereich diente der Umsetzung einer eventorientierten Ex- und Hopp-Mentalität, in deren letzter Konsequenz für Museumsdirektoren, Denkmalpfleger, Generaldirektoren die Rente mit fünfzig […] eingeführt werden müsse, da sie dann keine ›neuen Impulse‹ mehr produzieren«.[91]

  Museumsdirektoren werden immer findiger. Neuerdings suchen einige »Paten für die Restauration bekannter Bilder.« Eine neue Form des privaten Fundraising ist das »Crowd Funding«. Auch kleine Spenden werden eingesammelt und die Masse macht es nach Aufrufen über das Internet. Selbst ein New Yorker Museum suchte eine Million Dollar, um die erforderlichen vier Millionen zum Ankauf eines Bildes von Cranach aufzubringen. Häufiger kommt »Crowd Funding« bei gewagten und unorthodoxen Unternehmungen wie in der Filmproduktion vor, wenn der Regisseur die stille Kontrolle von Fernsehstationen und staatlichen oder privaten Großsponsoren umschiffen will. Eine Variante dieser Methode der Geldbeschaffung durch mehr als einen Sponsor ist wohl die Benefizparty zum Fundraising für die Anschaffung eines Gemäldes. Eine originelle Form ereignete sich 2010 bei der Münchener Pinakathek der Moderne. Eine Benefiz-Auktion von 60 Kunstwerken während der Pinakothek-Party erbrachte 400.000 Euro. Spontan erklärte sich Neo Rauch bereit, sein Bild *Kalimuna* billiger zu verkaufen, um dem Museum die Anschaffung des Bildes zu ermöglichen.[92]

– Museen erschließen sich zusätzlich über die staatliche Alimentation hinaus durch kreative Arbeit neue Finanzquellen. Sie beginnen zu forschen und lukrative Events sichern den Unterhalt.[93] Die Eventisierung der Museumslandschaft zieht die Kunsttempel in aktuelle Debatten hinein. »Die Brücke« und der Umgang vor allem Kirchners mit zwei minderjährigen Mädchen wie Fränzi und Marcella auf seinen Bildern zogen Starobjekte unserer Museen in die Niederungen der aktuellen Pädophilen-Debatte. Nach Jahrzehnten der Vertuschung in der öffentlichen – nicht in der wissenschaftlichen – Wahrnehmung wurde die bloße Ausstellung gewisser Bilder nun politisiert. Die Museen bekamen seit der umstrittenen Klassischen Moderne eine neue Funktion: die Bilder vor dem ideologischen Zugriff der Bilderstürmer in wechselnden moralisch-politischen Moden zu entziehen.[94] Diese Funktion ist auch heute noch wichtig.
– Zunehmend kommt eine neue Art der öffentlichen Aufmerksamkeit in die Museumslandschaft im ›Kampf um die Fälschungen‹. Eine originelle Form der Selbstkritik eines Museums wurde in der National Gallery in London gewählt. Sie stellte ihre historischen Irrtümer aus. Sie schuf damit ein Event und leistete zugleich einen wichtigen Beitrag zur wissenschaftlichen Aufarbeitung von Museumstätigkeit.[95] Neu war auch die kritische Sichtung der eigenen Bestände im Hinblick auf Fälschungen. »Jährlich zwei Milliarden Euro Umsatz mit Fälschungen« lautete eine Schreckensmeldung. Kriminalhauptkommissar Ernst Schöller im Landeskriminalamt Baden-Württemberg sprach von 30% Fälschungen auf dem Kunstmarkt – eine Äußerung, gegen die der Galerienverband Sturm lief.[96] Eine Sammlung »Jägers« wurde erfunden, um Bildern auf dem Markt und angekauften Werken in Museen einen honorigen Stammbaum früherer Besitzverhältnisse vorzutäuschen. Bilder, die ein nachweislich gefälschtes Label auf der Rückseite enthielten, müssen nach Meinung einiger Experten wie Werner Spies deshalb noch nicht gefälscht sein. Der große Max Ernst-Experte Spies kam jedoch in die Kritik, als er eine Provision für die Vermittlung von Bildern kassierte, die er gutachtlich für echt erklärt hatte.[97] Gerade der Kunstmarkt für die Klassische Moderne erwies sich als Hochrisikogeschäft und trotz oder wegen boomender Preise nicht als sichere Geldanlage. Zunehmend waren Museen betroffen. Das Duisburger Lehmbruck-Museum musste bei einer ihrer Ausstellungen erleben, dass ihr stolz präsentiertes Portrait des Kunsthändlers Alfred Flechtheim vom Kubisten Louis Marcoussis, das der »Telefonica« gehört, als Fälschung entlarvt worden ist.[98] Kunstfälschungen gelten nach dem Drogenhandel als die einträglichste Form illegaler Geschäfte.[99] Eine neue Aufgabe wartet also auf die Museumsdirektoren: Schutz vor Fälschungen durch quasi-kriminalistische Investigation bei Ankäufen. Die Pariser Giacometti-Stiftung hat einen ersten Schritt unternommen und einen mit 10.000 Euro ausgelobten Preis ausgeschrieben, der für Personen oder Institutionen vorgesehen ist, die sich dem Kampf gegen Fälscher widmen.[100]

Trotz aller Unkenrufe über den Niedergang der staatlichen Ausgaben für Museen wird laut Kulturfinanzbericht 2010 für die Finanzierung der 4712 Museen noch 18,6% der Kulturausgaben von Bund, Ländern und Gemeinden aufgewendet.[101] 107 Millionen

Museumsbesuche wurden verzeichnet. An der Spitze der öffentlichen Ausgaben stehen Theater und Musik mit 36,73%, an dritter Stelle rangieren die Bibliotheken mit 14,6%. Bei den Bundesausgaben lagen die Museen mit 282 Millionen Euro Grundmittel sogar an zweiter Stelle, nach den Ausgaben für kulturelle Angelegenheiten im Ausland (289 Millionen Euro) – ein Ausgabeposten, bei dem Länder und Gemeinden kaum eine Rolle spielen.[102] Die öffentlichen Ausgaben pro Kopf stiegen von 1995 bis 2005 laut Kulturfinanzbericht 2008 von 13,8 auf 18,6 Euro.[103] Die Ausgaben insgesamt sanken jedoch. An der Spitze lagen das Saarland mit 26,4 Euro und Sachsen mit 23,3 Euro pro Einwohner.

Eine neue rein marktorientierte Vision taucht für die Kunst der Zukunft auf, die auf die Dauer Ausstellungen und Museen überflüssig zu machen droht. Die wachsende Zahl der Amateurkünstler kümmert sich nicht mehr um vermittelnde Instanzen wie die Museen. »Liebe zur Kunst« bedarf nur noch einer Computer-Ausrüstung und kann ihre Produkte ins Internet stellen.[104] Ein Traum der klassischen Avantgarden könnte wahr werden: Kunst bedarf des kapitalistischen Marktes nicht mehr – es sei denn, sie strebt zur Sicherung ihrer Dauerhaftigkeit ins Museum.[105] Globalisierung, verschärfte ökonomische Zwänge, Konkurrenzdruck, Beschleunigung des Lebens in allen Bereichen haben die historisch gewachsene Sonderstellung von Museen und Ausstellungshäusern unterminiert und den Abstand zu kommerziellen Einrichtungen verringert.

---

1 J. J. Sheehan: *Geschichte der deutschen Kunstmuseen*. München 2002, S. 214 f.
2 D. Cottington: *Cubism and the Shadow of War*. New Haven 1998, S. 31.
3 Bérard in: *Journal officiel*, 3. Dezember 1912, S. 29–28.
4 W. Uhde: *Von Bismarck bis Picasso*. Zürich 1938, S. 229 ff.
5 D. H. Kahnweiler: *Meine Maler – meine Galerien*. Köln 1961, S. 23 und 32.
6 B. Frey, W. W. Pommerehne: *Muses and Market*. Oxford 1989; R. Moulin: *L'artiste, l'insitution et le marché*. Paris 1992, S. 27.
7 Moulin 1992 (wie Anm. 6), S. 63.
8 O. Bätschmann: *Ausstellungskünstler*. Köln 1997, S. 9.
9 A. Breton: »Les pas perdus« In: *Oeuvres*. Paris 1988, Bd. 1, S. 287 ff.
10 Th. Shapiro: *Painters and Politics*. New York 1976, S. 229–231.
11 S. J. Checkland: *Ben Nicholson. The Vicious Circle of his Life and Art*. London 2000, S. 109.
12 U. Schneede in: *Stationen der Moderne*. Hg. von Michael Bollé. Ausst.-Kat. Berlin (Martin-Gropius-Bau) 1989, S. 34 ff.
13 A. Gleizes, J. Metzinger: *Du Cubisme* (1913). Nachdruck Saint Vierant sur Jabrons, èditions présence, 1980, S. 13.
14 L. G. Buchheim: *Der Blaue Reiter und die »Neue Künstlervereinigung«*. Feldafing 1959, S. 77.
15 K. Gabler: *Erich Heckel und sein Kreis*. Stuttgart 1983, S. 115.
16 Brief E. L. Kirchner an W. Grohmann in: *Künstler schreiben an Will Grohmann*. Hg. von K. Gutbrod. Köln 1968, S. 44.
17 W. Kandinsky, F. Marc: *Briefwechsel*. München 1983, S. 116.
18 N. Walden, L. Schreyer (Hg.): *Der Sturm*. Baden-Baden 1954, S. 185.
19 R. Delaunay: *Du Cubisme à l'art abstrainte. Documents. Inédits*. Paris 1957, S. 178.
20 Kandinsky / Marc 1983 (wie Anm. 17), S. 191 ff.
21 E. Nolde: *Das eigene Leben*. 2. Aufl., Flensburg 1949, S. 124 f.

22 C. Carrà: *La mia vita*. Rom 1945, 1981, S. 99.
23 N. Walden: *Herwarth Walden*. Berlin 1963, S. 25.
24 M. Schapiro: *Modern Art*. New York 1979, S. 157.
25 E. H. Turner: *American Artists in Paris 1919–1929*. Ann Arbor 1988, S. 167 ff.
26 H. Rosenberg: *The Anxious Object Art Today and its Audience*. Chicago 1982, S. 1888.
27 P. Cabanne: *Gespräche mit Marcel Duchamp*. Köln 1972, S. 83 f.
28 A. Lichtwark: »Der junge Künstler und die Wirklichkeit« In: *Kunst und Künstler*, 16. Jg., 1917/18, S. 13.
29 F. Szkolny: »Die Gewinnbeteiligung der Künstler« In: *Kunst und Künstler* (wie Anm. 28), S. 72-74.
30 F. Szkolny: »Die Besteuerung der Kunst« In: *Kunst und Künstler* (wie Anm. 28), S. 116 f.
31 Le Corbusier 1937, Dokumentiert in: *Kunsttheorie im 20. Jahrhundert*. Hg. von Ch. Harrisson und P. Wood. Stuttgart 1998, Bd. 1, S. 455.
32 W. Gropius, Dokumentiert in: Harrison/Wood 1998 (wie Anm. 31), S. 317.
33 Rechenschaftsbericht De Stijl in H. L. C. Jaffé: *Mondrian und De Stijl*. Köln 1967, S. 166.
34 Zit. nach: L. Schreyer: *Erinnerungen an Sturm und Bauhaus*. München 1956, S. 168.
35 J. Miró, G. Cramer: *Une correspondance à toute épreure*. Genf 1992, S. 117.
36 K. v. Beyme: *Das Zeitalter der Avantgarden. Kunst und Gesellschaft 1905–1955*. München 2005.
37 Moulin 1992 (wie Anm. 6), S. 334.
38 K. Fohrbeck, A. J. Wiesand: *Der Künstlerreport*. München 1975, S. 76.
39 O. Zimmermann in: *Art-Investor. Handbuch für Kunst & Investment*. Hg. von L. Pues u.a. München 2002, S. 297.
40 O. Enwezor: »Großausstellungen und die Antinomien einer transnationalen globalen Form« In: *Ikonologie der Gegenwart*. Hg. von G. Boehm und H. Bredekamp. München 2009, S. 41.
41 K. v. Beyme: *Die Faszination des Exotischen. Exotismus, Rassismus und Sexismus in der Kunst*. München 2008.
42 O. Enwezor: »Die Blackbox« In: Ders. (Hg.): *Documenta 11, Plattform 5*. Ostfildern 2002, S. 42.
43 Ebd., S. 49.
44 C. David: *Politics – Poetics. Documenta 10*. Kassel 1997, S. 24 f. und 803.
45 P. Weibel (Hg.): *Kontext Kunst*. Köln 1994, S. 57.
46 Enwezor 2002 (wie Anm. 42), S. 50.
47 J. Fisher in: Enwezor 2002 (wie Anm. 42), S. 63 und 67 f.
48 E. W. Said : »Kultur, Identität und Geschlecht« In: *Inklusion: Exklusion*. Hg. von P. Weibel. Köln 1997, S. 44.
49 Th. Wagner: »Der Neuanfang. Documenta 12 macht sich nichts aus großen Namen« In: *Frankfurter Allgemeine Zeitung*, 9. Mai 2007, S. 41.
50 Zit. nach: U. Knöfel: »Die beschleunigte Bohème« In: *Der Spiegel*, 2007, Nr. 20, S. 166.
51 J. Rancière: *La haine de la démocracie*. Paris 2005.
52 J. Rancière in: *Documenta Magazine* 2007, S. 450 f.
53 F. Ackermann: »Die Documenta und ihre vergebliche Suche nach einer Haltung zur Kunst« In: *Welt am Sonntag*, 17. Juni 2007, S. 82.
54 H. Rauterberg: »Kunst kommt von Knallen« In: *Die Zeit*, Nr. 25, 14. Juni 2007, S. 49.
55 J. Voss, N. Maak: »So geht das alles nicht weiter« In: *Frankfurter Allgemeine Sonntagszeitung*, 4. November 2007, S. 25.
56 N. Maak: »Das Geschenk der Wettergötter« In: *Frankfurter Allgemeine Zeitung*, 22. Juni 2007, S. 33.

57 R. M. Buergel: »Ängste im Machtfeld« In: *Der Spiegel*, 2007, Nr. 37, S. 182.
58 Rancière 2007 (wie Anm. 52), S. 464.
59 J. S. Mill: *A System of Logic* (1843). London 1959, S. 253.
60 B. Groys: *Über das Neue. Versuch einer Kulturökonomie*. München 1992, S. 136.
61 G. Dickie: *Art and Aesthetics*. Ithaca 1974, S. 51.
62 A. Reinhardt: *Schriften und Gespräche*. München 1998, 2. Aufl., S. 190.
63 H. Hoffmann (Hg.): *Das Guggenheim Prinzip*. Köln 1999.
64 W. Grasskamp in: Pues 2002 (wie Anm. 39), S. 65.
65 A. Zweite: »Strategien gegen die Indifferenz. Vier Beispiele heutiger ästhetischer Produktion« In: Boehm/Bredekamp 2009 (wie Anm. 40), S. 131.
66 R. L. Florida: *The Rise of the Creative Class*. New York 2006.
67 A. Wiesand: »Kultur- oder Kreativwirtschaft: Was ist das eigentlich?« In: *Aus Politik und Zeitgeschichte*, 34/35, 2006, S. 15.
68 N. Alper, G. Wassall: »Artist's careers and their labor markets.« In: *Handbook of the Economics of Art and Culture*. Hg. von V. Ginsburgh und D. Throsby. Bd. 1, Amsterdam 2007, S. 813–864; P.-M. Menger: »Les professions artistiques et leurs inégalités« In: *Sociologie des groupes professionnels*. Hg. von D. Demazière und Ch. Gadéa. Paris 2009, S. 355–366.
69 Zit. nach: Enquete-Kommission »Kultur in Deutschland«. Berlin, Deutscher Bundestag, Drucksache 16/7000. 2007, S. 230, Sp. 2.
70 F. de Mèredieu: *Histoire matérielle et immatérielle de l'art moderne*. 2. Aufl., Paris 2004, S. 615.
71 J. Mejias: »Ewiges Leben für die Vergänglichkeit. Das Museum spielt Theater: Marina Abramovič im MoMA in New York« In: *Frankfurter Allgemeine Zeitung*, 16. März 2010, S. 31.
72 Ch. Demand: »Der Riese erwacht. Das Germanische Nationalmuseum in Nürnberg« In: *Die Zeit*, 2010, Nr. 12, S. 53.
73 S. Karich: »Die Augenschule der Nation. Kunstvereine sind der Nährboden der deutschen Kunstlandschaft« In: *Frankfurter Allgemeine Zeitung*, 27. März 2010, S. 11.
74 W. Grasskamp: *Die unbewältigte Moderne*. München 1989, S. 140.
75 B. Wyss: »Geld für den Hungerkünstler« In: *Die Zeit*, Nr. 7, 11. Februar 2010, S. 41.
76 F. Illies: »Die zehn Lehren von Maastricht. Wie kann es sein, dass ein Gerhard Richter so viel kostet wie ein Botticelli? « In: *Die Zeit*, 2010, Nr. 12, S. 53.
77 Maak 2010 (wie Anm. 56), S. 33.
78 T. Timm: »Bald für immer zu? Das großartige Altonaer Museum für Kunst und Kulturgeschichte« In: *Die Zeit*, 30. September 2010, S. 66; E. Finger: »Spar dich reich! Hamburgs Kulturbehörde hat brutale Maßnahmen beschlossen« In: *Die Zeit*, 30. September 2010, S. 58.
79 T. Rapp und M. Sontheimer: »Leerstand. Die Päne für den Wideraufbau des Berliner Schlosses scheinen endgültig gescheitert zu sein. Und nun?« In: *Der Spiegel*, 2010, Nr. 24, S. 142-143.
80 E. Fuhr: »Das Humboldt-Forum ist keine Mogelpackung« In: *Die Welt*, 8. Juli 2010, S. 6.
81 J. Bisky: »Baustelle Museumsinsel« In: *Süddeutsche Zeitung*, 23. September 2010, S. 11.
82 K. Richter: »Der Kulturkampf. Müssen Städte wie Flensburg ein Opernhaus haben? « In: *Die Zeit*, 11. November 2010, Dossier, S. 19.
83 G. Knapp: »Das Museum Brandhorst in München« In: *BDA Informationen*. Hg. vom Landesverband Bayern, 2009, 3, S. 17-21.
84 V. Corsten: »Dem Hamburger Kulturbürgertum bleibt ja noch Berlin« In: *Frankfurter Allgemeine Zeitung*, 12. Oktober 2010, S. 33.
85 Ebd.

86 N. Maak: »Ein Gewinn für die Kunst der Zukunft. Klaus Wowereit genehmigt sich eine Lottomillion – um ein Kunstprojekt zu realisieren, das dieses Geld verdient« In: *Frankfurter Allgemeine Zeitung*, 8. Dezember 2010, S. 29.

87 P. Geimer: »Darf ein Volksentscheid Kunst verhindern? « In: *Frankfurter Allgemeine Zeitung*, 23. September 2010, S. 31.

88 M. Kimmelmann: »A Debate over who pays for culture: public or private? New York Times« In: *Süddeutsche Zeitung*, 1. Februar 2010, S. 6.

89 T. Timm: »Tausche Kunst gegen gute Luft. Das Bremer Museum Weserburg will seine Sammlung verkaufen. Ein Skandal? « In: *Die Zeit*, 23. September 2010, S. 59.

90 C. Lorch: »Stunde Null in der Bastelstube. Streit um das Erbe von Joseph Beuys: Das Museum Schloss Moyland attackiert das Land Nordrhein-Westfalen« In: *Süddeutsche Zeitung*, 18. März 1010, S. 11.

91 S. Ebert-Schifferer: »Die Fratze hinter der Maske. Der politisch erzwungene Abschied von Hellmut Seemann als Präsident der Stiftung Weimarer Klassik ist ein Fanal für die deutsche Museums- und Archivlandschaft« In: *Frankfurter Allgemeine Zeitung*, 21. Oktober 2010, S. 25.

92 »Große Geste: Für die Pinakothek« In: *Frankfurter Allgemeine Zeitung*, 27. November 2010, S. 39.

93 »Doktorarbeit im Museum« In: *Die Welt*, 4. Februar 2010, S. 27.

94 P. Richter: »Die Maler und die Mädchen. Wie ›Die Brücke‹ von der Pädophilie-Debatte eingeholt wird« In: *Frankfurter Allgemeine Sonntagszeitung*, 12. September 2010, S. 26.

95 K. Vahland: »Liste der Peinlichkeiten. Die National Gallery in London stellt ihre Irrtümer aus und leistet damit wissenschaftliche Pionierarbeit« In: *Süddeutsche Zeitung*, 3./4. Juli 2010, S. 11.

96 H. Raab: »Der Handel mit gefälschter Kunst boomt« In: *Rhein-Neckar-Zeitung*, 14. September 2010, S. 13.

97 R. Meinhof: »Beute Kunst. Der Skandal um die Bilder aus der ominösen ›Sammlung Werner Jägers‹ hat einen Millionenmarkt verändert« In: *Süddeutsche Zeitung*, 16./17. Oktober 2010, S. 3.

98 N. Maak: »Alles wirklich schön – aber leider nicht echt. Zwei monumentale Fälschungsskandale beuteln die Kunstwelt« In: *Frankfurter Allgemeine Sonntagszeitung*, 12. September 2010, S. 25 f.

99 N. Maak: »Das Schweigen der Fälscher « In: *Frankfurter Allgemeine Sonntagszeitung*, 19. September 2010, S. 27.

100 »Senke am Kunstmarkt« In: *Frankfurter Allgemeine Zeitung*, 4. Februar 2011, S. 33.

101 Statistische Ämter des Bundes und der Länder (Hg.): *Kulturfinanzbericht*. Wiesbaden 2010, S. 15.

102 Ebd., S. 31.

103 Statistische Ämter des Bundes und der Länder (Hg.): *Kulturfinanzbericht*. Wiesbaden 2008, S. 53.

104 W. Menger: »Les professions artistiques et leurs inégalités« In: Demazière/Galéa 2000 (wie Anm. 68), S. 366.

105 Zweite 2009 (wie Anm. 65), S. 174 f.

Susanne Asche, Anke Mührenberg, Peter Pretsch

Das Stadtmuseum als Ort der Identitätskonstruktion und der interkulturellen Begegnung

Was muss erreicht sein, damit eine Institution wie das Museum in dieser Weise funktioniert? Als Ort einerseits der Identifikation, das heißt als Ort, an dem man auf Bekanntes trifft, auf etwas, mit dem sich der Einzelne identifizieren kann, und andererseits als Ort der interkulturellen Begegnung, das heißt der Begegnung mit dem Fremden.

Im Folgenden wollen wir unsere Überlegungen zu dieser Frage als Kulturpolitikerin, Museumsleiterin und Museumsleiter in Karlsruhe darlegen. Museen stellen sich mit dieser Fragestellung in eine hochaktuelle politik-, gesellschafts- und kulturpolitische Diskussion. Es vergeht kaum ein Tag, an dem nicht über die gesellschaftliche Integration von Menschen mit Migrationshintergrund gesprochen wird – und dabei steht immer wieder die kulturelle Integration im Vordergrund.[1] Die Enquetekommission »Kultur in Deutschland« widmete dem Thema »Interkultur/Migrantenkulturen« eine eigene Berichterstattergruppe. Im Endbericht der Enquetekommission wird die Bedeutung der Kultur »für das Zusammenleben in einer demokratischen Gesellschaft« unterstrichen und es wird betont: »Im Zeitalter der Globalisierung und Internationalisierung bedarf es der identitätsstiftenden Wirkung von Kunst und Kultur.«[2] Aber welche Identität soll gestiftet werden? Welche Kunst und welche Kultur werden aufgenommen in den Überlieferungskanon unserer Kultur?

In Baden-Württemberg stellen Menschen mit Migrationshintergrund rund ein Viertel der Bevölkerung. Dazu zählen alle Gewanderten und all diejenigen, die ein Elternteil haben, das gewandert ist. In der neuen Kunstkonzeption des Landes Baden-Württemberg wird dann auch folgerichtig dem Bereich »Kunst und Kultur interkulturell ausrichten« ein ganzes Kapitel gewidmet.[3] Hier heißt es:

> »Kunst und Kultur haben eine identitätsstiftende und dialogfördernde Wirkung, die im Hinblick auf eine erfolgreiche Integration einen wertvollen Beitrag leisten kann.«[4]

Explizit werden die Kulturinstitutionen aufgefordert, sich interkulturell zu öffnen. Seit kurzem ist der Bereich der kulturellen Integration unter dem Projektnamen »Kunst und Integration« auch in die Nachhaltigkeitsstrategie des Landes Baden-Württemberg aufgenommen worden. In der Kurzbeschreibung des Vorhabens heißt es:

> »›Kunst und Integration‹ hat zum Ziel, landesweit nachhaltige Strukturen zur Stärkung der kulturellen Teilhabe von Migranten und Migrantinnen aufzubauen, basierend auf einer stärkeren interkulturellen Öffnung aller beteiligten Institutionen und Einrichtungen. Interkulturelle Öffnung meint in diesem Sinne auch, dass verstärkt Themen der Interkulturalität und Migration behandelt werden und sich die Realität der Migrationsgesellschaft so in den kulturellen Einrichtungen widerspiegelt.«[5]

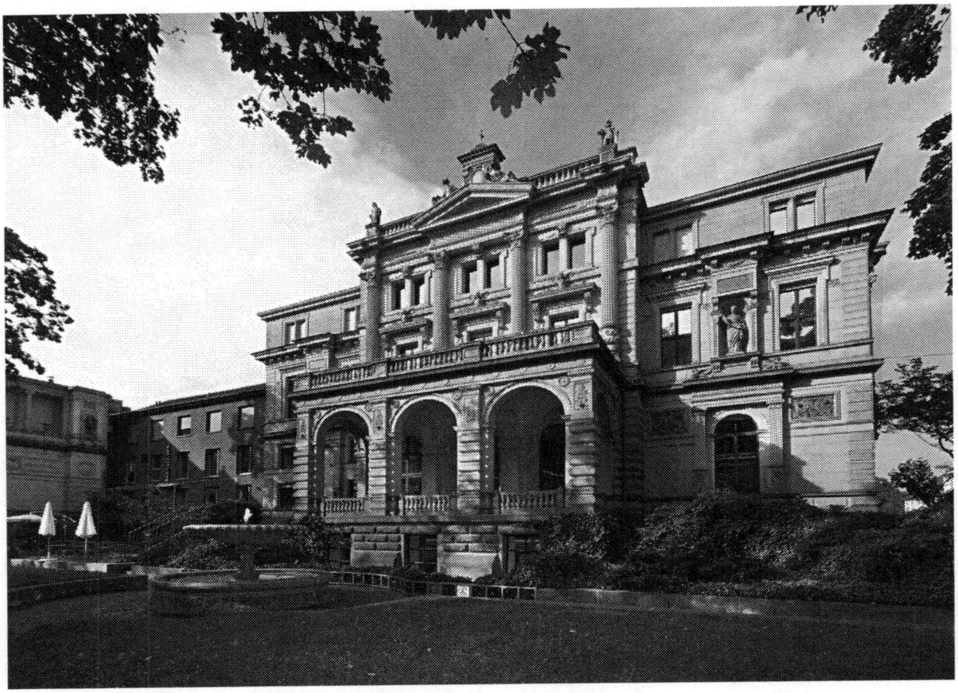

Abb. 1: Stadtmuseum Karlsruhe im PrinzMaxPalais, ein Gebäude der Gründerzeit in der Innenstadt

Wie kann das geschehen, welche Wege beschreiten dabei Museen? Im Folgenden soll es um Stadtmuseen gehen, denn diese erfüllen dabei eine besondere Funktion. In der Regel handelt es sich um historische Museen, die die Geschichte einer Stadt präsentieren und deren Funktionen von Anbeginn an die Identitätssicherung und Stiftung kultureller Traditionen waren. In Frankreich gibt es seit dem Spätherbst 2010 einen Konflikt zwischen zehn namhaften Historikern und Historikerinnen wie Jacques Le Goff, Arlette Farge und Roger Chartier mit dem Staatspräsidenten Nicolas Sarkozy aufgrund seiner Pläne, in den Gebäuden der Archives Nationales ein Haus der Geschichte einzurichten. Dieses soll – folgt man den Plänen des Präsidenten – im Dienst der nationalen Identität stehen und zu deren »Stärkung, Abstützung, Verbreitung« beitragen. Die Kritiker halten dagegen, es könne ein Haus der Geschichte nur noch aus europäischer Perspektive geben, der nationale Rahmen gehöre ins 19. Jahrhundert. Frankreich müsse Bevölkerungsschichten aus der ganzen Welt integrieren, ein Haus der Geschichte sei methodisch überholt.[6]

Wie steht es da mit Stadtmuseen, mit kommunalen Häusern der Geschichte? Bei ihrer Betreibung gehen wir von der Annahme aus, dass stadthistorisches Wissen, die Begegnung mit stadthistorischen Objekten, die Kenntnis darüber, warum die eigene Stadt so geworden ist, wie sie ist, Grundlagen sind für eine regional verankerte Identität. Sie machen die eigene Stadt erst wirklich erleb- und entdeckbar. Des Weiteren ist die Stadtgeschichte ein wesentlicher Beitrag für die Ausbildung einer gesamtgesellschaftlichen kulturellen Tradition. Denn in unseren Kommunen kommen die große und die kleine Geschichte zusammen, hier treffen die gesellschaftlichen Konflikte und Erfolge aufeinander, hier werden Kunst und Kultur gestaltet und gelebt. Ein Stadtmuseum sollte daher ein Kristallisationspunkt für die Auseinandersetzung mit Fragen der gesellschaftlichen, kulturellen und wirtschaftlichen Entwicklung sein. Denn längst ist das Stadtmuseum nicht mehr das herkömmliche Heimatmuseum, in dem man mußevoll Objekte einer fremd anmutenden Vergangenheit bestaunen kann. Das Stadtmuseum ist der Ort, an dem sich fortlaufend mit der Frage auseinandergesetzt werden muss, wie wir gelebt haben und was aus der Vergangenheit in die Gegenwart hereinreicht bzw. was aus unserer Gegenwart nur vor dem Hintergrund der Geschichte verständlich ist. Zudem muss der Kurator, die Kuratorin die Gegenwart vor Augen haben mit Blick darauf, was aus der Gegenwart für die zukünftige Geschichtsdarstellung aufbewahrt werden muss. Daher konnte man neulich in der *Stuttgarter Zeitung* lesen, dass das Haus der Geschichte Baden-Württemberg ein Stück des gegenwärtigen Stuttgarter Bauzauns rund um den Bahnhof für seine Sammlung sichern will. Hier weiß man, dass ›Stuttgart 21‹ bzw. die derzeitigen Konflikte rund um das Vorhaben zukünftig in der Geschichtsdarstellung nicht fehlen dürfen.[7]

Es liegt sicherlich auch an dieser Profilierung, dass die Beliebtheit der Stadtmuseen ungebrochen ist, was sich an den steigenden Besucherzahlen ablesen lässt. So ist bei der Gruppe der Volks- und Heimatkundemuseen sowie der Historischen und Archäologischen Museen in den Jahren von 2008 auf 2009 eine Steigerung der Besucherzahlen von knapp 2% bzw. 9,8% zu verzeichnen, während zum Beispiel die Gruppe der Kunstmuseen und sogenannten Sammelmuseen um 6,9% bzw. 7,1% gesunken ist.[8]

Seit wenigen Jahren ist nun auch die Migration ein Thema lokaler Geschichtsforschung und musealer Präsentation geworden, in zahlreichen Städten widmet man sich dieser Thematik, so auch in Karlsruhe im Stadtarchiv und den zwei stadthistorischen Museen. Das Stadtmuseum im PrinzMaxPalais präsentiert die Geschichte der Stadt von ihren Anfängen bis in die 1990er Jahre (Abb. 1).[9] Zudem gibt es in dem 1938 nach Karlsruhe eingemeindeten Stadtteil Durlach ein weiteres stadthistorisches Museum, das die Geschichte der ersten Residenzstadt zeigt, das Pfinzgaumuseum in der Karlsburg (Abb. 2).[10]

Karlsruhe ist eine sehr junge Stadt, aus deren Geschichte auch deutlich wird, warum sie zwei stadtgeschichtliche Museen beherbergt. Im September 1715 erließ Markgraf Karl Wilhelm von Baden-Durlach einen Privilegienbrief, um eine neue Stadt im Hardtwald zu gründen. Eigentlich befand sich die Residenz der Markgrafen von Baden-Durlach seit 1565 in Durlach, doch diese Stadt wurde durch den Pfälzischen Erbfolgekrieg 1689 zerstört und dann nach Maßgabe des Markgrafen Friedrich Magnus von den Bürgern wieder aufgebaut. Seinem Sohn Karl Wilhelm war die Stadt aufgrund des mittelalterlich gebliebenen Stadtgrundrisses zu provinziell und so fasste er wenige Jahre nach seinem Regierungsantritt 1709 den Plan, eine zeitgemäße Stadt zu bauen.[11] In dem 1715 erlassenen Privilegienbrief versprach er denjenigen, die sich in der neu zu gründenden Stadt Karlsruhe ansiedeln wollten, zahlreiche Freiheiten und Rechte. Diese Rechte wie Religionsfreiheit, Gewerbefreiheit, Rechtssicherheit oder Baurecht und Steuerbefreiung usw. sollten Fremde in die Stadt ziehen. Der Privilegienbrief hatte damit vor allem eine wirtschaftliche Funktion – es sollten Handwerker und Händler kommen, um eine neue Stadt zu bauen. Religions- und Gewerbefreiheit sowie Rechts-

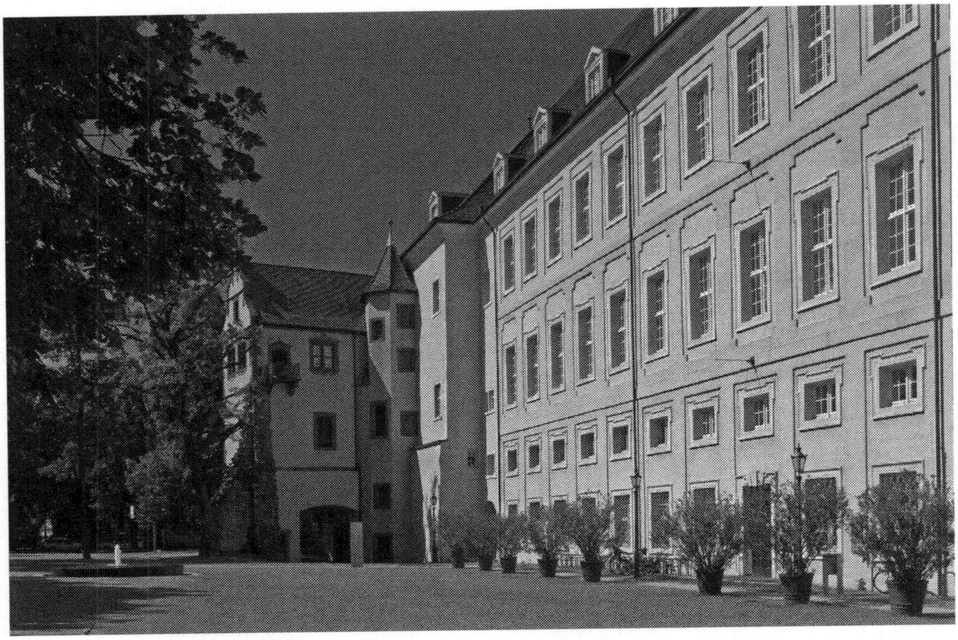

Abb. 2: Pfinzgaumuseum in der Karlsburg, Durlach

sicherheit aber waren unabdingbare Voraussetzungen, Menschen zu finden, die bereit waren, sich mitten im Wald eine neue Existenz zu schaffen.[12] In den nun folgenden Jahrzehnten entstand eine Siedlung von Bürgern mit Migrationshintergrund, die gemeinsam begannen, eine Stadt zu bauen.

Heute ist Karlsruhe die drittgrößte Kommune Baden-Württembergs. Die Stadt ist wohlhabend – mit guter Infrastruktur, einer Eliteuniversität, zahlreichen auch international angesehenen Kulturinstitutionen, sehr guten Schulen und Hochschulen. Ein wirtschaftlicher Schwerpunkt liegt auf den neuen Informationstechnologien. Im Jahr 2009 lebten in Karlsruhe rund 280.000 bzw. – nimmt man die Personen mit Zweitwohnsitz hinzu – etwas über 300.000 Einwohner. Der Ausländeranteil liegt bei 14,1% – Tendenz seit Jahren langsam, aber kontinuierlich steigend. Extra gezählt werden »Deutsche mit erkennbarem persönlichem Migrationshintergrund«. Das sind Bürger und Bürgerinnen, die selbst oder deren Eltern gewandert sind, sie machen zusätzlich 10% der Bevölkerung aus. Insgesamt werden damit rund 24% der Bevölkerung in Karlsruhe als Migrantinnen und Migranten bezeichnet.[13] Allerdings gibt es keine ausgeprägten Parallelgesellschaften, da die Migranten keine homogene Gruppe aus einem Land oder einem Kulturkreis darstellen. Sehr große Gruppen stellen Menschen aus der Türkei – vor allem Erwerbsmigranten, Migrantinnenen und Migranten aus der ehemaligen Sowjetunion, das heißt Spätaussiedler, und Menschen aus dem ehemaligen Jugoslawien, die vor allem als Erwerbsmigranten oder als Kriegsflüchtlinge nach Karlsruhe kamen. Das sind die größten Gruppen, die anderen verteilen sich auf über 80 Herkunftsländer von allen Kontinenten.[14]

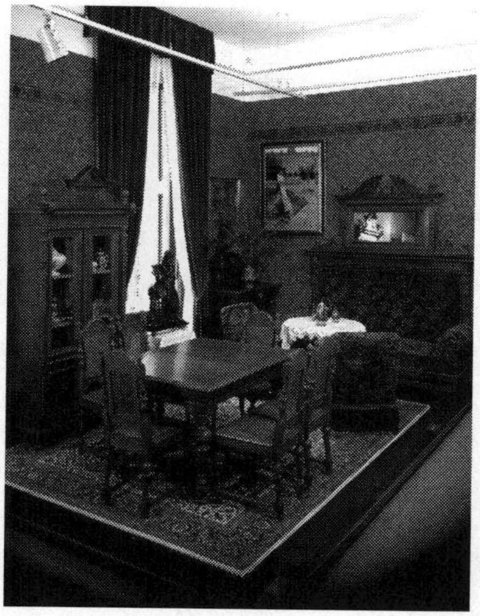

Abb. 3: Gründerzeitsalon in der Dauerausstellung des Stadtmuseums Karlsruhe

Die Aufgabe für die Stadtmuseen lautet nun: Wie können auch diese Menschen erreicht werden, die ihre persönliche Geschichte oder die ihrer Familie nicht in einem gewöhnlichen Stadtmuseum entdecken werden? Dabei gilt es, zwei Fragen zu beantworten:

- Was aus ihrer Gegenwart gehört in die zukünftige Geschichte unserer Stadt?
- Wie muss die Vergangenheit der Stadtgeschichte präsentiert werden, damit sich auch Neubürger dafür interessieren?

Das ist für die historischen Museen keine neue Fragestellung, denn immer wieder und immer neu sehen sich die Stadtmuseen mit dem Problem konfrontiert, dass sie nur eingeschränkte Kreise der Stadtbevölkerung erreichen. Das liegt an ihrer eigenen Geschichte. Viele Stadtmuseen – auch die der Stadt Karlsruhe – gehen zurück auf Gründungen des ausgehenden 19. und beginnenden 20. Jahrhunderts. Es war zunächst das Bürgertum, das begann, die Zeugnisse der Stadtgeschichte zu sammeln und sich damit eine eigene Geschichte zu geben (Abb. 3). Letztendlich forcierte die Entstehung des Deutschen Reiches 1871 die Entwicklung von Museen, denn mit ihnen ging eine Herausbildung von Heimatbewusstsein und Pflege der bürgerlichen Traditionen einher. Die Museen sollten nationale Identität stiften und neben Verwaltung, Kirche und Militär zum vierten Standbein des Staates werden.[15] Insbesondere durch die Industrialisierung gab es ab der Mitte des 19. Jahrhunderts vermehrt Gründungen von volkskundlichen und kulturhistorischen Museen. Das Heimatmuseum sollte mit ländlicher Idylle einen Gegenpol zur Industriearbeiterschaft bilden. Dahinter verbarg sich auch eine Reaktion auf die mit der Industrialisierung einhergehende rasante Veränderung der Städte. In der Zeit von 1885 bis 1895 gab es einen regelrechten Gründungsboom von Museen, der durch die bürgerliche Emanzipationsbewegung, Industrialisierung und Reichseinigung, entstand. Die Museen wurden zunächst als Altertums- bzw. Geschichtsmuseen bezeichnet, was eine Folge der am Ende des 19. Jahrhunderts entstandenen Altertumsvereine war, in denen sich Bürger zusammenschlossen, um die Geschichte ihres jeweiligen Ortes zu bewahren. Dabei zählte man sowohl die kleinstädtischen als auch die großstädtischen Museen, wie zum Beispiel das Museum für Deutsche Volkskunde in Berlin, zu den Heimatmuseen.[16]

Auch unsere Stadtmuseen hatten Anteil an dieser Entwicklung: Die Sammlungen des Karlsruher Stadtmuseums wurden ab 1885 aufgebaut, die des Pfinzgaumuseums ab 1902.[17] Gesammelt wurden Zeugnisse der durch Industrialisierung und technischen Fortschritt verdrängten Leistungen des Handwerks (Abb. 4). Das Museum wurde begriffen als Lern- und Vermittlungsort für alle, für das Volk. Dabei fehlte die Geschichte ganzer Bevölkerungsgruppen, die vor allem nach dem Zweiten Weltkrieg in die Geschichtsschreibung der Museen und deren Sammlungen aufgenommen wurden. Auch im Karlsruher Stadtmuseum wurde erst 1988 die Geschichte der Juden in einer stadtge-

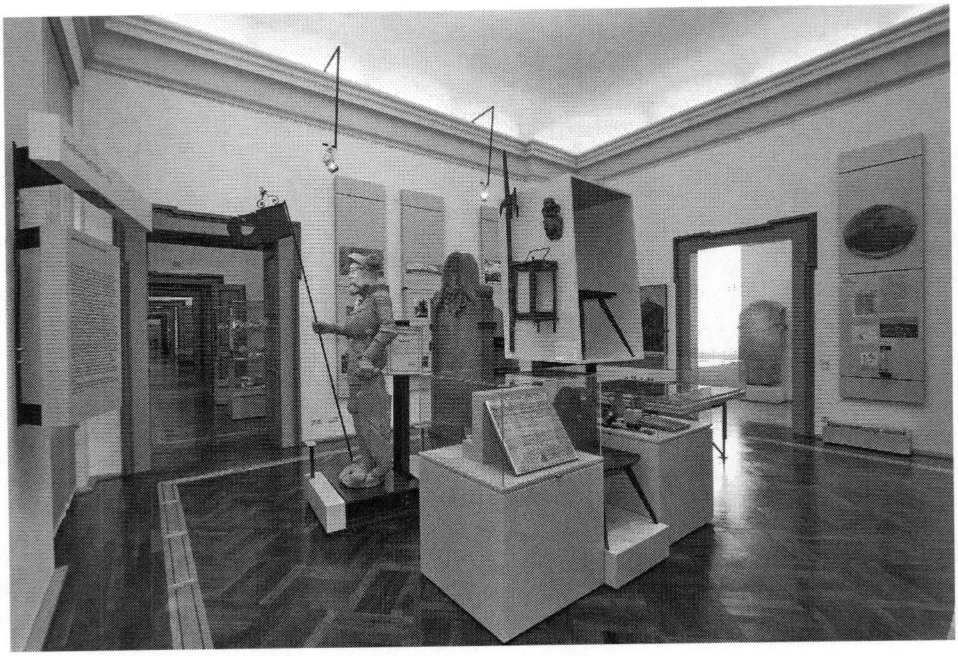

Abb. 4: Innenansicht des Pinzgaumuseums Durlach

schichtlichen Ausstellung und Publikation berücksichtigt, 1990 die Geschichte der Alltagskultur und schließlich 1992 die Geschichte der Frauen.[18] Besonders an letzterer Veranstaltung wurde eine Erweiterung der Besucherkreise deutlich, das bis dahin eher männlich dominierte Stadtgeschichtsgeschehen wurde feminisiert.

Im Herbst 2009 schließlich widmeten wir eine Ausstellung und ein Buch dem Thema *Migration und Integration in Karlsruhe*. Dieses Projekt ging zurück auf eine Initiative des Büros für Integration der Stadt Karlsruhe, das anregte, die Wanderausstellung des Südwestrundfunks *Gastarbeiter in Deutschland* zu zeigen. Das Stadtmuseum ergänzte diese Ausstellung um den Aspekt »Zuwanderung nach Karlsruhe« und kooperierte dabei mit der Pädagogischen Hochschule (PH). Studierende der Hochschule haben zahlreiche Zeitzeugenbefragungen mit Vertretern der unterschiedlichen Migrantengruppen durchgeführt, deren Ergebnisse nun Teil unserer Sammlungen sind. Ein umfangreiches Begleitprogramm bereicherte die Veranstaltung.[19] Es fanden zahlreiche Führungen auch für Schulklassen durch die Studierenden der PH in der Ausstellung statt, außerdem drei Vorträge in Zusammenarbeit mit der Frauenbeauftragten des Internationalen Frauencafés sowie zwei Lesungen. Zur Finissage wurde unter reger Beteiligung des Publikums ein Resümee der Ausstellung gezogen und Perspektiven für die Behandlung des Themas in einem neu zu errichtenden Stadtmuseum aufgezeigt. Die Geschichte der Migration in die Stadt Karlsruhe ist erarbeitet und als Sammelband *Migration und Integration in Karlsruhe* vom Stadtarchiv publiziert.[20]

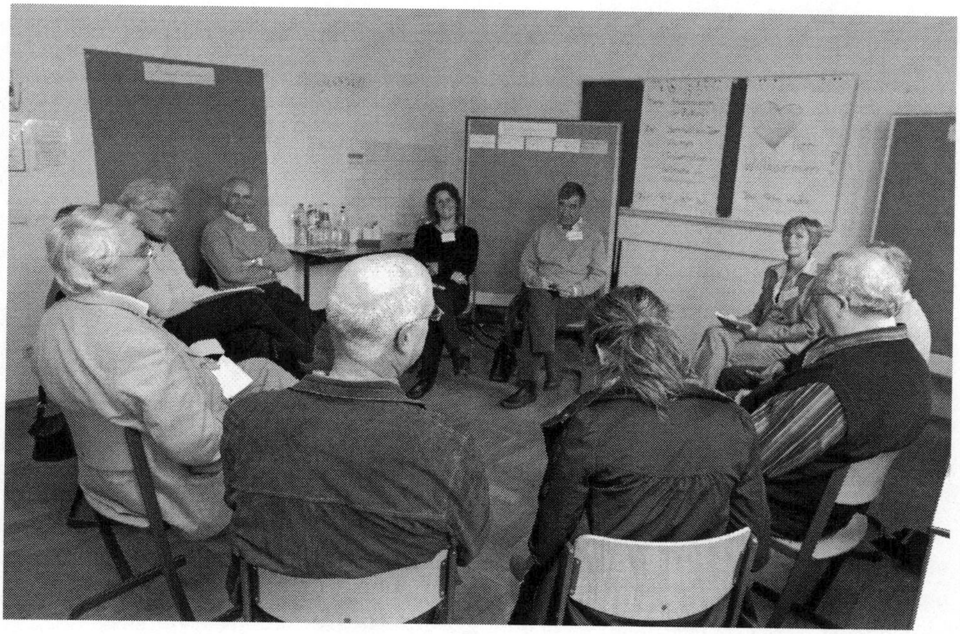

Abb. 5: Workshop »Stadtmuseum der Zukunft«

Ausstellungen zu präsentieren und Forschungsergebnisse zu publizieren sind das eine, ein langfristiges Gedächtnis zu sichern, um damit Erinnerung in der Zukunft zu ermöglichen, ist etwas anderes. Hier gilt es neue Sammlungsstrategien zu entwickeln und in einen Dialog mit den Menschen zu treten, deren Geschichte in dem zukünftigen Stadtmuseum gesichert werden soll bzw. die man als neue Besucherkreise gewinnen will.[21] Daher beschlossen wir, eine Umfrage unter den Besuchern und Besucherinnen des Stadtmuseums zu machen und einen großen ganztägigen Workshop zu diesem Thema durchzuführen mit Vertretern und Vertreterinnen aller gesellschaftlicher Gruppen, der Vereine und Parteien, der Kirchen und Religionen, der Wirtschaft und Wissenschaft, der Alternativszene und der Schulen.[22] Natürlich kann man sich fragen, was ein solcher Workshop bringen soll, wo es doch ausgewiesene Museumsfachleute bei uns gibt. Es ging uns um einen breit angelegten Beteilungsprozess. Daher war es uns wichtig, mit den Bürgern und Bürgerinnen, mit Vertretern und Vertreterinnen möglichst aller gesellschaftlichen Gruppen darüber zu sprechen, was sie sich von dem Stadtmuseum der Zukunft wünschen, was aus ihrer jetzigen Gegenwart für die Zukunft gesammelt werden soll, was aus der Vergangenheit, der Geschichte der Stadt zu sehen sein soll. Es ging letztlich um die Frage, wie das Stadtmuseum ein identitätssichernder Ort in der interkulturellen Begegnung sein kann. Wir arbeiteten bei dem Workshop in sieben Gruppen mit rund 80 Personen, deren Teilnehmer Vertreter und Vertreterinnen der Alternativen und Freien Kulturszene, der Bürger- und Geschichtsvereine, der Schulen, der Wirtschaft, Politik und Presse, der Migration, der Kirchen und der Wissenschaft waren (Abb. 5). Dabei sprachen wir Bürger und Bürgerinnen an, die vorher nie im

Stadtmuseum gewesen waren. Deswegen erhielten alle Eingeladenen vorab Führungen durch die derzeitige Dauerausstellung zur Vorbereitung.

So unterschiedlich die Gruppen waren, so ähnlich fielen dennoch die Ergebnisse aus, die im Folgenden zusammengefasst werden.[23] Viele Objekte aus der jetzigen Ausstellung will man auch weiterhin sehen, aber vor allem müssen Aspekte der neuesten Geschichte wie RAF (Rote Armee Fraktion), die 68er, die Gründung der Grünen usw. gezeigt werden. Betont werden sollen die Zukunftszugewandtheit der Stadt und ihre herausragende Demokratie- und Emanzipationsgeschichte, wobei die Alleinstellungsmerkmale von Karlsruhe und die besonderen Weichenstellungen in der Stadtgeschichte herauszustellen sind. In jedem Fall aber soll es eine chronologische, wenn auch multiperspektivische Darstellung der Stadtgeschichte sein mit Dauer- und Sonderausstellungen. Multiperspektivität kann, so ein Vorschlag, durch die Arbeit generationenübergreifender Ausstellungskuratoren – Enkel und Großmutter/-vater – entstehen.

Vor allem im museumspädagogischen und darstellerischen Präsentationsbereich werden gravierende Veränderungen gewünscht: Alle möchten interaktive Elemente, Objekte zum Anfassen und eine variable Ausstellungsarchitektur. Gewünscht werden Audio-Guides, Mitmachstationen, eine Museumsrallye, Mehrsprachigkeit und multimediale Angebote. Das Museum soll mehr in der Stadt und im Stadtraum präsent sein durch eine ausgedehntere Öffentlichkeitsarbeit und Museumspädagogik sowie durch Internetangebote zur Vor- und Nachbereitung des Museumsbesuchs. Im Haus werden Bücherecken gewünscht und die Grundschüler und -schülerinnen möchten Experimentierräume mit Kleidung und Essen. Die Erwachsenen favorisieren dagegen eine Cafeteria und einen Museumsshop. Zudem soll das Museum in die Bürgergesellschaft eingebunden werden – zum Beispiel durch die Bestückung eines Depots mit Gegenwartsobjekten für zukünftige Ausstellungen. Denkbar ist auch eine Bürger- und Bürgerinnendatenbank – »was mir meine Großmutter über Karlsruhe erzählte« unter dem Motto: Werde Zeitzeuge!

Es wurde im Workshop die Vernetzung des Museums mit anderen Institutionen und mit der Wirtschaft gefordert sowie das Aufgreifen der aktuellen Situation von Migranten und ihrer Geschichte in der Stadt. Bei der Gestaltung der Museumsfeste können Kulturvereine, zum Beispiel der Migranten, eingebunden werden, denn es geht um historisch fundierte Identität, Irritation, Neugierde, Freude und Erkenntnis.

Welche Ergebnisse brachte darüber hinaus der Workshop mit Vertretern und Vertreterinnen der ausländischen Vereine und des Ausländerbeirats? Man war sich einig, dass Migration und Migranten für die Geschichte und Gegenwart Karlsruhes eine wichtige Rolle spielen. Als Teil der Gesellschaft sollten die Migranten mit ihrer Geschichte im Stadtmuseum vertreten sein – ihre Geschichte, Kultur und ihre aktuelle Situation in Karlsruhe. Dies betrifft u.a. Kleidung, Festkultur, Schrift, Musik und Esskultur. Generell werden Themen wie Medizin, Architektur, Geschichte und Kunst genannt. Was Exponate bzw. Themen aus der Gegenwart betrifft, die sie im Museum sehen möchten, so nannten die Teilnehmenden beispielsweise religiöse Symbole, Friedhofskultur, Wohnkultur, Mosaikkunst, Musikinstrumente, Schmuck, Fahrzeuge, Sport oder Baukultur. Hinsichtlich der Präsentation war sich die Gruppe darüber einig, dass Kinder und Jugendliche durch Mitmachstationen, interaktive Angebote sowie auch spezifische museumspädagogische Aktionen besser angesprochen werden sollten. Zudem seien visuelle Präsentationen dazu geeignet, auch Menschen zu erreichen, die die Sprache nicht gut beherrschen. Die Teilnehmerinnen und Teilnehmer erwarten für die Umsetzung ferner 3D-Animationen, Musikangebote, Workshops, Livemusik, Multimedia und ein internationales Museumscafe. Es war der Wunsch der Gruppe, dass Migrantenvereine zum Rahmenprogramm des Stadtmuseums beitragen, so wurde zum Beispiel vorgeschlagen, Festtage nach Nationen zu begehen. Als Idee für ein Museumsfest wurde »1001 Nacht im Museum« genannt. Es gab zudem den Vorschlag, Treffen religiöser Gemeinschaften in das Rahmenprogramm der Ausstellungen einzubauen. Bei Führungen sollte es ebenso spezifische Angebote für Kinder geben wie auch für Behinderte. Daneben wurden noch Basteln und Gestalten, Künstlerkino, Märchenstunde, Veranstaltungen zu den Städtepartnerschaften und Werbung in den Schulen genannt. Eine aktive Teilnahme der Migranten und Religionsgruppen am Geschehen im Museum wurde begrüßt. Für das Museum wünschten sich die Teilnehmer zudem moderne Multimedia-angebote, Mehrzweckräume, einen Zeittunnel oder eine Zeitreise sowie nicht zuletzt ein ganz neues Gebäude.

Der Workshop hatte den Effekt, dass das Stadtmuseum in die stadtpolitischen Diskurse eingebettet wurde und sich neue Gruppen angesprochen fühlen. Das werden wir fortsetzen, denn wir haben für den eingangs erwähnten Topf »Kunst und Integration« der Nachhaltigkeitsstrategie Baden-Württemberg zwei Projekte angemeldet, die dem Dialog mit den zukünftigen Besuchern und Besucherinnen dienen.[24] Mit dem Projekt *Stadtmuseum und Stadtgeschichte* möchten wir die Partizipation der Migrantinnen und Migranten an der Ausbildung der Überlieferung und damit der Stadtgeschichte ermöglichen:

- Durch Workshops in Zusammenarbeit mit dem Büro für Integration und dem Internationalen Begegnungszentrum: Welche Exponate oder Gegenstände aus Ihrem Ursprungsland oder aus Ihrer Biografie sollen in einem Stadtmuseum der Zukunft zu sehen sein?
- Durch Projektarbeit mit Schulklassen mit hohem Integrationsanteil: Was soll aus Eurer Gegenwart, Eurer Schule oder Eurer Straße in einem Stadtmuseum der Zukunft zu sehen sein?
- Durch Recherchen in Archiven, öffentlichen und privaten Sammlungen der Region.

Die Ergebnisse des Projekts werden in die Neukonzeption des Stadtmuseums Karlsruhe eingebunden.

Mit dem zweiten Projekt innerhalb des Bereichs »Kunst und Integration« in der Nachhaltigkeitsstrategie des Landes Baden-Württemberg wird auf die Integrationsleistung der Bevölkerung mit Migrationshintergrund aufmerksam gemacht werden. Es handelt sich dabei um einen vom Stadtmuseum initiierten und öffentlich durchgeführten Fotowettbewerb zu dem Thema »Integration in Karlsruhe«. Motive könnten kulturelle und öffentliche Veranstaltungen, Familienfeiern, Straßenszenen etc. sein. Für die Teilnahme wird durch öffentliche Ausschreibung in Presse und Medien und durch die Prämierung der besten Arbeiten geworben. Die Fotos werden im Stadtmuseum ausgestellt und in den Bestand des Stadtarchivs aufgenommen werden. Auch das so Gesammelte wird einfließen in die neue Dauerausstellung.

Das alles basiert auf unserer Überzeugung, dass das Stadtmuseum als Ort der Identitätskonstruktion und der interkulturellen Begegnung angewiesen ist auf Partizipation aller Bürger und Bürgerinnen – als Besucher, als Sammlungsbereicherer und als Dialogpartner. Als Ort der interkulturellen Begegnung ist das Stadtmuseum die Museumsform des 21. Jahrhunderts.

---

1 2010 ist der *Arbeitskreis Migration* im Deutschen Museumsbund (DMB) gegründet worden, der bis 2012 einen Leitfaden *Museen und kulturelle Vielfalt* erarbeiten will. Seit kurzem ist das Internetportal www.museumbildet.de des DMB mit Angeboten für Migranten freigeschaltet. Der Landschaftsverband Westfalen-Lippe betreibt außerdem das bundesweite Internetportal: www.migration-ausstellen.de.

2 Vgl. Deutscher Bundestag: *Schlussbericht der Enquete-Kommission »Kultur in Deutschland«*, Drucksache 16/7000 vom 11. Dezember 2007, S. 39, 43 und 45.

3 Vgl. Ministerium für Wissenschaft, Forschung und Kunst Baden-Württemberg (Hg.): *Kultur 2020. Kunstpolitik für Baden-Württemberg*, September 2010, S. 44 ff.

4 Wie Anm. 3, S. 44.

5 Internetportal *Nachhaltigkeitsstrategie Baden-Württemberg* unter: www2.uvm.baden-württemberg.de/sevlet/is/48746/.

6 Vgl. Jürg Altwegg: »Sinnstiftung Frankreichs. Historiker gegen das ›Haus der Geschichte‹« In: *Frankfurter Allgemeine Zeitung*, 28. Oktober 2010.

7 Vgl. Thea Bracht: »Bauzaun zieht bald ins Museum« In: *Stuttgarter Zeitung*, 29. November 2010.

8 Vgl. *Statistische Gesamterhebung an den Museen der Bundesrepublik Deutschland für das Jahr 2009* (= Materialien aus dem Institut für Museumsforschung, H. 64). Berlin 2010, S. 20.

9 Vgl. Peter Pretsch: *Eine Vision und ihre Geschichte. Führer durch die Ausstellung zum Werdegang der Stadt Karlsruhe*. Karlsruhe 1999.

10 Vgl. zum Pfinzgaumuseum Brigitte Baumstark: *Rund um den Turmberg. Führer durch das Pfinzgaumuseum*. Karlsruhe 1994.

11 Vgl. zur Geschichte der Stadt Karlsruhe und Durlachs Susanne Asche, Ernst Otto Bräunche, Manfred Koch, Heinz Schmitt, Christina Wagner: *Karlsruhe. Die Stadtgeschichte*. Karlsruhe 1998; Susanne Asche, Olivia Hochstrasser: *Durlach. Staufergründung, Fürstenresidenz, Bürgerstadt* (= Veröffentlichungen des Karlsruher Stadtarchivs, Bd. 17). Karlsruhe 1996.

12 Vgl. Christina Wagner: »Von der Stadtgründung zur großherzoglich badischen Haupt- und Residenzstadt 1715–1806« In: *Karlsruhe. Die Stadtgeschichte* (wie Anm. 11), S. 65–190.

13 Vgl. *Statistisches Jahrbuch der Stadt Karlsruhe* 2010, S. 30, 32 und 40 f.

14 Vgl. wie Anm. 13, S. 40 f. und Manfred Koch, Sabine Liebig (Hg.): *Migration und Integration in Karlsruhe* (= Veröffentlichungen des Karlsruher Stadtarchivs, Bd. 31). Karlsruhe 2010, S. 12 f.

15 Vgl. dazu unter anderem hier und im Folgenden Martin Roth: *Heimatmuseen. Zur Geschichte einer deutschen Institution* (= Berliner Schriften zur Museumskunde, Bd. 7). Berlin 1990, S. 32 ff.

16 Vgl. Jürgen Steen: »Stadtmuseen« In: *Museumskunde*, Bd. 62, 1997, H. 1, S. 10–13.

17 Vgl. zum Stadtmuseum Anm. 9 und zum Pfinzgaumuseum Anm. 10 und Brigitte Baumstark: »Das Pfinzgaumuseum in Durlach. Von der Altertümersammlung zum zeitgemäßen Museum« In: *Blick in die Geschichte. Karlsruher stadthistorische Beiträge 1988–1993*. Karlsruhe 1994, S. 209 und Anke Mührenberg: *Der Zukunft verpflichtet. Friedrich Eberle, der Gründer des Pfinzgaumuseums*. Karlsruhe 2002.

18 Vgl. die Veröffentlichungen des Karlsruher Stadtarchivs, Bände 8, 10 u. 15: *Juden in Karlsruhe. Beiträge zu ihrer Geschichte bis zur nationalsozialistischen Machtergreifung* (= Veröffentlichungen des Karlsruher Stadtarchivs, Bd. 8). Hg. von Heinz Schmitt unter Mitwirkung von

Ernst Otto Bräunche und Manfred Koch. Karlsruhe 1988, 2. Aufl. 1990; *Alltag in Karlsruhe. Vom Lebenswandel einer Stadt in drei Jahrhunderten* (= Veröffentlichungen des Karlsruher Stadtarchivs, Bd. 10). Hg. von Heinz Schmitt unter Mitwirkung von Ernst Otto Bräunche. Karlsruhe 1990; Susanne Asche, Barbara Guttmann, Olivia Hochstrasser, Sigrid Schambach, Lisa Sterr: *Karlsruher Frauen 1715–1945. Eine Stadtgeschichte* (= Veröffentlichungen des Karlsruher Stadtarchivs, Bd. 15). Karlsruhe 1992.

19 Vgl. www.karlsruhe.de/kultur/stadtgeschichte/stadtmuseum/gastarbeiter.de (15. Februar 2011) und *Karlsruher Stadtzeitung*, 2. Oktober 2009.

20 Vgl. Koch/Liebig 2010 (wie Anm. 14).

21 Vgl. hierzu Petra Zwaka: »Museen und interkultureller Dialog« In: *Museumskunde*, Bd. 73, 2008, H. 2, S. 51–59 mit weiterführenden Literaturangaben.

22 Dieser fand am 8. Mai 2010 in den Räumen und mit den Moderatorinnen und Moderatoren der Volkshochschule Karlsruhe statt.

23 Vgl. Unterlagen und Protokolle des Workshops vom 8. Mai 2010 im Stadtarchiv Karlsruhe.

24 Vgl. Protokoll der Sitzung der Strategiegruppe »Kunst und Integration« im Rahmen der Nachhaltigkeitsstrategie des Landes Baden-Württemberg am 7. Dezember 2010 in Stuttgart.

Beatriz V. Toscano

»Uns die Bomben, denen die Kunst« – Ein Kampf um *Guernica* oder Geschichtslosigkeit als museale Unschuld?

Jutta Held zum Gedächtnis

Dass sich eine Beziehung zwischen der Art, wie Fakten präsentiert werden, und der ideologischen Prägung einer Ausstellung dieser Fakten feststellen lässt, ist angesichts der interpretatorischen Natur geisteswissenschaftlicher Forschung eine anerkannte Tatsache.

Konkret auf den Problemkomplex der Museumswissenschaft bezogen, lässt sich feststellen, dass die Entstehung der exemplarischen kulturellen Aufgaben des Museums und damit auch seine spannungsvolle reziproke Beziehung zur Kulturpolitik in der Gestaltung von Nationalidentitäten mit einer bestimmten Auffassung von Geschichte in der Epoche der Moderne übereinstimmt. Die These, die Institution Museum sei durch Präsentation und Hervorhebung von Fakten an der Konstruktion einer geschichtlichen Darstellung beteiligt gewesen, lässt sich bei verschiedenen Autoren nachweisen.[1]

Wenn es dementsprechend zutrifft, dass in der Negoziierung der Kunst-Identität die Ursache für aus der Ideologie entsprungene Konflikte zu suchen ist, stellt der Übergang des ›modernen‹ oder ›klassischen‹ Museums zum Konzept der »Museums of Contemporary Art« (MOCAS) auch eine Wendung von nationalen, regionalen oder *inter*-nationalen Museen hin zur Kunstwelt des Globalen dar.[2] In der Art und Weise etwa, in der das Museum aus der Vergangenheit ein sinnstiftendes Instrument macht, ist möglicherweise der ideologische Kern des Museums in seinem modernen Ursprung zu erkennen, dessen Neutralisierung in der neuen Form der Museen beginnen könnte. Museen wie die MOCAS oder die als Marke international verbreiteten Guggenheim-Museen stilisieren sich zu gesamtheitlichen, geschichts- und ideologiefreien Institutionen. Das Konzept einer Bewahrung von Gegenständen, die sich dadurch auszeichnen, dass sie als Erzeugnisse und Zeugnisse auf gleicher universaler Ebene mit der ›Geschichte der Menschheit‹ stehen, wandelt sich zu einer Idee des Museums als Abstraktion, als ›immaterielle diskursive Umrandung‹.

Doch selbst wenn sich in beiden Auffassungen das Museum nicht nur als Berechtigungs-, sondern auch als Zuordnungsinstanz verhält, ist es beim ersten Modell so, dass die ›Gegenstände‹ aufgrund der ihnen unterstellten historischen Eigenschaften sich als Zeugnisse der Geschichte qualifizieren, während es im zweiten, von den Produktions- und Nationalmythen abgekoppelten Museumsmodell so ist, dass es für die ›Gegenstände‹ fast ein Synonym ist, ob sie ›ins Museum eingebunden‹ oder ›bezüglich ihres Spekulationswertes angepriesen‹ werden. Gemäß dieser zweiten Auffassung des Museums als ›Diskurs‹ und als ›Repräsentation‹ fällt dem Kunstwerk im Kunstbetrieb als einzig möglicher Inhalt zu, die Definition von Kunst zu zitieren. Kein Wunder, dass man kein Werk mehr finden kann, das nicht ›von Kunst‹ ist, wie Marcel Duchamp scherzte; kein Wunder, dass es bei den Museen um Profit und Unterhaltung geht und dass Kunstwerke immer noch von etwas handeln, in diesem Fall Repräsentationen und Diskurse von Zeichen und Bildern sind.

Aber erfüllt das Museum einer ›Kunst ohne Geschichte‹ nicht immerhin Hegels Verkündung einer Ästhetik als Ersatz für das Unbehagen an der Geschichte? Erfüllt es seine Utopie (oder vielleicht doch eher Dystopie?) eines Ankommens in der ›zeitlosen Zeit‹ eines Geistes, das Hegel, der die jetzige ubiquitäre Konsumunersättlichkeit unserer kapitalgeprägten Zeit wohl kaum hätte vorausahnen können, in der Stasis des preußischen Staates verwirklicht und platziert sah?

Gleich den Gesetzen des Kapitals als free-flow erklärt das Museum einer ›zeitlosen [globalen] Kunst‹ jegliche identitätsbezogenen Grenzen, die Geschichte womöglich erfinden und aufhalten, die Grenzen des Partikulären für unprofitabel und altmodisch. So erweist sich logischerweise das Museum als Ornament der Masse,[3] als ökonomischer Katalysator diskursiver Beziehungen und als Spektakel im Sinne Guy Debords am Ende von Produktionsnarrativen – und damit am Ende der Kunstgeschichte.

Insbesondere fragt Debord, ob nicht staatliche Organe (dies seine eigentliche, pessimistische Schlussfolgerung) in einem Akt der Veruntreuung durch die Verwandlung der Museen in politisch neutrale, ästhetische Entitäten der Kunst ihre Funktion eines Beitrags zur politischen Bewusstseinsbildung entzogen hätten.[4] Gianni Vattimo setzte hierzu die Entmündigung einer als vom Geist abgeleitet und vom Materiellen abgegrenzt verstandenen Kunst in Verbindung: das Ende der Kunst mit dem Ziel einer totalen Ästhetisierung der Existenz. Der Tod der Kunst ist nichts anderes als der Tod ihrer ›Geschichtlichkeit‹ – ihr konkreter Einfluss auf materielle Aspekte des Daseins eines Kunst rezipierenden Subjekts wird in den idealen Bereich des Ästhetischen überführt. Debord bezeichnete die bürokratische Vereinnahmung der Repräsentationsapparate (der Kunst und der Kulturinstitutionen), die durch die Verlagerung hin zum ›objet de loisirs‹, also zur Konsumware, der Geschichte, dem Umfeld der materiellen Realität des Klassenkampfes entzogen werden, als das Spektakel in seiner diffusen Version. Dies bedeutet für ihn, »in der Kultur die Geschichte vergessen zu machen«,[5] indem man die Geschichte, so könnte man hinzufügen, museifiziert, das heißt durch eine neutralisierte Repräsentation ihrer selbst in ästhetisierten Objekten ersetzt und damit aussperrt. Aber im Zeitalter der Übermacht des Kapitalflusses beziehungsweise seiner selbstreferentiellen bildlichen Kontinuitätsbehauptung in eigentlicher Abwesenheit von realen Produktionsstrukturen ist die Kultur als *Re*produktionsstruktur beziehungsweise als selbstverständlicher Teilnehmer in die Unterhaltungsindustrie einbezogen.

Daraus resultiert, dass, sogar wenn es bei der ›Kunst ohne Geschichte‹ in ihrem musealen Korrelat des MOCA gelungen sein sollte, die Illusion einer Utopie des Immateriellen zu vermitteln, der Kunst als einzig mögliches Bestreben bleibt, allein nach der Logik der Ware, der Dynamik des Kapitals bemessen und ›konsumiert‹ zu werden. Heute, im Zeitalter des ›Globalen‹, nach dem Ende der »Großen Diskurse« (Jean-Francois Lyotard), dem »Ende des Westens« (Jean Luc Nancy, Edward Said), dem »Ende der Kunst« (G. W. Friedrich Hegel, Arthur C. Danto) und zahllosen weiteren »Enden« ist eine Tendenz spürbar, das politische Potenzial des modernen klassischen Museums als überwunden anzusehen. Ungeachtet der freimütig eingeräumten lückenhaften Reflexion von Forschung, die sich mit dem Übergang zwischen Moderne und ihrem ›Jenseits‹ beschäftigt, speziell mit der Frage, ob eine geschichtshermeneutische Spaltung in Moderne und ›Postmoderne‹ in sozialen, ökonomischen und kulturpolitischen Umfeldern überhaupt nachweisbar ist (Jürgen Habermas, Peter Bürger und andere), wird die Ansicht propagiert, das Ende der Moderne träfe gerade mit dem Fall der Berliner Mauer und den antisowjetischen Revolutionen 1989 zusammen.[6] Am Ende des Ideologischen steht so das Logische – in Form von kapitalistischer Arithmetik. Die Kunst präsentiert sich als zeitlose Kunst der von nationalen Grenzen unbehinderten Weltökonomie und findet ihr museales Äquivalent in den Museums of Contemporary Art, wobei ›contemporary‹ einem ewigen, entideologisierten ›Jetzt‹ gleicht.

Peter Weibel und Andrea Buddensieg sehen auch eine Parallele zwischen der Moderne und abendländischen Ideologien, wobei in der Problematik des Globalen neue Herausforderungen für die Museen zumindest bezüglich ihrer Verwaltungspolitik vorauszusehen sind. Einerseits ist ein musealer Trend zu beobachten, der ›lokale Kulturformen‹ ebenfalls in die MOCAS – die Vertreter von ›internationaler zeitgenössischer Kunst‹ – mit einbeziehen will: So sollen beispielsweise die ›lokalen Verhältnisse‹, absorbiert als Teil der Repräsentationsstruktur eines Museums *zeitgenössischer* Kunst, einen Platz bekommen.[7] Andererseits bildet ein MOCA, innerhalb dessen kostspieliger Architektur Kunst in reizvoller Weise inszeniert werden kann, als neues Museum eine Opposition zu den klassischen, objektbezogenen und geschichtlich aufgegliederten – offensichtlich *wenig profitablen* – Museen und wird Diskursives Museum genannt, denn im Gegensatz zu den letztgenannten ist es

> »not a collection of objects, but a site of competing discourses ›about‹ objects. [...] [These are museums whose architecture] [...] perforce emphasizes the role of the spectator and his predominance over the work of art itself, [...] where the object becomes less self-important.«[8]

Das Versprechen der Überwindung einer ›leitkulturellen‹ Moderne in der subjektiven zeit-hermeneutischen Wahrnehmung geht dann über in eine oftmals paternalistische Auflage an die »lokalen Völker«, eine Form der eigenen Repräsentation für die Museumsvitrine parat zu haben. Der eigennützige Prozess der Entideologisierung des Lokalen vermag sich in dem Moment endgültig zu vollziehen, in dem dieses Lokale als ein Teil der Attraktionsangebote eines Museums zeitgenössischer Kunst absorbiert wird. Die Begriffsbestimmung des »Globalen« durch die Annexion des Lokalen als Teil des eigenen geschichtlichen Diskurses (das heißt des Zeitgenössischen) offenbart so dessen hegemoniale Tendenz.

Kann sich also das Museum überzeugend als geschichtslos beziehungsweise von Ideologie befreit präsentieren? Steckt nicht im Prinzipat der Universalität – zu der Kategorien wie ›zeitgenössisch‹, ›Demokratie‹, ›Kapitalisierbarkeit‹, ›Selbstfinanzierung‹ usw. gehören – etwas wie eine Form des moralischen, intellektuellen, kulturellen Kolonialismus? Inwieweit vermögen die Kulturinstitutionen, gerade im Akt einer Unterlassung, ihrer politischen Dimension zu entkommen?

Der Kulturpolitik beziehungsweise ›Kulturvermarktung‹ betreffende Ansatz des Museumsleiters Thomas Krens bietet im Zusammenhang mit dem Bauprojekt des Guggenheim-Museums in Bilbao 1997 und der damit verbundenen Anforderung von Pablo Picassos Bild *Guernica* hervorragendes Beispielmaterial zu den hier diskutierten Problemkomplexen.[9] Er zeigt, wie unter unter dem Vorwand der Nicht-Finanzierbarkeit gewisse im Kulturellen konkretisierte Sachverhalte, deren Eigenschaften entweder aus der symbolischen Ordnung der Geschichte herausgebildet oder bewusst Ideologie evozierend gestaltet wurden, kapitalisiert werden können; darüber hinaus, wie ›neue‹ Strategien der Finanzierung von Kunst- und Kulturinstitutionen sich aus einer Auffassung von Kunst beziehungsweise Kultur herausbilden, die auf die Verknüpfung mit ›Diskursivität‹ und ›Gegenwärtigkeit‹ angewiesen ist und sich in Bezug auf diese definiert.

Krens propagiert unter Bezugnahme auf Foucault die Auffassung, die Entstehung des Museums sei geschichtlich mit dem Aufschwung nationalistischer Bewegungen und dem geistigen Profil des 19. Jahrhunderts, das ein von Geschichte und Ideologie besessenes gewesen sei, zusammen zu denken. Sein Schachzug einer semiotisch entmaterialisierten Kulturpolitik, die Umwandlung einer linear-teleologischen in eine strukturell-konjunkturelle Idee ließe sich dann in Hegels geistiger »synchronischer« Aufhebung des Konstrukts »Geschichte« wiederfinden und als dessen Folge ansehen. Der Einsatz von Museen, Biennalen, Festivals usw. als Marken, als anspruchsvolle touristische Kulturattraktionen, die urbane Erneuerung, pekuniären Zugewinn, lokalpatriotische Euphorie und Konsumenthusiasmus in unserer aus Rentabilitätsgründen von der Warenproduktion abgekoppelten Gesellschaft verheißen, ist die natürliche Folge solcher Politik in der Kulturverwaltung und ebenso Kulmination der mephistophelischen Verführungskraft sowohl solcher Politik als auch ihres Propagandisten Krens.

Im Jahr 1997 darf man die für die Marke »Guggenheim« von Krens geplanten Sanierungs- und Erneuerungspläne im Projekt des Museumsbaus in Bilbao als verwirklicht ansehen. Krens' Entwurf, der ›Museum‹ und ›Geschichte‹ auf neue Weise mischt, wurde 1990 zum Zweck der Projektwerbung in seinem Aufsatz *The Museum and History: The Dynamics of Culture in a Postmodern Era* ausgebreitet. Treffend betitelt, erklärt Krens dort die herausragenden Eigenschaften seiner Unternehmung als logische Folge eines epistemologischen Bruches im Zeitalter der Moderne, in dessen Konsequenz das Museum die Fähigkeit erlangt, sich soziokulturelle Prozesse (transformiert in abstrakte Gefüge) einzuverleiben. Das Museum in seiner Eigenschaft als »Contemporary Art«, als abstrakte »Marke«, so Krens, »makes sense in the context of a rapidly changing world«[10] – innerhalb eines zeitlosen Zeitalters, das Krens Postmodernity [sic!] nennt und das gekennzeichnet ist durch »a virtually infinite interaction of relationships between (...) the scientific, natural, economic, political, cultural and social discourses that make up our universe of inquiry«.[11] Es ist nicht so, als bekäme das Museum einen Sinn innerhalb der Geschichte. Eher wird der Geschichte, verstanden als Kontingenz der Gegenwart, durch das Museumswesen als »Ornament der Masse«[12] ein Sinn gestiftet. Darauf aufbauend eröffnet sich die Möglichkeit, die Geschichte als gleichwertigen Teil in ein ökonomisch geprägtes abstraktes Gefüge einzusetzen.

Drei Faktoren seien es, so lässt sich dem Aufsatz entnehmen, deren logische Abfolge die Entkernung des »klassischen Museums« und als Resultat das »neue Museum« erwarten lässt: (1) ein Zeitgeist von »übergreifenden umfassenden Interaktionen«, der zu einem dialektisch hinterfragenden Weltbild führt, (2) die Idee der Verdichtung solcher Interaktionen in bewunderten architektonischen Manifestationen und schließlich (3) die Wahrnehmung einer solchen Manifestation als ein Gehäuse, in dem das Partikuläre und Eigene, das heißt die *Geschichte*, im Portfolio des Kapitals – hier: der Guggenheim-Stiftung – in stets im Bezug zum Lokalen neu definierten Relationen und damit ohne definierten Eigenwert umgesetzt wird. Kapitalisierte Geschichte, teure Architekturkonzepte, Diskursivität: Die ungelöste Spannung des Prozesses, innerhalb dessen Krens sein Museumsideal bis an die Grenze zwischen Utopie und Dystopie drängt, zeigt sich auch im Falle des Guggenheim-Museums Bilbao im Baskenland.

Krens' Idee einer Museums-Marke war in Spanien vor den das Guggenheim in Bilbao betreffenden Vorgängen völlig unbekannt. Wie man etwa dem zeittypischen Buch Francisco Calvo Serrallers *Breve Historia del Museo del Prado* (zum Zeitpunkt seines Erscheinens 1994 war Serraller Direktor des Prado) entnehmen kann, war das damalige Museumsbild als Resultat eines Bedürfnisses, geschichtlich bedeutsame Gegenstände und Artefakte zu beheimaten, zu zeigen und wissenschaftlich auszuweisen oder für die Gegenwart neu zu gewinnen, eher ein spätes Kind des Zeitgeistes der Aufklärung.[13] Dieser die Vorstellung oder Rezeption von Museen schildernde Exkurs mag bei aller Pauschalität doch ein Bild davon vermitteln, wie sehr Spanien sich bis weit in die 1990er hinein noch im Selbstverständnis einer sogenannten ›Musealen Modernität‹ befand. Im Zustand museal unschuldiger Jungfräulichkeit war die Haltung selbstverständlich, das Museum sei der *Geschichte* und nicht der Wirtschaft zugeordnet.

Iñaki Estéban berichtet in *El efecto Guggenheim. Del espacio basura al ornamento*, wie die von Krens vorangetriebene außergewöhnliche kulturkommerzielle Vorstellung, Geschichte und Ökonomie neu zu mischen (ein zu kaufendes Ready-made-Museum, eine zu mietende Sammlung als dessen Inhalt bei einem Preis von 20 Millionen Dollar im Jahre 1997 für die Ausstellung noch nicht festgelegter Werke für die Dauer von 20 Jahren), damals dem Wunsch der baskischen Regierung entgegenkam, die wirtschaftlich und sozial sterbende Stadt Bilbao und dadurch auch das Baskenland – einträglicherweise – wieder auf der imaginären Karte ›bedeutsamer‹ Orte erscheinen zu lassen.[14] Auf den Ideen des Parteigründers Sabino Aranas fußend ist die nationalistische Regierungspartei PNV heute noch aus sozial-ökonomischer Sicht christlich-national (»neoliberal«) ausgerichtet.[15] Eine an der Basis von einer großbürgerlich-industriemerkantilen Tradition geprägte Regierungsstruktur war mehr als geneigt, mit Krens' Idee und besonders durch das hinzukommende Gebäude Frank O. Gehrys internationales Prestige und ein modernes, ökonomisch fortschrittliches Image käuflich zu erwerben. Das Guggenheim-Museum Bilbao, dessen Bild in der allgemeinen Vorstellung gemäß einer von Estéban herangezogenen Umfrage noch ikonischer als das eigene Nationalsymbol, der *Gernika-Baum*, geworden war, ›funktionierte‹ offenbar. Angeblich wird von der *New York Times* in deren Übersicht der Welttemperaturen neben den Werten von Metropolen wie Rom, Tokio oder Paris seit der Eröffnung des Guggenheim-Museums Bilbao auch die dortige Temperatur aufgelistet, und groß ist der Stolz auf eine solche Begegnung auf Augenhöhe mit den ›Wichtigsten‹. So zeigt sich das Guggenheimwunder, sein antreibendes Genie, sein sinn-bildendes Potenzial.

Nun könnte dies so viel heißen, wie grundsätzlich davon auszugehen, reifizierte Kulturikonen, das heißt kollektive *Abstraktionen* besäßen einen transformierenden, wenn nicht gar schöpferischen Effekt, der es zumindest scheinbar ermöglicht, den Konfliktpotenzialen der Wirklichkeit, dem Unbehagen zu entkommen. Der ›Kultur‹ wird die Rolle eines übertragenden Realitätsschlichters zugesprochen, der ein Bild von Reichtum vermittelt, der das Unerwünschte aufhebt. So wird Kultur zu dem, was bei Marx noch die Religion war: Opium für das Volk.

Aber das Unbehagen resultiert weder aus dem Müll auf dem Guggenheim-Baugelände (dessen Beseitigung ein wichtiger Punkt des Museumsbaus war) noch aus der Verschleierung des allmählichen Wegdämmerns unserer europäischen Metropolen. Das Unbehagen, das aus der Verbindung von Guggenheim und Bilbao entstand, resultiert aus der tatsächlichen *Lokal*geschichte, die wie ein Rechenschaft forderndes Phantasma im Hintergrund lauert. Freilich wird Geschichte immer aus der Gegenwart interpretiert, und keinesfalls soll hier, hermeneutischen Untersuchungen zum Trotz, einer Rückkehr zu der Vorstellung, Geschichte könne objektiv von einer ›Vergangenheit‹ berichten, das Wort geredet werden. Vielmehr soll die kapitalisierbare ›Kontemporaneität der Geschichte‹ als politische Zähmung ins Blickfeld gerückt werden: ein Bestreben, geschichtliche Produkte in Handelsmarken zu neutralisieren oder (was noch bedenklicher erscheint) die Gegenständlichkeit der Kunstwerke mit ›übergreifenden Diskursen‹, Themen-Attraktionen und anderen Formen des ›Mise en abyme‹ zu überdecken – einzig zu dem Zweck, dass sich unsere Kultureinrichtungen lukrativ profilieren können.

Die Kapitalisierung der Geschichte führt die Diskussion direkt zu Pablo Picassos *Guernica*. Denn als Krönung des Museumsprojektes in Bilbao wurde vorgeschlagen, das Bild *Guernica* zumindest als Ausstellungsstück zu leihen, um den Eindruck zu mildern, man habe eine kolonialisierende amerikanische Kulturniederlassung im Bereich des *Lokalen*, im Land der Basken, zugelassen. Auch Thomas Krens erklärte in seinem hier kommentierten Salzburger Bericht, wie jeder möglichen Niederlassung der Marke Guggenheim durch ein Merkmal, einen Gegenstand oder ein Werk der Charakter des Eigenen verliehen und so dem Guggenheim-Verbund eine individuelle Nuance zuerkannt werden solle.[16]

So öffnete Krens die Büchse der Pandora; denn *Guernica* galt, seitdem es dem Wunsche seines Urhebers gemäß nach Überwindung der Franco-Diktatur und Einführung der Demokratie in Madrid ein neues, *spanisches* Zuhause gefunden hatte,[17] als demokratisches Symbol des Landes schlechthin. Als Schatz des Museums ist *Guernica* insbesondere als Sinnbild von Krieg und Frieden weltweit berühmt; in Spanien selbst, in seinem nationalen Demokratieverständnis, so wie dieses aus dem Bürgerkrieg 1936 bis 1939 und der Diktatur hervorgegangen ist, gilt dies in noch höherem Maße: allemal eine politische Ikone, die Madrid als ›eigene‹ begreifen, ausstellen und nicht so leicht loslassen wollte.

Um die Deutungshoheit und somit den (zumindest geistigen) Besitz des Bildes konkurrierten auch die Basken mit gleichem Recht. Im Gegensatz zu den spanischen Motiven sehen sie jedoch den Bürgerkrieg in Hinblick auf die Repression der Basken im Bilde erfasst – Bestätigung einer Politik der Separation von Spanien. Das Bild trägt den Titel *Guernica,* weil es den Terror der von Francisco Franco und Adolf Hitler zu verantwortenden Bombardierung der baskischen Stadt Guernica thematisiert. Die Schläge der Legión Cóndor beziehungsweise der deutschen Luftwaffe gelten als Klimax des spanischen Bürgerkriegs, doch auch als Unterdrückungs- und Einschüchterungsmanöver beider Diktatoren: Francos bezüglich des Baskenlands, Hitlers (auf Anraten Hermann Görings) bezüglich ganz Europas. Einige Monate, nachdem Picasso von der (damals noch demokratisch-republikanischen) spanischen Regierung den Auftrag bekam, ein Bild für den spanischen Pavillon der Pariser Weltausstellung zu malen, fanden im April 1937 die Luftangriffe auf Guernica statt, und so entschied sich Picasso, unleugbar vom Konflikt betroffen, dieses Motiv darzustellen.[18]

Wem gehört das Bild, wem gehört das Abgebildete, wem gehört die Geschichte, wessen Bedeutsamkeit ist die Bedeutsamkeit der Geschichte im Bild? Die zeitgenössische Rezeption des Bildes, das 1997 zum Mittelpunkt zweier sogar geschichtshermeneutischer Interessenkonflikte wurde (einem mit dem Problem der Nationalidentität verknüpften linear-teleologischen sowie einem scheinbar von Geschichte losgelösten, im Sinne des ›Branding‹ transnational-ökonomischen), war mehrheitlich ablehnend.[19] Die Zuständigen im Baskenland sowie die Sympathisanten des Widerstands gegen Franco 1937 empfanden das Bild seiner zur Abstraktion neigenden Züge wegen als der tragischen Realität des dargestellten Motivs unangemessen. Vereinzelt mit lauem Erfolg in Europa empfangen, wurde es in den USA durch verschiedene Ausstellungsstationen geschickt, um Geld für die »Causa« einzusammeln.[20]

Doch nun zeigte sich im Jahr 1997 die Bedeutsamkeit des Bildes, die Rechthaberei im Zusammenhang mit der Interpretation des Bildmotivs, einer Auffassung der Geschichte entsprungen und eingegliedert, die im Konflikt mit jener stand, bezüglich derer Krens das ›Postmoderne‹ Museum, das MOCA, sein *Guggenheim* begrifflich erörtern wollte. Der Streit, der von da an ausgetragen wurde, schlug umso kompliziertere Wege ein, weil er unterschwellig den Widerstand Spaniens widerspiegelte, sich ins Zeitalter der Postmoderne (nach Krens' Definition) zu begeben. So schien es nicht nur um einen Rechtsstreit nationalistisch-interpretatorischer Gründe zu gehen, sondern um den hartnäckigen Widerstand gegen die Verlagerung eines teleologischen Repräsentationssystems ins *rein* Ökonomische: Die Geschichte ist in Spanien ein *zu wichtiger* Anlass, um sie von einem musealen »linguistic turn«[21] aufheben zu lassen.

So kamen die ersten kritischen Stimmen aus einem besonders delikaten Bereich der *Geschichte*, unter Hinweis auf das Recht auf Identität und Selbstsubjektivierung: Dem Museum Guggenheim wird in Spanien seine Identitätslosigkeit vorgeworfen. Keine *baskischen*, noch nicht einmal *spanische* Künstler waren für das Museumsprogramm eingeplant, bis mit Eduardo Chillida und Jorge Oteiza schließlich doch die ersten baskischen Künstler aufgenommen wurden. Häufig wurde das Museum aufgrund seines Konzepts ohne zuvor existierende Sammlung in der Presse »die leere Schachtel« genannt. Trotzdem mussten die Ausstellungen möglichst viel Publikum anziehen und wirtschaftlichen Profit für die Stadt gewährleisten können: Der Museumsleiter in Bilbao war ja nicht als Kunst-, sondern als Wirtschaftsexperte eingesetzt worden.

Aber zurück zum Bild und seiner Anforderung, die interessante Volten zur Folge hatte: Denn Krens mochte zwar mit ›postmoderner Kulturpolitik‹ vertraut sein, doch waren Spanier und Basken in nationalistischen Sachverhalten und Spannungen besser trainiert. Den Streit von der Seite der Besitz- und Deutungsrechte her anzugehen – was für eine Tölpelhaftigkeit! Das Bild durfte nicht ins Baskenland, weil es nicht reisefähig war! Allerdings durfte es nicht den Anschein erwecken, dies sei eine reine Schutzbehauptung der spanischen Seite, die dann den Basken mehrere Gründe geliefert hätte, nationale Empörung und Separatismus weiter zu steigern. Und welch geschicktere Vorgehensweise bezüglich dieses Arguments, möglichst viel öffentliche Unterstützung und populistische Empörung hervorzurufen, hätte es wohl gegeben, als das Thema den Massenmedien anzuvertrauen?

Am 28. Juni 1997 bekundet kein Geringerer als Claude Picasso, Sohn des Malers und Mitglied des Patronats des Reina Sofia, in der Zeitung *El País* (damals nach allgemeiner Einschätzung von der Tendenz her links-liberal) mit großer Überschrift:

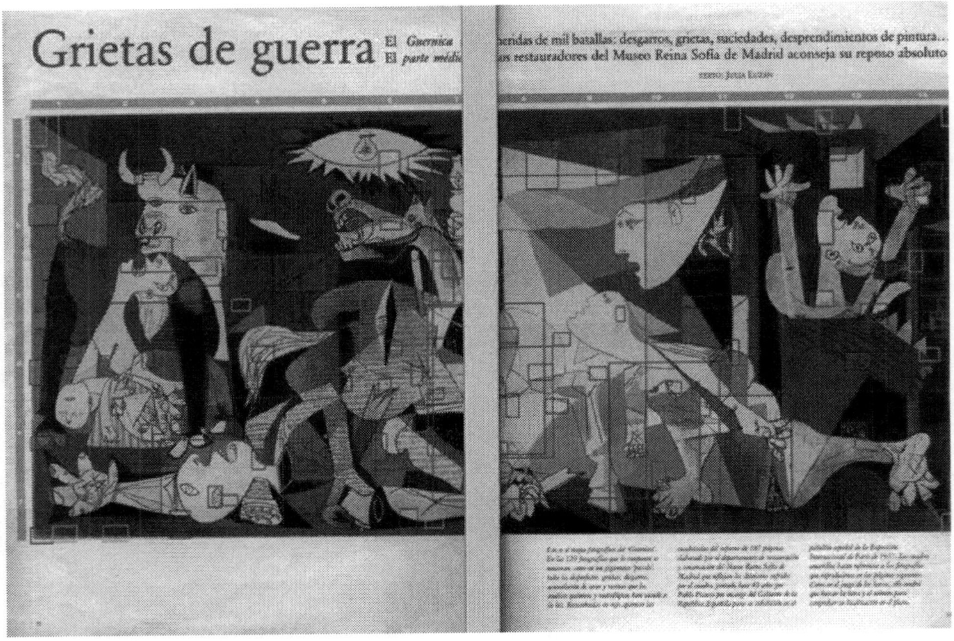

Abb. 1: El País, *Wochenendebeilage, no. 1590*

> »El Guggenheim y los políticos que piden el ›Guernica‹ son unos irresponsables (...) ... un cuadro cuyo grave estado de conservación no permite, en su opinión, traslado alguno ... el cuadro sigue siendo un arma política, pero no de las políticas que dicten las modas.«[22]

Ein Erbe Pablo Picassos *dixit*: Was für eine gewagte Forderung! Die Entrüstung reichte selbst bis in die spanische Erste Kammer, so die Agitation des Artikels; der Congreso de los Diputados bezieht die Diskussion um *Guernica* in die Ausschusssitzung mit ein.

Auch der von Krens vorgeschlagenen Maßnahme, einen speziellen (und sicher kostenaufwendigen) LKW für die Bildexpedition zu finanzieren, trat Madrid durch das Reina Sofía und Claude Picasso im weiteren Verlauf des Artikels entgegen: »No hay camión en España o en Europa que pueda trasladar el cuadro«.[23]

Am 29. Juni 1997 titelte *El País*: »Las heridas del ›Guernica‹« (»Die Wunden von Guernica«). Der Artikel berichtet detailliert, warum das Bild nicht reisen darf, ausführlich zeigen Sachverständige in weißen Kitteln auf Abbildungen und in Diagrammen, wo die ›Wunden‹ des Bildes *Guernica* sind: Risse, Farbcraquelagen, Falten, alles dokumentiert durch 137 Fotografien und spektrographische chemische Analysen. Nach sämtlichen hochtechnischen Argumenten folgt ein Artikeluntertitel: »Un vuelo del carguero ruso ›Antonov‹«. Krens ist nämlich – hilflos verzweifelt? – an dem Punkt angekommen, ein russisches Frachtflugzeug für den Transport vorzuschlagen. In der Zeitung heißt es weiter: Die Antonov bedeute zusätzliche Kosten von 10 bis 12 Millionen der damaligen *pesetas* pro Flug, doch nicht einmal damit sei absolute

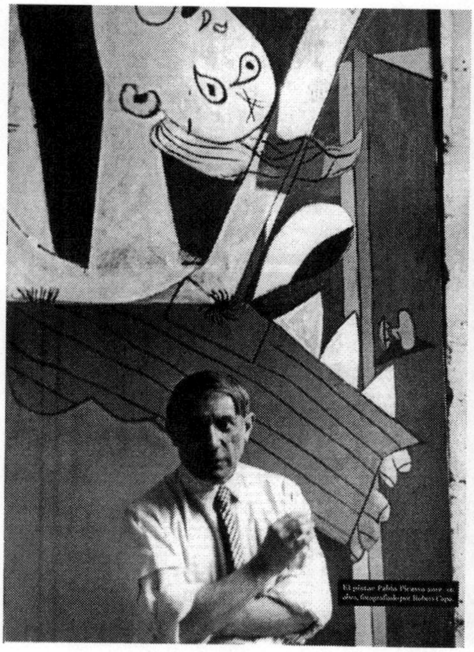

Abb. 2: Picasso vor Guernica

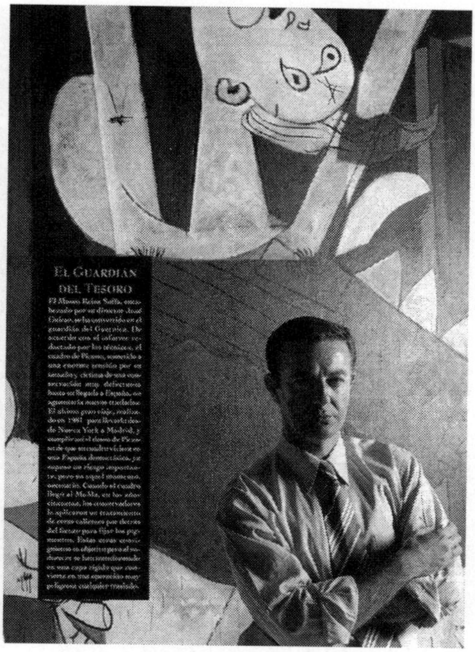

Abb. 3: José Guirao, Direktor des Reina Sofia

Transportsicherheit zu gewährleisten. Risse in der Argumentation der Zeitungen sind nicht zu dokumentieren.

Julia Luzán lieferte in *El País*, Wochenendbeilage, no. 1590, unter dem Titel »Grietas de guerra« (»Kriegsrisse«) eine noch ausführlichere Darstellung der geschädigten Stellen des Bildes, mit Farbabbildungen, nach Bildquadranten sortiert, auf zehn Seiten (Abb. 1). Es sei ja ›sichtbar‹, konstatierbar, wie geschädigt das Bild ist, jeder könne es feststellen: Wer würde es wagen, dies in Frage zu stellen!

13. Juli 1997, *La Revista*: José Jiménez, damals in Spanien eine Koryphäe der Ästhetik, titelt: »La otra guerra del Guernica« (»Der andere Guernica-Krieg«). Der Artikel berichtet (unter anderem anhand einer Weltkarte) über die aufwendigen Reisen des Bildes und die Resonanz darauf in Zusammenhang mit den Kriegsprotesten. Besonders ist die Art und Weise zu beachten, wie in der Veröffentlichung der Museumsdirektor des Reina Sofía abgebildet wird: Schatzwächter (»guardián del tesoro«) genannt, wird er auf einem Foto in ähnlicher Körperhaltung vor dem Bild inszeniert wie Picasso selbst auf einer Fotografie von Robert Capa, die ebenfalls im Artikel abgebildet ist (Abb. 2 und 3). Eine gerade Linie vom Willen Picassos bis zum Willen des Direktors, in den Gesichtszügen Picassos widergespiegelt: Das Bild hat schon genug hinter sich, vor allem bezüglich seines Wirkens für die *spanische* Demokratie: Guernica – Endstation Madrid. Und so wurde 1997 nicht das Jahr des Guggenheims, sondern das Jahr der Erinnerung an den Bombenkrieg. Der erwartete gekaufte Ruhm und das positive Presseecho für das Guggenheim ließen auf sich warten – vielmehr lenkten die Zeitungen den öffentlichen Blick auf andere Sachverhalte.

El País am 28. April 1997, 60 Jahre nach dem Bombardement vom 26. August 1937: »Alemania reconoce su culpa en el bombardeo de Gernika por la Legión Cóndor hace sesenta años«.[24] Luís Iriondo, einer der Überlebenden, hielt im Beisein Henning Wegeners, des damaligen Bonner Botschafters in Spanien, anlässlich einer Gedenkausstellung eine Rede. Ein den Artikel begleitendes Foto zeigt Wegener, der sich vor einem der erschütternden Bilder der Stadt Guernica nach der Bombardierung eine Träne aus dem Auge zu wischen scheint.

El País, die spanische Zeitung, ignoriert keineswegs, dass Guernica im Baskenland liegt: Dem Kriegsgedenktag wird eine Reportage gewidmet. Klar ist für *El País* aber: Picasso, der (zumal mit diesem Bild) politisch auftritt, hatte in seinem Testament eindeutig entschieden: Guernica kehrt zurück nach und bleibt in *Spanien*.

Aber warum wollten die Zeitungen auf einmal die Aufmerksamkeit des Publikums vom Guggenheim hin zu den Bombardements verlagern, die nationalistischen Unstimmigkeiten zwischen Spanien und dem Baskenland anheizen und damit das Projekt Guggenheim der Kunst ohne Geschichte überschatten? Sowohl Spanien, vor dem Hintergrund eines Widerstandes gegen eine angebliche baskische Postmodernität ohne historisches Bewusstsein, als auch das Baskenland schienen in dem Widerspruch gefangen, das Historische nicht abgeben zu wollen, ohne auf die Profite aus der Instrumentalisierung des Bildes, also der Geschichte, verzichten zu wollen. Dass dabei ein möglicher therapeutischer Effekt sowohl von den Basken als auch von den Spaniern unerwünscht war, beweist der unterschwellige Widerstand beider Parteien gegen die vorbehaltlose Annahme der Idee eines der zeitgenössischen Kunst gewidmeten Museums. Weder für den spanischen noch für den baskischen Nationalismus ist die eigene Verwirklichung durch eine totale Musealisierung als Verschleifung der Differenzen zwischen beiden Völkern zu erreichen, und als Resultat hieraus darf *Guernica* nirgendwo in Frieden ruhen.

Der im Zuge dieses Bilderstreits von Xabier Arzalluz (Parteivorsitzender des PNV von 1980 bis 2004) geprägte Satz »Uns die Bomben, denen die Kunst« fand im Zuge der publizistischen Auseinandersetzung eine tragische Umsetzung in der Realität: Als Gärtner verkleidete Mitglieder der ETA platzierten drei Blumentöpfe mit Bomben in dem zwölf Meter großen Welpen von Jeff Koons, der als eine der Hauptattraktionen des Guggenheim vor dem Museum aufgestellt worden war. Ein Passant wurde bei der nachfolgenden Explosion getötet. Ausgerechnet ein Werk von Jeff Koons: wie ironisch, wie passend, wie tragisch.

---

1 Vgl. insbesondere André Malraux: *Psychologie de l'art. Le Musée imaginaire.* Paris 1947; Douglas Crimp: *On the Museum's Ruins.* Cambridge/London 1993; Hans Belting: *Das Ende der Kunstgeschichte?* München 1983.

2 Die Abkürzung MOCA wurde übernommen aus Peter Weibel, Andrea Buddensieg: *Contemporary Art and the Museum. A Global Perspective.* Ostfildern 2007. – Sie scheint sich zunehmend im allgemeinen Gebrauch zu etablieren.

3 Vgl. Siegfried Kracauer: *Das Ornament der Masse.* Frankfurt a.M. 1963. – »Ornament der Masse« bezeichnet eine Weise der Instrumentalisierung kultureller Phänomene in Attraktions- und Unterhaltungsapparaten, deren verbindende soziale Rolle jener des Religiösen oder des Mythischen ähnelt.

4 Vgl. Guy Debord: *Die Gesellschaft des Spektakels*. Berlin 1996.
5 Ebd., S. 165.
6 Vgl. Jan Palmowskis Auseinandersetzung mit den Prozessen der sogenannten Europäisierung im Problemkomplex der Deutschen Wiedervereinigung: Geoff Eley, Jan Palmowski: *Citizenship and National Identity in Twentieth-Century Germany*. Stanford 2007.
7 Vgl. Rustom Bharucha: »Beyond the Box: A View from India« In: Weibel/Buddensieg 2007 (wie Anm. 2), S. 214–230.
8 Die hier zur Verdeutlichung zusammenhängend wiedergegebenen Zitatstellen finden sich verstreut in: James Cuno: »Against the Discursive Museum« In: Peter Noever (Hrsg.): *The Discursive Museum*. Wien 2001, S. 44–57 (genau auf den Seiten 47–49).
9 Vgl. Thomas Krens: »Museums and History: The Dynamics of Culture in a Postmodern Era« In: *The Guggenheim Museum Salzburg. A Project by Hans Hollein*. Salzburg 1990, S. 53–58. Dieser Aufsatz wurde nicht in direktem Bezug auf das Museum in Bilbao, sondern vielmehr zur Promotion seiner Pläne bezüglich der Ausbreitung der Marke ›Guggenheim‹ verfasst und zielte zunächst auf das Bauprojekt des Guggenheim-Museums Salzburg, zeigt jedoch die Grundlagen seines Ansatzes exemplarisch.
10 Ebd., S. 54.
11 Ebd., S. 53.
12 Vgl. Debord 1996 (wie Anm. 4).
13 Fracisco Calvo Serraller: *Breve Historia del Museo del Prado*. Madrid 1994.
14 Iñaki Estéban: *El efecto Guggenheim. Del espacio basura al ornamento*. Barcelona 2007.
15 Sabino Aranas vertrat den Anspruch eines »reinrassigen« Baskenlandes, durch die »Gnade Gottes« nur von einer rassenkundlich nachvollziehbaren Baskenrasse bewohnt beziehungsweise von Muslimen, Hispano-Kelten, Goten usw. »gereinigt«. Zur politischen Grundlage des baskischen Nationalismus vergleiche den »Schwur von Larrazábal« von Sabino Arana Goiri am 3.6.1893, auf den dieser sich zu berufen meint: »... y aquella Bizkaya que tuviera la dignidad de conservarse pura e intacta en medio de las inmigraciones ibérica y céltica, y la altivez de despreciar el fausto del Imperio romano; aquella Bizkaya que supo esquivar el roce con los bárbaros del septentrión y que pudo ser mermada, pero nunca sometida, por el acero del belicoso visigodo y burlara la energía y el talento del más poderoso de sus reyes, Leovigildo; aquella Bizkaya que supo guardar su independencia al precio de la sangre de sus hijos, venciendo en mil combates al musulmán, al hispano, al galo y al sajón; aquella Bizkaya intrépida por mar, fuerte por tierra y temida, aunque pequeña, por todas las naciones ... hijos de Bizkaya, vedla ya en el siglo XVIII, intoxicada por el virus españolista, anémica y sin fuerzas para oponerse a un contrafuero, y por último en este nuestro siglo despedazada por la furia extranjera, y expirante, que no muerta lo cual fuera preferible, sino humillada, pisoteada y escarnecida por España, por esa nación enteca y miserable!« http://www.sabinetxea.org/libro/libro/2.html (aufgerufen am 12.1.2011).
16 Krens 1990 (wie Anm. 9).
17 Für eine kurze Darstellung siehe Nikolaus Nowak: »Streit in Spanien: Wohin gehört Picassos ›Guernica‹?« In: *Die Welt*, 30. Juni 1997 (http://www.welt.de/print-welt/article639118/Streit_in_Spanien_Wohin_gehört_Picassos_Guernica.html (aufgerufen am 7.2.2011).
18 Zu dem Verhältnis von Kultur und Politik im Geschehen des spanischen Bürgerkriegs siehe Reinhold Görling: *›Dinamita cerebral‹, politischer Prozeß und ästhetische Praxis im Spanischen Bürgerkrieg (1936–1939)*. Frankfurt a.M. 1986; Jutta Held: *Der spanische Bürgerkrieg und die bildenden Künste*. Hamburg 1989.

19 Siehe hierzu »Guernica: Testimony of War« http://www.pbs.org/treasuresoftheworld/guernica/gmain.html (aufgerufen am 26.1.2011): »The German fair guide calls Guernica ›a hodgepodge of body parts that any four-year-old could have painted.‹ It dismisses the mural as the dream of a madman. Even the Soviets, who had sided with the Spanish government against Franco, react coolly. They favor more overt imagery, believing that only more realistic art can have political or social consequence. Yet Picasso's tour de force would become one of this century's most unsettling indictments of war.«

20 Während José Jiménez berichtet, das Bild sei in Frankreich in Zusammenhang mit dem Protest gegen Faschismus und den spanischen Bürgerkrieg doch mit Beifall empfangen worden (vgl. José Jiménez: »La otra guerra del Guernica« In: *La Revista*, 13.7.1997, S. 26), macht Iñaki Estéban mit Nachdruck darauf aufmerksam, dass das Bild im Baskenland besonders kalt rezipiert wurde.

21 Der Begriff »linguistic turn« wird hier im Sinne Christian Marazzis verwendet. Siehe hierzu Christian Marazzi: *Capital and Language. From the New Economy to the War Economy*. Los Angeles 2008.

22 Wie im Text angegeben, S. 37 [»Das Guggenheim und die Politiker, die Guernica anfordern, sind unverantwortlich (...) ein Bild, dessen Konservierungszustand als gravierend erscheint, erlaubt keine Umlagerung (...). Das Bild bleibt ein politisches, aber nicht den Politikmoden unterworfen.«].

23 Ebd. [»Es gibt weder in Spanien noch in Europa einen Lastkraftwagen, der in der Lage ist, das Bild zu transportieren.«].

24 »Deutschland erkennt seine Schuld an Bombenangriffen der Legion Cóndor vor 60 Jahren an.«.

Martin Papenbrock

Museumsguerilla. Positionen von 1968 bis heute

Künstler gegen Museen: Die Vorgeschichte der Museumsguerilla

Die Geschichte künstlerischer Attacken auf die Institution des Museums reicht zurück bis zum Futurismus, der – wie Marinetti es in seinem ersten Manifest formulierte – die Gesellschaft von den Museen befreien wollte, weil sie einem vorindustriellen, gesellschaftlich überholten Kunstbegriff anhingen.[1] Nach dem Ersten Weltkrieg setzte die Dada-Bewegung – ebenso wie der Futurismus in Erwartung einer neuen, den technischen und gesellschaftlichen Entwicklungen adäquaten »Maschinenkunst« – die radikale Kritik und Destruktion des bürgerlichen Kunstbegriffs fort, ohne jedoch die Institution der staatlichen Kunstpflege anzugreifen. Den Dadaisten ging es um die Vergesellschaftung der Kunst und ihrer Vermittlungsinstanzen, nicht um ihre Abschaffung.[2] Sie setzten auf das Mittel der Verfremdung, ebenso wie die Surrealisten, die ihre Opposition zum herrschenden Kunstbetrieb mit alternativen Ausstellungs- und Museumskonzepten markierten. Marchel Duchamp entwickelte in den 1930er Jahren, sicherlich auch unter dem Eindruck der Kunstpolitik des Nationalsozialismus, die Idee eines tragbaren Miniaturmuseums.[3] Gleichzeitig experimentierte er im Rahmen von Surrealismus-Ausstellungen mit Installationen, die den Ausstellungsraum und damit die Bedingungen für die Wahrnehmung von Kunst veränderten und der kuratorischen Fremdbestimmung das Konzept künstlerischer Eigenregie entgegensetzten.[4]

Die frühen Versuche, die Ausstellungspraxis und mit ihr das bürgerliche Kunstverständnis, letztlich aber die Gesellschaft insgesamt zu revolutionieren, spielten sich in privaten Galerien und Ausstellungsräumen ab. Erst als sich nach dem Zweiten Weltkrieg die großen Museen den zeitgenössischen Avantgarden öffneten, kam es zu künstlerischen Besetzungen des musealen Raumes. Zu den frühesten Grenzüberschreitungen gehörte Jean Tinguelys *Hommage a New York*, die er 1960 im Museum of Modern Art in New York aufführte, ein neo-dadaistisches, pyrotechnisches Spektakel mit einer monströsen Zeichenmaschine im Zentrum, die sich selbst zerstörte, aber auch das Publikum in Gefahr und den Künstler in Konflikt mit der Museumsleitung brachte.[5] Von der Manifestkultur der antibürgerlichen Avantgarden der 1910er und 1920er Jahre unterschied sich Tinguely durch die unmittelbare Konfrontation, die er suchte, durch eine scharfe Kritik der Industrialisierung und ihrer Profiteure, aber auch durch eine kulturpessimistische Grundstimmung und einen Verlust an sozialer Utopie.

Im Zuge der Politisierung der Wissenschaften und der Künste in den 1960er Jahren entwickelte sich ein kritischer Diskurs über die Bedeutung des Museums in der demokratischen Gesellschaft, an dessen Anfang die sozialgeschichtliche Untersuchung des Kunstmuseums von Pierre Bourdieu und Alain Darbel stand.[6] Im Rahmen dieser Debatte setzten sich auch Künstler in ihren Arbeiten kritisch mit der Institution des Museums auseinander.[7] Sie nutzten dabei zunächst die Möglichkeiten, die ihnen das Museum selbst zur Verfügung stellte: die Ausstellung, die Installation und das Happening im musealen Raum. Anfangs ging es wie bei Tinguely darum, die Grenzen der Toleranz – sowohl des Museums als auch des Kunstpublikums – zu testen und auszudehnen. Es ging darum zu prüfen, welches Maß an künstlerischer und sittlicher Provokation, aber auch an sozialer Analyse und politischer Aufklärung eine sich als demokratisch, modern und liberal verstehende Gesellschaft aushält, bevor sie mit ihrer institutionellen und behördlichen Macht reagiert und die Grenzüberschreitungen der Künstler unterbindet.

Insbesondere die Aktions- und Konzeptkünstler nutzten das Museum als Feld der politischen Agitation und Auseinandersetzung. Zunächst versuchten sie, wie die folgenden Beispiele zeigen werden, das Museum als Verbündeten und als legales Forum für eine politische Kunst zu gewinnen. Als dies nicht gelang, änderten sie ihre Strategien und drangen ohne Absprache mit der Museumsleitung in die Häuser ein und okkupierten den musealen Raum, um die Aufmerksamkeit der Öffentlichkeit und insbesondere des Bildungsbürgertums auf künstlerische, politische und gesellschaftliche Anliegen zu lenken. Um diese Form des unerlaubten künstlerischen Handelns im musealen Raum, die hier unter dem Begriff der »Museumsguerilla« gefasst wird, soll es im Folgenden gehen. Dazu werden vergleichend die Museums-Aktionen der US-amerikanischen Art Workers Coalition und der Guerilla Art Action Group während des Vietnam-Krieges und – nach einem Exkurs zu den Ausstellungsprojekten des Konzeptkünstlers Hans Haacke – die Aktionen des britischen Street Art-Künstlers Banksy während des Irak-Krieges diskutiert. Der Vergleich dokumentiert nicht nur die Entwicklung und Veränderung der Museumsguerilla von den 1960er Jahren bis heute, sondern zeigt auch den Wandel politischer Kunst, ihrer Haltungen und ihrer Strategien in diesem Zeitraum auf.

Frühe Museumsguerilla: Art Workers Coalition und Guerilla Art Action Group

Die Art Workers Coalition und die Guerilla Art Action Group entstanden beide im Jahr 1969.[8] Es waren lose Verbindungen von Künstlern, die in wechselnden Besetzungen gegen die New Yorker Museumspolitik und den Krieg in Vietnam protestierten. Die Guerilla Art Action Group war zeitweise Bestandteil der Art Workers Coalition, operierte aber auch selbständig. Die Art Workers Coalition war mit dem Ziel gegründet worden, die Interessen der Künstler gegenüber dem Museum zu stärken, insbesondere auch für Ausstellungen von Frauen und Schwarzen einzutreten, und politische Themen ins Museum zu tragen, insbesondere den Vietnam-Krieg zu problematisieren. Der Adressat beider Gruppen war vor allem das Museum of Modern Art in New York, das allerdings den Dialog und die Kooperation verweigerte. Daraufhin wurde es zum bevorzugten Ziel für die Aktionen und Attacken der frühen Museumsguerilla.

Die Guerilla Art Action Group, dessen Akronym GAAG sich wie ein langgezogenes »Gag« liest und damit auf aktionskünstlerische Vorbilder, insbesondere auf die Dada-Bewegung anspielt, besuchte in der Besetzung Jon Hendricks, Jean Toche und Poppy Johnson, die der amerikanischen Fluxus-Szene angehörten, im Oktober 1969 das Museum of Modern Art, hängte Malewitschs *Weißes Quadrat* ab, eine Ikone der russischen Revolutionskunst, und hielt vor die leere Wand ein Manifest, auf dem zu lesen war:

> »There is no justification for the enjoyment of art while we are envolved in the mass murder of people. Today the museum serves not so much as an enlightening educational experience, as it does as a diversion from the realities of war and social crisis.«[9]

Diese Aktion war der Auftakt für eine Reihe weiterer Aktionen, die bald an politischer und performativer Schärfe zunahmen. Am 19. November 1969, kurz nach dem Bekanntwerden des Massakers von My Lai im Süden Vietnams, bei dem hunderte von Zivilisten ermordet worden waren, führte die um eine weitere Künstlerin ergänzte Gruppe wiederum im Museum of Modern Art ein sogenanntes »Blutbad« (*Bloodbath*) auf. Kurz nachdem sie das Museum betreten hatten, warfen sie Flugblätter in die Lobby, stießen sich unter lautem Geschrei und zerrten an ihrer Kleidung, überschütteten sich mit Tierblut, das sie in Tüten mitgebracht hatten, ließen sich zu Boden sinken und begann zu wimmern und zu klagen. Als sie nach dieser Aufführung wieder aufstanden, applaudierte das anwesende Museumspublikum zu dieser Aktion.[10]

Die Flugblätter trugen die Überschrift »A Call for the Immediate Resignation of All the Rockefellers from the Board of Trustees of the Museum of Modern Art«.[11] Sie dokumentierten das finanzielle Engagement der Rockefellers im Vietnam-Krieg, insbesondere ihre Beteiligung an Firmen, die Napalm und andere Kriegswaffen herstellten.[12] Die zerrissenen Kleider und die teilentblößten Körper konnten als Hinweise auf die Wirkung von Napalm verstanden werden, aber auch auf die Vergewaltigungen vietnamesischer Frauen durch amerikanische Soldaten in My Lai. Mit dem Flugblatt zeigten die Künstler die direkte Verbindung zwischen dem Museum und dem Krieg auf. Das Museum wurde finanziert mit Geld, das Förderer wie die Rockefellers durch den Vietnam-Krieg, durch die massenweise Ermordung von Menschen verdienten. Das war die klare und unmissverständliche Botschaft.

Noch im November 1969 initiierte die Art Workers Coalition in Zusammenarbeit mit der Guerilla Art Action Group eine Poster-Aktion, die sich direkt auf das Massaker von My Lai bezog. Das Massaker, bei dem amerikanische Soldaten etwa 500 Bewohner der südvietnamesischen Gemeinde My Lai umgebracht hatten, weil man hier Unterstützer des Vietcong vermutete, hatte sich bereits im März 1968 ereignet, war aber erst am 13. November 1969 durch den amerikanischen Journalisten Seymour Hersh, der 2004 auch den Folter-Skandal von Abu Grahib publik machte, aufgedeckt worden.[13] Sein Bericht enthielt Fotos von dem Massaker, die der amerikanische Kriegsfotograf Ron Haeberle geschossen hatte. Eines dieser Fotos, das tote Frauen und Kinder auf einer Straße zeigt, ergänzte die Art Workers Coalition um einen in blutroter Farbe überblendeten Interviewausschnitt mit einem der beteiligten Soldaten, der die Ermordung kleiner Kinder bestätigte: »Question: And Babies? Answer: And Babies.«[14]

Für den Druck des Posters beantragte die Art Workers Coalition eine finanzielle Unterstützung des Museums of Modern Art, die die Museumsleitung zunächst zusagte, dann aber – nach einem Veto aus dem Board of Trustees – wieder zurückzog. Die Künstler druckten daraufhin 50.000 Plakate aus eigenen Mitteln und präsentierten sie im Januar 1970 in einer Aktion im Museum of Modern Art (Abb. 1), und zwar direkt vor Picassos *Guernica*. Sie nutzten das berühmte Antikriegsbild, um das Massaker von

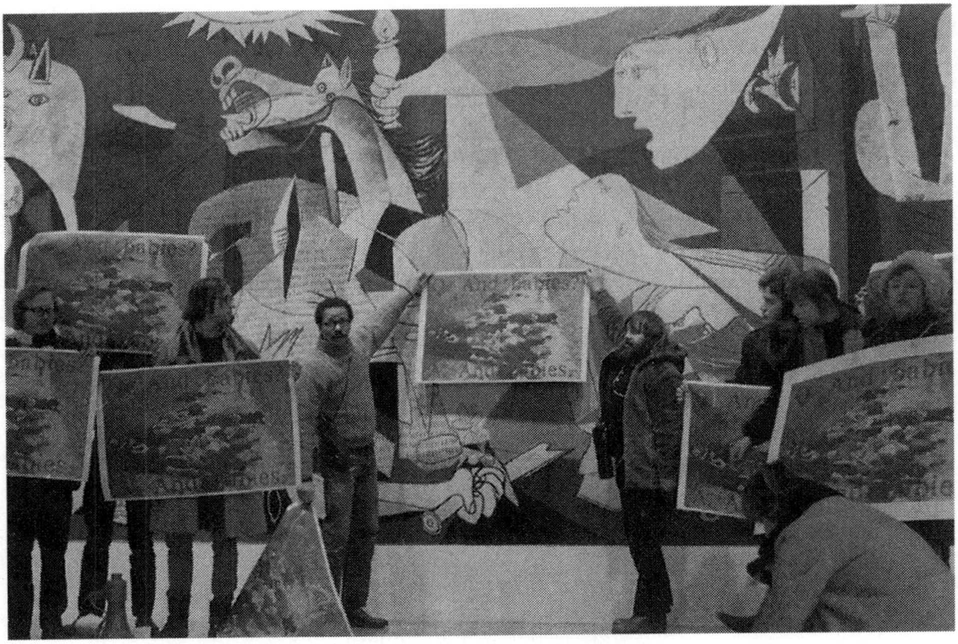

Abb. 1: Art Workers Coalition, Museum of Modern Art, New York 1970

My Lai auf eine Stufe mit der Bombardierung von Guernica zu stellen, es also als ein Jahrhundertereignis unter den Kriegsverbrechen herauszustellen und damit ein bildliches Symbol für die Antikriegsbewegung, für die Proteste gegen den Vietnamkrieg zu generieren, was durchaus gelang. Dazu trug auch die Aktion der Künstlerin Joyce Kozloff bei, die sich mit ihrem acht Monate alten Säugling vor das Bild setzte und damit einen motivischen Parallelismus zu Picassos *Guernica* herstellte.

Die Art Workers Coalition nutzte in dieser Aktion die thematische Parallele zu *Guernica*, markierte aber – in künstlerischer wie medialer Hinsicht – auch einen deutlichen Unterschied, eine Distanz zu Picassos ja ursprünglich auch politisch brisantem Antikriegsbild, das aber inzwischen zu einem Museumsbild geworden war.[15] Sie hatten Picasso im Vorfeld gebeten, *Guernica* bis zum Ende des Vietnamkrieges aus dem Museum of Modern Art zurückzuziehen, allerdings ohne Erfolg.[16] Mit ihrer Aktion nutzten sie das Bild für ihre Zwecke, gingen aber gleichzeitig auf Distanz. Genauso machten sie es mit dem Museum. Die Strategie der Zweckentfremdung, des *détournement*, dem das historische Kunstwerk und der museale Raum unterworfen wurden, hatte Guy Debord, der Gründer der Situationistischen Internationale, 1967 in seiner Schrift *Die Gesellschaft des Spektakels* entwickelt und in die künstlerische Diskussion eingeführt.[17]

Sieht man sich die frühe Form der Museumsguerilla in den USA insgesamt an, fällt vor allem ihr demonstrativer Habitus auf. Sie nutzte die traditionellen Formen der Protestkultur, die die Arbeiter-, die Frauen- und die Friedensbewegung seit der Mitte des 19. Jahrhunderts hervorgebracht hatten, die Demonstration, das Plakat und das Flugblatt, und kombinierte sie mit aktuellen performativen Formen des Happenings und des Straßentheaters. Ihre Intention war die politische Aufklärung und die Schaffung eines politischen Bewusstseins, insbesondere innerhalb des Bildungsbürgertums. Es ging darum, mit spielerischen und symbolischen Aktionen eine Öffentlichkeit für politische Anliegen zu schaffen.

Exkurs: Hans Haacke

Zu den Mitbegründern der Art Workers Coalition gehörte auch der deutsche Konzeptkünstler Hans Haacke, der seit den 1960er Jahren in New York lebt und arbeitet.[18] Haacke führte den museumskritischen und politischen Ansatz der Art Workers Coalition weiter, allerdings nicht in aktivistischer Form und Haltung, sondern mit legalen, betont dokumentarischen Installationen in Museen und Galerien. Als »Arbeiten im sozio-politischen Bereich« bezeichnete er seine Projekte.[19] Haacke agierte nicht unerlaubt und ist deshalb nicht im engeren Sinne der Museumsguerilla zuzuordnen, aber er provozierte mit seinen politischen Installationen die Zensur und das Verbot und stand den Zielen der frühen Museumsguerilla nahe.

Seine spektakulärste Aktion, die ihn als politischen Künstler international bekannt machte, war die Fotoinstallation *Shapolsky et al. Manhattan Real-Estate Holdings, a Real-Time Social System, as of May 1, 1971*, die er für eine Ausstellung im New Yorker Guggenheim Museum vorbereitet hatte.[20] Fotografien von Spekulationsobjekten sollten den Blick auf die kriminellen Machenschaften der New Yorker Immobilienszene richten, in die offenbar auch Sponsoren des Museums involviert waren. Die Ausstellung wurde wenige Wochen vor der Eröffnung durch die Museumsleitung gestoppt und der zuständige Kurator des Museums, der sich mit dem Künstler solidarisiert hatte, entlassen. Öffentlich zu sehen war die Installation erstmals ein Jahr später im Rahmen der Ausstellung *Art Without Limit* in der Memorial Art Gallery der University of Rochester, NY.

Auch in Westdeutschland sorgte Haacke in den 1970er und 1980er Jahren für einige Aufsehen erregende politische Akzente im bildungsbürgerlich geprägten Kunst- und Ausstellungsbetrieb. 1974 wurde er vom Wallraf-Richartz-Museum in Köln zur Ausstellung *Projekt '74* eingeladen, mit der das Museum sein 150-jähriges Bestehen feiern wollte. Der Beitrag, den Haacke einreichte, das *Manet-Projekt '74*, eine Provenienzanalyse zu Manets *Spargel-Stillleben* in zehn gerahmten Texttafeln, die die Reihe der Besitzer und Käufer des Stilllebens biografisch dokumentierte und dabei auch den beruflichen Werdegang von Hermann Josef Abs, des Vorsitzenden des Wallraf-Richartz-Kuratoriums, auf dessen Initiative das Bild für das Museum erworben worden war, und seine Verstrickung mit dem NS-Regime beleuchtete, wurde von der Museumsleitung abgelehnt. Als der Künstlerkollege Daniel Buren in seinem Ausstellungsbeitrag aus Solidarität mit Haacke Faksimiles von dessen Tafeln integrieren wollte, mussten sie auf Anweisung des Generaldirektors der Kölner Museen überklebt werden.[21]

In einer Ausstellung im Frankfurter Kunstverein im Jahr 1976 dokumentierte Haacke in der Text- und Fotoinstallation *Die prognostische Erkenntnistheorie des Gewährbietens, dargestellt am Beispiel des Ausstellungsverbots der Christine Fischer-Defoy* exemplarisch die politisch fragwürdige und international verurteilte Praxis des Radikalenerlasses und der Berufsverbote in der Bundesrepublik.[22] 1981 legte er sich noch einmal mit den Museen der Stadt Köln an. In der vierzehnteiligen Installation *Der Pralinenmeister*, die er in der Kölner Galerie Paul Maenz und ein Jahr später auf der documenta

7 zeigte, thematisierte er das Mäzenatentum des Schokoladenfabrikanten, Kunstsammlers und Museumsgründers Peter Ludwig, dessen unternehmerisches und kulturelles Engagement – wie Haacke vergleichend dokumentierte – gleichermaßen von Eigeninteresse und wirtschaftlichem Profitstreben gekennzeichnet war.[23] Für die documenta 8 konzipierte Haacke 1987 die Installation *Kontinuität*, in der er auf die unterstützende Kooperation der Deutschen Bank und des Daimler-Benz-Konzerns mit der südafrikanischen Apartheid-Regierung in den 1980er Jahren aufmerksam machte.[24] Durch den Hinweis auf die historische Verstrickung der beiden Konzerne mit dem NS-Regime gab der Künstler zu verstehen, wie der Titel der Installation zu lesen war.

Neben den Text- und Fotoinstallationen verwendete Haacke in seinen Ausstellungsprojekten auch aktionistische Formen wie die Übermittlung aktueller Nachrichten per Teleprinter oder das Interviewen der Besucher mittels Fragebögen.[25] Den Teleprinter setzte er erstmals 1969 in der Aktion *News* im Rahmen der Ausstellung *Prospect 69* in der Kunsthalle in Düsseldorf ein. Mit dieser Aktion, die in Galerien in den USA wiederholt wurde, brachte Haacke Themen der Politik, darunter auch den Krieg in Vietnam in den Ausstellungsraum. 2005 griff er dieses Mittel in der Ausstellung *State of the Union* in der Paula Cooper Gallery in New York noch einmal auf und konfrontierte die Ausstellungsbesucher mit aktuellen Nachrichten aus dem Irak-Krieg.

Auch die Besucherbefragungen ziehen sich wie ein roter Faden durch seine Ausstellungsprojekte.[26] Bekannt geworden ist vor allem der *MOMA-Poll*, der 1970 im New Yorker Museum of Modern Art durchgeführt wurde, in dem Haacke die Besucher nach ihrem Bildungsniveau, ihrem sozialen Status, aber auch nach ihren politischen Einstellungen, etwa zu Nixons Indochina-Politik befragte. Mit den Besucherbefragungen griff er Ansätze der Museumssoziologie auf, wie sie einige Jahre zuvor Bourdieu und Darbel für ihre Studie über die Besucher der Kunstmuseen entwickelt hatten.[27] Die Nähe zu Bourdieu in Fragen der Kunst- und Museumssoziologie manifestierte sich später in einem gemeinsamen Publikationsprojekt.[28]

Haackes Strategie war und ist es, die politischen und sozialen Bedingungen der Vermittlung und Wahrnehmung von Kunst aufzuzeigen. Museen und Ausstellungsräume begreift er nicht als Orte der Kontemplation, sondern als öffentliche Räume, in denen politische und soziale Aufklärung betrieben werden kann. Für seine Aktionen setzt Haacke keine Guerilla-Taktiken ein, sondern sucht sich Verbündete im Kunstbetrieb, insbesondere unter den Kuratoren und Galeristen, mit deren Hilfe er seine Projekte auf legalem Wege umzusetzen versucht. Es gehört zu seiner Strategie, Zensur und Verbote zu provozieren und damit das Interesse der Medien zu wecken und mit ihnen als Multiplikatoren eine weitaus größere Öffentlichkeit für seine politischen Themen zu erreichen, als dies im Rahmen einer Kunstausstellung möglich wäre. In diesem Sinne ist sein Vorgehen politisch subversiv, aber keineswegs subkulturell. Im Gegenteil: Haacke nutzt die elaborierten Mittel des bürgerlichen Kunstbetriebs, um dessen gesellschaftliche Träger, den Staat und insbesondere die Wirtschaft politisch zu demaskieren. In seinen »bürgerlichen« Mitteln unterscheidet er sich von der politischen Museumsguerilla, die auf die Protestformen der Arbeiterbewegung und der urbanen Subkultur setzt, in seinen politischen Ansprüchen dagegen nicht.[29]

Die Aktionen von Haacke richten sich an ein intellektuelles, gebildetes Publikum. Bei seinen Projekten handelt es sich um akademische Widerstandskunst, deren ambitionierte Konzepte sich dem Verständnis von Menschen, die mit den Codes der weltweiten

Art Community und der internationalen Museumskultur nicht vertraut sind, nicht erschließen, von ihnen auch nicht wahrgenommen werden. Dasselbe gilt allerdings auch für die frühe New Yorker Museumsguerilla, die jene sozialen Gruppen und Schichten, deren Protestformen sie adaptierte und in Kunst transformierte, vermutlich ebenfalls nicht erreicht hat.

»Vandalised Paintings«: Banksy

Die nichtakademische Protestkunst, die außerhalb der Museen und Galerien stattfindet, wurde vom akademisch geprägten Kunstbetrieb lange Zeit kaum wahrgenommen. Zu diesen Kunstformen gehören in erster Linie Graffiti und Street Art. Nach der gewaltsamen Niederschlagung der Rassenunruhen in den USA gegen Ende der 1960er Jahre entwickelte sich mit dem Graffiti eine Gegenkultur, die ihren Protest nicht mehr in einer offen demonstrativen Haltung, sondern anonym, vereinzelt, in Form einer Guerilla-Taktik artikulierte, so dass sie für die Organe der Justiz nicht mehr so leicht identifizierbar und greifbar war. Die Sprüher waren nach dem Vorbild der Gangkultur organisiert, und es ging ihnen darum, mit den Graffiti die Hoheit über ihr Revier, das heißt über Straßen und Stadtteile, zu markieren – einmal gegenüber der besitzenden Klasse und der deren Interessen vertretenden staatlichen Gewalt und zum anderen gegenüber benachbarten Sprüher-Gruppen, das heißt anderen Crews. Die Graffiti-Szene verdichtete sich zu Beginn der 1970er Jahre in den sozial und strukturell benachteiligten Ghettos von New York, insbesondere in der Bronx, und wurde überwiegend von afroamerikanischen und puertorikanischen Jugendlichen getragen.[30] Zu einer weltweiten Bewegung wurde Graffiti zu Beginn der 1980er Jahre, als es – in Kombination mit Rap und Breakdance – Teil der Hip-Hop-Bewegung wurde.[31]

Baudrillard sieht in den frühen New Yorker Graffiti radikale politische und soziale Akte, einen Anti-Diskurs gegen die Semiokratie, das herrschende Zeichensystem und die herrschende Kultur in den Metropolen.[32] In Ergänzung zu Baudrillard ist allerdings anzumerken, dass das revolutionäre Potenzial, die Radikalität von Graffiti nicht nur in ihrer semiotischen Praxis, sondern vor allem in ihrer »negativen Produktivität« besteht. Künstler, so systemkritisch sie auch immer sein mögen, schaffen für gewöhnlich mit ihrer Kunst Werte und stabilisieren damit, ob sie wollen oder nicht, das herrschende System. Bei den Graffiti-Sprühern ist das anders: Sie produzieren keine Werte, sondern zerstören Werte, indem sie – zumindest aus Sicht der Behörden und des Großteils der Gesellschaft – Schaden (»damage«) anrichten, für dessen Behebung finanzielle Mittel aufgewendet werden müssen.[33] Solange der Schaden größer ist als die Profite, die die Graffiti der wenigen Stars der Szene für die Kunst- und Kulturindustrie und die Graffiti-Bewegung insgesamt für die chemische Industrie, d.h. die Farb- und Reinigungsindustrie bringen, bleibt Graffiti eine subversive, antikapitalistische Kunstform.

Im Zuge der Popularisierung des New Yorker Graffiti, die sich nicht zuletzt Filmen wie *Wild Style*, *Beat Street* und *Style Wars* verdankt, wurde die Straßen- und U-Bahn-Kunst auch für den Kunstmarkt und die Museen interessant. Empfanden es die Stars der frühen New Yorker Graffiti-Szene auch als Anerkennung, wenn die Museen ihre Werke ankauften, und sahen es als Einstiegsmöglichkeit in eine legale Künstlerexistenz, wurde die Vereinnahmung der Szene durch den Kunstbetrieb doch immer auch von Skepsis begleitet. Im Film *Wild Style* ist dies ein zentrales Thema. Den Annäherungen des

Kunstbetriebs begegneten die Sprüher, indem sie ihr Image als Illegale und als künstlerische Guerilla zu schärfen versuchten.[34]

Ein Sprüher der jüngeren Generation, der sich intensiv mit der Institution des Museums auseinandersetzt, das schwierige Verhältnis zwischen illegaler Kunst und den staatlichen Institutionen reflektiert und sich nicht scheut, politische Positionen zu beziehen, ist der britische Street Art-Künstler Banksy.[35] Er ist nicht der erste Künstler, der Graffiti ins Museum gebracht hat, aber vermutlich einer der wenigen, die es auf Graffiti-typische Weise versucht haben, maskiert und illegal, ohne das Wissen und die Erlaubnis der Museumsleitungen, mittels einer Guerilla-Taktik.[36]

Wahrscheinlich in den 1970er Jahren in Bristol geboren, hat Banksy in den späten 1980er Jahren als Graffiti-Sprüher angefangen, stieg aber bald darauf auf Stencils (Schablonengraffiti) um, die schneller anzufertigen sind und damit ein geringeres Risiko für den Sprüher bedeuten. Mit seinen Stencils, aber auch mit Skulpturen, Installationen und Guerilla-Aktionen ist er zum populärsten Street Art-Künstler der Gegenwart geworden. Seine Arbeiten sind witzig und intelligent, sie sind politisch, richten sich gegen die amerikanische und britische Kriegspolitik, sie sind obrigkeitskritisch, antiautoritär, stehen den Aktionen der Ökologiebewegung und der Globalisierungsgegner nahe und sind nicht zuletzt voller Selbstironie gegenüber der Graffiti-Szene und dem Kunstbetrieb und ihren Klischees. Banksy ist ein Robin Hood unter den Künstlern, seinen Verfolgern und Kritikern immer einen Schritt voraus. Mehrfach wurde er angeblich geoutet, und trotzdem ist seine Identität bis heute der Öffentlichkeit nicht bekannt.

Während des Irak-Kriegs sorgte er mit kritischen Aktionen in verschiedenen bekannten Museen in Frankreich, Großbritannien und den USA für Aufsehen. Seine Aktionen, die er in den Jahren 2004 und 2005 durchführte und später in seinen Büchern,[37] jüngst auch in seinem Film *Exit Through the Gift Shop* dokumentierte, verbinden die Formen und Anliegen der frühen New Yorker Museumsguerilla mit den Motiven des Vandalismus und der Anschläge von Nichtkünstlern auf prominente Werke der Kunst.[38] Banksy nahm für seine Aktionen jeweils die Reproduktion eines mehr oder weniger bekannten Kunstwerks, das in das anvisierte Museum hätte passen können, veränderte es auf Graffiti-typische Weise, fügte Stencils, Tags oder Writings ein, ging dann mit dem so modifizierten, aber stets konservativ gerahmten Kunstwerk in das Museum, hatte sich selbst einigermaßen unkenntlich gemacht und das Kunstwerk verpackt und hängte es dann in einem unbeobachteten Moment auf. Genauer gesagt klebte er das präparierte Kunstwerk an eine freie Stelle der Wand. Anschließend beobachtete er die Reaktionen der Besucher auf das neue Kunstwerk und dokumentierte, wie lange es sich im Museum halten konnte, bevor es von der Aufsicht entdeckt wurde. »Vandalised Paintings« nannte er die Aktionen.[39]

Im Mai 2005 schleuste er in dieser Weise das Porträt eines frühneuzeitlichen Militärs (Abb. 2), den er zu einem pazifistischen Graffiti-Sprüher verfremdet hatte, ins New Yorker Brooklyn Museum ein.[40] Das Bild hielt sich acht Tage im Museum, ohne als Fremdkörper erkannt zu werden. Aktionen mit pazifistischen bzw. kriegskritischen Aussagen führte Banksy während des Irak-Krieges mit Vorliebe in großen amerikanischen Museen durch. Im Natural History Museum in New York platzierte er auf dieselbe Weise wie im Brooklyn Museum die Abbildung eines Käfers, der zu einem raketenbestückten amerikanischen Kampfhubschrauber mutiert ist.[41] Das Motiv des Kampfhubschraubers *Apache* verwendete er auch in anderen »Vandalised Paintings«

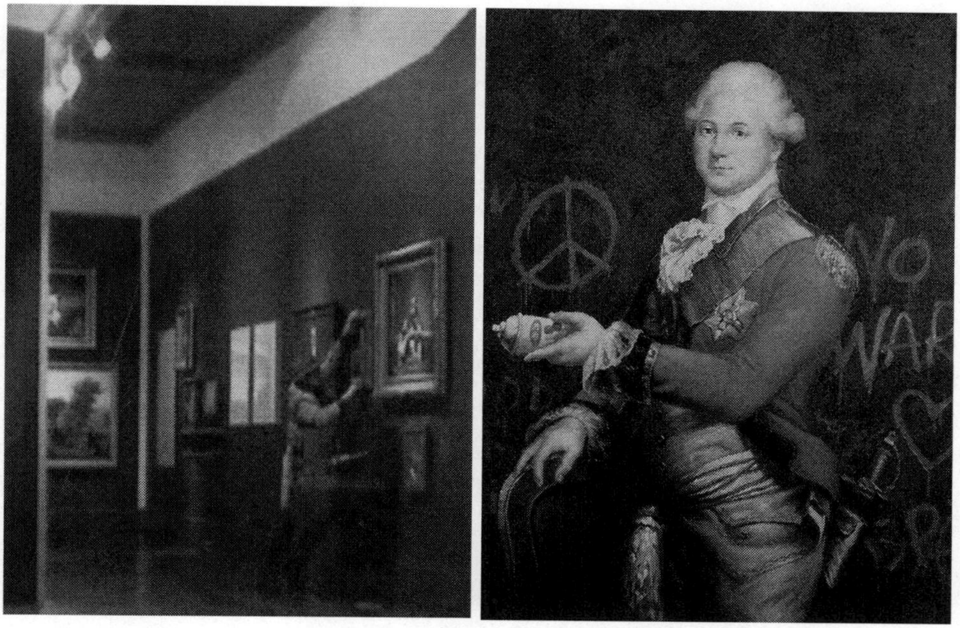

Abb. 2: Banksy, Brooklyn Museum, New York 2005

und in einigen Posters, die er in britischen Städten klebte. Eine eigene Pointe enthält der Erläuterungstext unter dem Kampf-Käfer: Der wissenschaftlich latinisierte Name des Insekten (*Withus Oragainstus*) und die Herkunftsbezeichnung (*United States*), spielen – gelesen als »With us or against us – United States« – auf die repressive amerikanische Außenpolitik im Zusammenhang mit dem Irak-Krieg an, der bekanntermaßen ohne UNO-Mandat von einer sogenannten »Koalition der Willigen« unter Führung der USA stattfand. Der Käfer hing nach Angaben von Banksy zwölf Tage im Museum, bis er entdeckt wurde.

In den Aktionen, die Banksy in den britischen Museen durchführte, ging es nicht um den Krieg im Irak, sondern um die Akzeptanz von Graffiti in der Gesellschaft, um den Konflikt zwischen einer illegal operierenden, subversiven Kunst und den Institutionen des Staates, den Banksy in das Museum und damit ins Heiligtum der bürgerlichen Gesellschaft trug. Im Natural History Museum in London hängte er 2004 einen Schaukasten mit einer ausgestopften Ratte auf, die er museumstypisch auf einem Sockel platziert hatte.[42] Ausgestattet hatte er sie mit den Attributen eines Graffiti-Sprüher, mit Rucksack, Taschenlampe, Sprühdose und Sonnenbrille. Darüber war der offenbar gerade gesprühte Satz »Our time will come« zu lesen. Gesteigert wurde der Witz noch einmal im fingierten wissenschaftlichen Erläuterungstext am Fuße des Sockels, wo unter dem Titel »Pest Control« zu lesen war:

> »Recently discovered specimens of the common sewer rat have shown some remarkable new characteristics. Attributed to an increase in junk food waste, ambient radiation and hardcore urban rap music these creatures have evolved at an unprecedented rate. Termed the Banksus Militus Vandalus they are impervious to all mod-

> ern methods of pest control and mark their territory with a series of elaborate signs. Professor B. Langford of University College London states ›You can laugh now ... but one day they may be in charge.‹«[43]

Diese Aktion ist ein Beispiel für Banksys Auseinandersetzung mit dem öffentlichen (das heißt in diesem Fall durch die staatlichen Institutionen vermittelten) Bild des Graffiti. Die soziale Distanz zwischen der Graffiti-Ratte und dem Verfasser der »wissenschaftlichen« Erläuterung visualisiert er durch das unterschiedliche schriftliche Erscheinungsbild der Texte. Graffiti – so die Botschaft – werde von der Gesellschaft nach wie vor als Bedrohung wahrgenommen, aber doch auch als ein Phänomen, ein Kuriosum, das die Neugier der Wissenschaft weckt. Banksy erkannte Ansätze einer gesellschaftlichen Akzeptanz der Graffiti-Bewegung, gleichzeitig aber auch Formen sozialer Distanzierung und Ausgrenzung seitens der bürgerlichen Institutionen.

In einer ähnlichen Aktion, die er im British Museum durchführte, spitzte er diesen Gedanken weiter zu. Zwischen den Exponaten der ständigen Sammlung platzierte er ein Objekt, das von weitem wie ein archäologisches Fundstück aussah, sich bei genauerem Hinsehen aber als ein Bruchstück aus einer Wand herausstellte, auf die mit schwarzem Marker eine Zeichnung aufgetragen war.[44] Das Motiv dieser Zeichnung, ein Mann mit Einkaufswagen und ein von Pfeilen getroffener Stier, ist eine Kombination aus einer prähistorischen Jagd- und einer neuzeitlichen Supermarktszene. Auf dem fingierten wissenschaftlichen Erläuterungstext, den Banksy unter dem Objekt angebracht hatte, war unter dem Titel »Wall Art, East London« zu lesen:

> »This finely preserved example of primitive art dates from the Post-Catatonic era and is thought to depict early man venturing towards the out-of-town hunting grounds. The artist responsible is known to have created a substantial body of work across the South East of England under the moniker Banksymus Maximus but little else is known about him. Most art of this type has unfortunately not survived. The majority is destroyed by zealous municipal officials who fail to recognise the artistic merit and historical value of daubing on walls.«[45]

Es dauerte acht Tage, bis das Museum das fremde Exponat entdeckte. Dann wurde es in die Sammlung übernommen.

Der Schritt vom naturhistorischen Museum zum archäologischen Museum, das Graffiti als Objekt eines fiktiven wissenschaftlichen Interesses in den Aktionen nimmt, markiert eine gestiegene gesellschaftliche Akzeptanz. Andererseits sagt Banksy in dieser Aktion das Scheitern und das Ende der Graffiti-Bewegung voraus. Thematisch virulent ist nach wie vor der Konflikt zwischen dem illegal operierenden Künstler und den Behörden des Staates, der in der Geschichte der Graffiti-Bewegung eine wichtige Rolle spielt. Dass Banksy diesen Konflikt von der Straße in das Museum trägt, ist eine Kampfansage und zugleich ein Versöhnungsangebot an die staatlichen Kulturinstitutionen. Mit seinen Museumsaktionen kontert er die Aggressivität und den Ikonoklasmus der staatlichen Behörden gegen Graffiti, allerdings auf eine symbolische und humorvolle Weise. Wie die frühe Museumsguerilla nutzt er das Museum als Forum, um das gebildete Publikum zu erreichen.

Banksys Aktionen zeigen Übereinstimmungen, aber auch Unterschiede zur frühen Museumsguerilla. Es ist sicherlich kein Zufall, dass das Guerilla-Image von den Künstlern jeweils in Kriegszeiten aktiviert wurde. Die jüngere Museumsguerilla agiert – wie das Beispiel Banksys zeigt – immer noch sehr stark medienbewusst, operiert aber nicht mehr offen und demonstrativ, sondern anonym und interventionistisch. In ihrer postmodernen Selbstreferentialität, ohne die auch Banksy nicht auskommt, ist sie eher spielerisch veranlagt, kokettiert sogar mit dem Museum und setzt eher auf Witz als auf Theatralik, Drama und politische Analyse. In diesen Veränderungen spiegelt sich ein grundlegender Wandel der politischen Kunst des späten 20. und frühen 21. Jahrhunderts wider, den man als Wandel von der Widerstandskunst zur Interventionskunst bezeichnen könnte. Die Museen reagieren auf diese neue Form der Subversion und des künstlerischen Protests, indem sie sie nicht mehr segregieren, sondern integrieren, sie nicht mehr zensieren oder gar kriminalisieren, sondern vereinnahmen. Damit zeigen sie, dass sie den Kapitalismus begriffen haben.

---

1 Vgl. zit. nach: Christa Baumgarth: *Geschichte des Futurismus*. Reinbek 1966, S. 26–29, hier S. 27; Walter Grasskamp: *Museumsgründer und Museumsstürmer. Zur Sozialgeschichte des Kunstmuseums*. München 1981, S. 47–66; Tobias Wall: *Das unmögliche Museum. Zum Verhältnis von Kunst und Kunstmuseen der Gegenwart*. Bielefeld 2006.

2 Vgl. zum Beispiel das Manifest in der ersten Nummer der Zeitschrift des Berliner Dada, in dem der »dadaistische revolutionäre Zentralrat / Gruppe Deutschland: Hausmann, Huelsenbeck, Golyscheff« unter anderem für »die sofortige Errichtung eines Staats-Kunsthauses und für die Aufhebung der Besitzbegriffe in der neuen Kunst« eintrat, zit. nach: Diether Schmidt (Hg.): *Manifeste, Manifeste. 1905–1933. Schriften deutscher Künstler des 20. Jahrhunderts*. Bd. 1, Dresden 1965, S. 195.

3 Vgl. Astrid Legge: *Museen der anderen »Art«. Künstlermuseen als Versuche einer alternativen Museumspraxis*. Diss. Aachen 2000, S. 52–72.

4 Vgl. insbesondere seine Installationen im Rahmen der Internationalen Ausstellung des Surrealismus in der Galerie Beaux-Arts in Paris 1938 und der Ausstellung *First Papers of Surrealism* 1942 in New York. Zur politischen Bedeutung der *First Papers of Surrealism* vgl. T. J. Demos: »Duchamp's Labyrinth: *First Papers of Surrealism*« In: *October*, Summer 2001, H. 97, S. 91–119.

5 Vgl. Heidi E. Violand-Hobi: *Jean Tinguely. Biographie und Werk*. München/New York 1995, S. 36–40.

6 Pierre Bourdieu, Alain Darbel: *L'amour de l'art. Les musées et leur public*. Paris 1966 (dt.: *Die Liebe zur Kunst. Europäische Kunstmuseen und ihre Besucher*. Konstanz 2006).

7 Zur Museumskritik der Künstler seit den 1960er Jahren vgl. Christian Kravagna (Hg.): *Das Museum als Arena. Institutionskritische Texte von KünstlerInnen*. Köln 2001.

8 Zur Art Workers Coalition und zur Guerilla Art Action Group vgl. *Art Workers Coalition*. Bd. 1: *Documents I*. Bd. 2: *Open Hearing*. New York 1969; *GAAG. The Guerilla Art Action Group 1969–1976. A Selection*. New York 1978; Deborah Wye: *Committed to Print. Social and Political Themes in Recent American Printed Art*. Ausst.-Kat. New York (Museum of Modern Art) 1988; Lucy A. Lippard: *A Different War. Vietnam in Art*. Ausst.-Kat. (Whatcom Museum of History and Art, Bellingham/Washington u.a.). Seattle 1990; Bradford D. Martin: *The Theater is in the Street. Politics and Public Performance in Sixties America*. Amherst/Boston 2004; Julia Bryan-Wilson: *Art Workers. Radical Practice in the Vietnam War Era*. Berkeley/Los Angeles/London 2009.

9 Zit. nach Lippard 1990 (wie Anm. 8), S. 26.

10 Vgl. Bryan-Wilson 2009 (wie Anm. 8), S. 184–187.

11 Abgedruckt bei Bryan-Wilson 2009 (wie Anm. 8), Fig. 74, S. 186.

12 Vgl. dazu ausführlich Martin 2004 (wie Anm. 8), S. 140.

13 Vgl. Seymour Hersh: *My Lai 4. A Report on the Massacre and its Aftermath.* New York 1970.

14 Vgl. Lippard 1990 (wie Anm. 8), Fig. 13, S. 28; Francis Frascina: *Art, Politics, and Dissent. Aspects of the Art Left in Sixties America.* Manchester/New York 1999, S. 117.

15 Zur Rezeptionsgeschichte von Picassos *Guernica* und insbesondere zur Entpolitisierung des Bildes nach 1945 vgl. Jutta Held: »Wie kommen politische Wirkungen von Bildern zustande? Das Beispiel von Picassos *Guernica*« In: Dies.: *Avantgarde und Politik in Frankreich. Revolution, Krieg und Faschismus im Blickfeld der Künste.* Berlin 2005, S. 170–187 (urspr. in: *Das Argument* (1985), Nr. 153, S. 701–710); Gijs van Hensbergen: *Guernica: The Biography of a Twentieth-Century Icon.* London 2004 (dt.: *Guernica. Biographie eines Bildes.* München 2007).

16 Vgl. Bryan-Wilson 2009 (wie Anm. 8), S. 22.

17 Guy Debord: *La société du spectacle.* Paris 1967 (dt.: *Die Gesellschaft des Spektakels.* Hamburg 1978).

18 Zu Haacke vgl. Edward F. Fry: *Hans Haacke. Werkmonographie.* Köln 1972; Walter Grasskamp, Molly Nesbit, Jon Bird: *Hans Haacke.* London/New York 2004; *Hans Haacke – wirklich. Werke 1959–2006.* Ausst.-Kat. Hamburg (Deichtorhallen) und Berlin (Akademie der Künste) 2006/2007. Hg. von Robert Fleck und Matthias Flügge. Düsseldorf 2006; Bryan-Wilson 2009 (wie Anm. 8), S. 173–213.

19 Hans Haacke: »Provisorische Bemerkungen zur Absage meiner Ausstellung im Guggenheim-Museum, New York«, zit. nach Kravagna 2001 (wie Anm. 7), S. 49–53, hier S. 49.

20 Vgl. Rosalyn Deutsche: *Evictions. Art and Spatial Politics.* Cambridge, MA/London 1996, S. 159–192; Fleck/Flügge 2006 (wie Anm. 18), S. 113–116.

21 Vgl. Fleck/Flügge 2006 (wie Anm. 18), S. 117–123.

22 Vgl. *Hans Haacke.* Ausst.-Kat. Frankfurt am Main (Frankfurter Kunstverein) 1976; Fleck/Flügge 2006 (wie Anm. 18), S. 139–143.

23 Vgl. Walter Grasskamp: »Ein schöner Mäzen! Ein Gespräch mit Hans Haacke über den ›Trumpf-Pralinenmeister‹« In: *Kunstforum International,* 1981, H. 44–45, S. 152–172; Fleck/Flügge 2006 (wie Anm. 18), S. 154–167.

24 Vgl. Fleck/Flügge 2006 (wie Anm. 18), S. 182–185.

25 Zu diesen Formen vgl. Rosalyn Deutsche: »Die Kunst, nicht dermaßen regiert zu werden« In: Fleck/Flügge 2006 (wie Anm. 18), S. 62–79.

26 Zu den soziologischen Aspekten der Besucherbefragungen vgl. Howard S. Becker, John Walton: »Social Science and the Work of Hans Haacke« In: *Hans Haacke. Framing and Being Framed. 7 Works 1970–75.* Halifax/New York 1975, S. 145.

27 Vgl. Bourdieu/Darbel 1966 (wie Anm. 6).

28 Vgl. Pierre Bourdieu, Hans Haacke: *Libre-échange.* Paris 1994 (dt. *Freier Austausch.* Frankfurt a.M. 1995).

29 Zu seinem Ansatz einer politisch und soziologisch begründeten Museumskritik vgl. auch Hans Haacke: »Museen. Manager des Bewusstseins« In: Kravagna 2001 (wie Anm. 7), S. 138–148.

30 Zum New Yorker Graffiti der späten 1960er und frühen 1970er Jahre vgl. Norman Mailer/Jon Naar: *The Faith of Graffiti.* New York 1974; Jon Naar: *The Birth of Graffiti.* München 2007; Jack Stewart: *Graffiti Kings. New York City Mass Transit Art of the 1970s.* New York 2009.

31 Diese Entwicklung dokumentieren vor allem: Henry Chalfant, Martha Cooper: *Subway Art.* London 1984; Henry Chalfant, James Prigoff: *Spraycan Art.* London 1987; sowie: der Film *Wild Style* von 1982. Zu *Wild Style* vgl. auch: Charlie Ahearn: *Wild Style. The Sampler.* New York 2007.

32 Vgl. Jean Baudrillard: »Kool Killer ou l'insurrection par les signes« In: *Interférences*, 1975, H. 3 (dt.: *Kool Killer oder der Aufstand der Zeichen*. Berlin 1978, S. 19–38).

33 Zu den wirtschaftlichen und juristischen Aspekten der Graffiti-Bewegung vgl. Oliver Schnurr: *Graffiti als Sachbeschädigung. Strafbarkeit, Strafwürdigkeit und Strafbedürftigkeit eines gesellschaftlichen Phänomens*. Norderstedt 2006.

34 Vgl. dazu Odem: *On the Run. Eine Jugend in der Graffiti-Szene*. Aufgeschrieben von Jürgen Deppe. Berlin 1997; Sebastian Peiter (Hg.): *Guerilla Art*. London 2009.

35 Zu Banksy vgl. Banksy: *Wall and Piece*. London 2005; Ulrich Blanché: *Something to S(pr)ay. Der Street Aktivist Banksy. Eine kunstwissenschaftliche Untersuchung*. Marburg 2010.

36 Zur juristischen Bewertung von Banksys Arbeiten vgl. Ian Edwards: »Banksy's Graffiti. A Not-So-Simple Case of Criminal Damage?« In: *The Journal of Criminal Law*, 73/2009, H. 4, S. 345–361.

37 Banksy 2005 (wie Anm. 35). Vgl. auch seine früheren Bücher: Banksy: *Banging Your Head Against a Brick Wall*. London 2002; Banksy: *Exitstencilism*. London 2003; Banksy: *Cut It Out*. London 2004.

38 Zur nichtkünstlerischen Gewalt gegen Kunst und Kunstinstitutionen vgl. Dario Gamboni: *Zerstörte Kunst. Bildersturm und Vandalismus im 20. Jahrhundert*. Köln 1998.

39 Vgl. Banksy 2005 (wie Anm. 35), S. 158–185.

40 Vgl. Banksy 2005 (wie Anm. 35), S. 176–177.

41 Vgl. Banksy 2005 (wie Anm. 35), S. 181.

42 Vgl. Banksy 2005 (wie Anm. 35), S. 182–183.

43 Banksy 2005 (wie Anm. 35), S. 183.

44 Vgl. Banksy 2005 (wie Anm. 35), S. 184–185.

45 Banksy 2005 (wie Anm. 35), S. 185.

Gilbert Lupfer

Zwickmühlen und Gewissensbisse: Anmerkungen zur Provenienzforschung im Museum

Der Artikel im Feuilleton der Süddeutschen Zeitung vom 8. Oktober 2010 war eher unauffällig.[1] Unter der Überschrift »Immer schön korrekt« schildert er aber einen Sachverhalt, der bei genauerer Betrachtung genauso absurd wie empörend erscheint.[2] Kurz zusammengefasst und die Details außer Acht lassend, berichtet der Artikel darüber, dass die Staatlichen Museen und Sammlungen Bayerns für jene im sogenannten Dritten Reich »verfolgungsbedingt entzogenen Kunstwerke«[3], die an die Erben der ehemaligen Eigentümer restituiert werden, Ausgleichszahlungen an den Freistaat zu leisten haben. Erläutert wurde das an einem aktuellen Fall, einem kleinen, den Wiener Nordbahnhof zeigenden Aquarell von Rudolf von Alt.[4] Es wurde Anfang der 1940er Jahre für Hitlers »Sonderauftrag Linz«[5] erworben und gelangte dann in der Nachkriegszeit über den »Central Collecting Point« der US Army in München in die Staatlichen Graphischen Sammlungen, wo es schließlich 1973 inventarisiert wurde.[6] Das Museum wollte nun dieses Blatt, das aus dem Eigentum einer im KZ Theresienstadt ermordeten Wiener Arztwitwe stammte, an deren Erben übergeben. Die Bayerische Staatsregierung erkannte zwar grundsätzlich den »verfolgungsbedingten Entzug« an, stellte aber postwendend selbst Forderungen an ihr eigenes Museum. Da das Aquarell durch seine Inventarisierung ein fester Teil des bayerischen Grundstockvermögens[7] geworden sei, könne es nicht einfach herausgegeben werden. Sollte doch eine Herausgabe unumgänglich sein, so habe das Museum eine Ausgleichzahlung aus seinem Etat an die Bayerische Landesbank zu leisten. Wenn es dazu, zum Beispiel aufgrund einer Haushaltssperre, nicht in der Lage sei, so könne das Kunstwerk eben nicht restituiert werden. Dieses Procedere des Ausgleichs sei, so die Süddeutsche Zeitung, kein Einzel- oder Präzedenzfall, sondern in den letzten Jahren bei Gemälden aus dem Bestand der Bayerischen Staatsgemäldesammlungen bereits mehrfach praktiziert worden.[8]

Die Restitution von Kunstwerken erfolgt – um von diesem Beispiel zu Allgemeinerem zu kommen – in den meisten Fällen entweder auf der Grundlage von eigenen, systematischen Provenienzrecherchen in den Museen oder auf der Basis der von den Erben bzw. deren Anwälten oder freien Provenienzrechercheuren vorgelegten Unterlagen, die einer gründlichen Prüfung unterzogen werden. Eine voreilige, nicht wirklich begründete Restitution wird sich wohl kaum ein Museum bzw. sein Träger leisten, widerspricht die Abgabe von Kunstwerken doch dem grundsätzlichen Verständnis des musealen Sammelns und Bewahrens – einem grundsätzlichen Verständnis übrigens, das man kaum hoch genug schätzen kann, würden doch die Museen sonst über kurz oder lang zu Verkaufsdepots, die für die Schließung der allfälligen Lücken öffentlicher Haushalte herhalten müssten.[9]

Wenn man nun aber den Effekt der Provenienzforschung aufgrund der geschilderten bayerischen Verhältnisse zuspitzen würde, so gelangte man zwangsläufig zu dem geradezu verstörenden Ergebnis, dass sie die Museen nicht nur durch die Gehaltskosten für die bei ihnen beschäftigten Provenienzforscher/innen belastet, sondern darüber hinaus auch noch am (sowieso in der Regel sehr bescheidenen) Ankaufsetat zehrt.[10] Das Münchner Beispiel mag zwar ein nicht auf alle anderen Museumsträger übertragbarer Fall sein, aber dieser Fall bringt die Problematik auf den Punkt.

Provenienzforscher/innen an Museen – und anderen öffentlichen Einrichtungen wie Bibliotheken und Archiven – bewegen sich auf einem schmalen Grat zwischen hohen moralischen und politischen Ansprüchen einerseits und der Loyalität gegenüber »ihrer« Institution und/oder »ihrem« Träger andererseits. Dabei müssen Provenienzforscher/innen immer gewärtig sein, dass »ihr« Museum als Resultat der eigenen Recherchen ein Kunstwerk abgeben muss. Denn das ist ja die eigentliche Hauptaufgabe der Provenienzforschung: Kunstwerke oder andere Kulturgüter, die ihren Eigentümern im Zusammenhang mit politischer oder rassischer Verfolgung entzogen worden waren, ausfindig zu machen und die Rückgabe an ebenjene rechtmäßigen Eigentümer oder auch eine andere gerechte und faire Lösung vorzubereiten. Den Weg zu diesem Verständnis von Provenienzforschung hatte die »Washingtoner Konferenz« Ende 1998 und die als Ergebnis veröffentlichten »Washingtoner Grundsätze«[11] bereitet.[12] Diese von rund vier Dutzend Staaten (darunter auch der Bundesrepublik Deutschland) sowie nichtstaatlichen Organisationen wie beispielsweise der Jewish Claims Conference (JCC) unterschriebenen Grundsätze forderten die Unterzeichnerstaaten verkürzt gesagt dazu auf, die Suche nach verfolgungsbedingt entzogenem jüdischen Eigentum in den öffentlichen Museen, Archiven und Bibliotheken zu intensivieren, dazu Hilfsmittel wie Datenbanken einzusetzen, Ergebnisse zu dokumentieren und schließlich bei identifizierten Stücken zusammen mit den einstigen Eigentümern oder deren Erben gerechte und faire Lösungen anzustreben. Die »Washingtoner Grundsätze« wurden im Dezember 1999 in der »Gemeinsamen Erklärung der Bundesregierung, der Länder und der kommunalen Spitzenverbände zur Auffindung und zur Rückgabe NS-verfolgungsbedingt entzogenen Kulturgutes, insbesondere aus jüdischem Besitz« auf bundesdeutsche Verhältnisse angepasst. Mit der »Handreichung zur Umsetzung der Erklärung der Bundesregierung, der Länder und der kommunalen Spitzenverbände zur Auffindung und zur Rückgabe NS-verfolgungsbedingt entzogenen Kulturgutes, insbesondere aus jüdischem Besitz« vom Februar 2001 gab es für Deutschland den ersten, zwangsläufig noch unvollständigen methodischen und quellenkundlichen Leitfaden.[13] In Magdeburg wurde die »Koordinierungsstelle für Kulturgutverluste« eingerichtet, die als wichtigstes Arbeitsinstrument die *LostArt*-Datenbank für die Dokumentation von Raub- und von Beutekunst betreibt. Nun konnte, ja musste die systematische Provenienzforschung in den Museen Deutschlands eigentlich beginnen, doch tatsächlich war der Start recht holprig. Als sich Ende 2000 zum ersten Mal eine noch ganz kleine, informelle Gruppe von Provenienzforscherinnen aus Museen und Auktionshäusern traf, waren das Einzelkämpferinnen in ihren Einrichtungen; diese prekäre Position wurde noch dadurch verstärkt, dass sie allesamt nicht im Stellenplan ihrer Institution verankert waren, sondern auf zeitlich befristeten Stellen arbeiteten, manche über Drittmittel finanziert.[14] Ein Zustand übrigens, der sich bis heute nicht entscheidend verändert hat: Noch immer wird die Provenienzforschung bevorzugt über Zeit- und Werkverträge organisiert.[15]

Die Position der Provenienzforscher/innen in den Museen ist also in mehrerlei Hinsicht schwierig, auch wenn es in letzter Zeit eine gewisse Tendenz zur stärkeren Anerkennung geben mag. Doch die Vorstellung, Provenienzforschung sei eine sowohl in den Institutionen wie auch in der Fachöffentlichkeit ohne Einschränkungen akzeptierte Tätigkeit, ist leider immer noch eine schöne Illusion. Vom Depotverwalter über die Konservatorin bis zum Direktor (von den Verantwortlichen des Trägers ganz zu schweigen) ist noch immer eine gewisse Distanz vorhanden – eine Distanz, die vermutlich nie vollständig verschwinden wird. Denn das Museum ist gemäß seiner fundamentalen, schon seit dem 19. Jahrhundert internalisierten Definition eine Einrichtung, deren erster Zweck im Sammeln und Aufbewahren von Kunstwerken oder anderen Kulturgütern besteht. Im Unterschied beispielsweise zu privaten Museen in den USA ist es für viele europäische Museen geradezu ein Tabu, sich von Stücken aus der eigenen Sammlung wieder zu trennen. Man denke an das Aufsehen, das 2010 das Sammlermuseum Weserburg in Bremen mit seinem Entschluss hervorgerufen hatte, mehrere Werke, darunter auch von Gerhard Richter, zu verkaufen, um wieder finanziellen Handlungsspielraum zu erhalten.[16] Dieses Tabu ist, wie schon gesagt, grundsätzlich gut und notwendig, dient es doch auch als Schutzwall gegen den Zugriff von Finanzministern oder Stadtkämmerern, gegen Vorschläge von Rechnungshöfen, mit Verkäufen die Kosten für die Depotunterhaltung zu reduzieren, oder auch gegen die durchaus vorhandenen Moden und Launen des musealen Sammelns. Doch diese im eigentlichen Wortsinne konservative Haltung kann auch eine Kehrseite haben: Auch eine im konkreten Fall moralisch und rechtlich gebotene Herausgabe von Sammlungsstücken stößt bisweilen auf grundsätzliche Skepsis oder Abwehr. Selbst wenn ein Kunstwerk im Zuge der Provenienzrecherchen als sogenannte Raubkunst aus einstigem jüdischen Eigentum identifiziert worden ist, so bedeutet das keineswegs, dass eine Herausgabe von den Museumskollegen akzeptiert werden würde. Ein Computerspiel in der Ausstellung *Raub und Restitution* im Jüdischen Museum in Berlin hat dieses Problem plastisch nachvollziehbar gemacht.[17]

Die Argumente, die in diesem Kontext vorgebracht werden, sind von unterschiedlicher Stichhaltigkeit und Schlagkraft; sie lassen sich auch nicht einfach sämtlich von der Hand weisen. Das erste Argument ist fast immer, siehe oben, dass grundsätzlich jedes Stück im Museum am besten aufgehoben sei. Das mag in der Regel stimmen (wobei man sich durchaus fragen mag, ob das im Falle nicht erstklassiger Kunstwerke dauerhafte Verborgensein im Museumsdepot wirklich der Verborgenheit einer Privatsammlung vorzuziehen ist). Das zweite Argument lautet in der Regel, die Nutznießer von Restitutionen wären nicht mehr die einstigen Eigentümer (weil diese meistens den Holocaust nicht überlebt haben) und auch nicht unbedingt deren Erben. Vielmehr wären (bevorzugt amerikanische) Rechtsanwälte oder Organisationen die eigentlichen Profiteure. Ja, noch mehr: Es gebe sogar Rechtsanwälte, die eigeninitiativ die Suche nach »verdächtigen« Kunstwerken aufnähmen, um erst in einem zweiten Schritt die passenden Mandanten zu suchen. Dem kann kaum generell widersprochen werden; in der Tat dürfte es Restitutionsverfahren geben, bei denen die Anspruchsberechtigten, also die Erben der einstigen Eigentümer, vom Verkauf der Kunstwerke relativ wenig »profitieren«. Doch das ändert nichts an einer fundamentalen Tatsache: Wenn NS-verfolgungsbedingt entzogene Kunstwerke unrechtmäßig in die Museen gekommen sind, so haben sie dort nichts verloren – es sei denn, sie werden nach einer förmlichen

Restitution regulär angekauft. Auch wenn es schmerzlich für die von ihrer bewahrenden Mission überzeugten Museumsleute sein mag, so kann und darf die Entscheidung, ob Raubkunst zurück zu geben ist, nicht den Museen in Deutschland überlassen werden. Das dritte Argument schließlich zielt meist darauf ab, dass die Eigentumsverhältnisse und die Modalitäten des Eigentümerwechsels nicht mehr genau zu rekonstruieren seien, da relevante und aussagekräftige Unterlagen im Kriege verloren gegangen seien. Dagegen kann tatsächlich wenig vorgebracht werden. Fast nie liegt eine exakte, lückenlose Provenienz-Dokumentation vor; mitunter lässt sich sogar das Kunstwerk nicht eindeutig bestimmen.[18] Kommt es dann trotzdem zu einer Rückgabe, dann bleibt für die Wissenschaftler/innen mitunter ein ungutes Gefühl zurück.

Abschließend soll nochmals explizit auf die Zwickmühlen zurückgekommen werden, in denen die Provenienzforscher/innen an öffentlichen Museen stecken (und es wäre zutiefst unehrlich, dies nicht zuzugeben): Die moralische und/oder politische Grundüberzeugung derjenigen, die in diesem Bereich tätig sind, tendiert oftmals dazu (und sollte das auch!), offen gegenüber Restitutionsforderungen zu sein. Es kann ja gar kein legitimer Zweifel daran bestehen, dass Kunstwerke, die im sogenannten Dritten Reich enteignet oder auf andere Weise entzogen wurden, an die Erben dieser Eigentümer zurückzugeben sind.[19] Genauso wenig kann selbstverständlich in Frage gestellt werden, dass Museen im Osten Deutschlands Kunstwerke zu restituieren haben, die in der sogenannten Schlossbergung im Zuge der Bodenreform 1945/46 enteignet worden waren und in die Museumsdepots gelangt sind.[20] Übrigens ist dies – im Westen Deutschlands kaum wahrgenommen – ein durchaus wichtiges Feld der Provenienzforschung für die Ost-Museen.

Das sollte alles, wie gesagt, selbstverständlich und ohne Zweifel sein. Doch im Museumsalltag tauchen immer wieder Hindernisse, Zweifel und Anfechtungen auf, von denen nur zwei skizziert werden sollen. Die erste Anfechtung für Provenienzforscher/innen besteht wohl in der von ihnen erwarteten Loyalität gegenüber »ihrer« Institution – selbst wenn diese Loyalität mitunter durchaus einseitig sein kann, ist doch keineswegs jede Institution auch loyal gegenüber ihren Provenienzforscher/inne/n. Aber je länger die Arbeit in einer Institution andauert (und selbst wenn sie auf prekärer Basis erfolgt), desto mehr versteht und verinnerlicht meist selbst der/die kritische Provenienzforscher/in deren Sachzwänge und Nöte, die Arbeitsüberlastung, die fehlenden Ankaufsmittel usw. Dass die Institution das Recht und die Pflicht hat, Loyalität einzufordern, kann kaum in Zweifel gezogen werden, haben Provenienzforscher/innen doch einen ganz konkreten Arbeitsauftrag. Die Herausforderung besteht nun darin, sich von allen nachvollziehbaren Sachzwängen nicht vollständig vereinnahmen zu lassen, immer eine kleine kritische Distanz zu bewahren und im Zweifelsfall auch bereit zu sein, vermeintliche Interessen der Institution zu hinterfragen – beispielsweise dass ein Kunstwerk unter keinen Umständen ein Museum je wieder verlassen dürfe.

Die zweite Anfechtung ist von ganz anderer Art. Provenienzforscher/innen sind immer wieder (und zwar in einem Maße, das sie sich zu Anfang ihrer Tätigkeit wohl kaum vorgestellt hatten) auch mit unterschiedlichen juristischen Fragen befasst, zu deren einfachster noch die Unterscheidung zwischen dem Vermögensgesetz sowie dem Entschädigungs- und Ausgleichsleistungsgesetz zählen mag. Und sie werden immer wieder konfrontiert mit Rechtsanwälten, die eine ganz andere Gesprächs- und Streitkultur pflegen, als es Kunsthistoriker gewohnt sind. Angriffe fast unterhalb der Gürtellinie, Bluffs,

Drohungen usw. gehören, wie man bald erfährt, zum ganz normalen Verhandlungsrepertoire. Juristen haben in ihrer Ausbildung gelernt, all das an sich abprallen zu lassen und auf keinen Fall persönlich zu nehmen – Kunsthistoriker/innen oder Historiker/innen aber in der Regel nicht; bei ihnen bleiben starke Irritationen zurück. Es ist manchmal nur schwer zu vermeiden, in der Konfrontation mit einem Rechtsanwalt, der mit dem ganzen professionellen Instrumentarium die Interessen seines Mandanten vertritt, selbst Partei zu werden und auch vollkommen legitimen Forderungen kritisch gegenüber zu stehen. Dagegen hilft dann eigentlich nur eines: nämlich das Gespräch mit den Juristen des Museumsträgers zu suchen – und dabei zu erkennen, dass sich diese fremde und befremdliche Gesprächs- und Streitkultur auch hier findet. Oder, anders ausgedrückt: Auch die »eigenen« Juristen können bisweilen Irritationen auslösen, die nicht so leicht zu verarbeiten sind – womit wir fast schon wieder bei den eingangs erwähnten bayerischen Verhältnissen wären. Meist kommen Provenienzforscher/innen dann zu der Erkenntnis, dass sie zwischen allen Stühlen sitzen – und es ist zu befürchten, dass dieser ungemütliche Zustand einfach zur Profession gehört.

Nachbemerkung, im März 2011

Presse und Öffentlichkeit, Vertreter von Geschädigten wie die Londoner »Commission for Looted Art in Europe«, beharrliche Museumsleute und einsichtige Oppositionspolitiker haben innerhalb weniger Monate einen Umschwung in die Wege geleitet.[21] Im Entwurf zum neuen Bayerischen Haushaltsgesetz heisst es:

> »Das Staatsministerium für Wissenschaft, Forschung und Kunst wird ermächtigt, das Eigentum an zum Grundstockvermögen gehörigen und in seiner Verwaltung befindlichen Kulturgütern, die entsprechend der ›Erklärung der Bundesregierung, der Länder und der kommunalen Spitzenverbände zur Auffindung und zur Rückgabe NS-verfolgungsbedingt entzogenen Kulturgutes, insbesondere aus jüdischem Besitz‹ von 1999 als NS-verfolgungsbedingt zu gelten haben, den Berechtigten unentgeldlich zu übertragen.«[22]

In der dazu gehörenden Erläuterung wird festegestellt, dass »... die Rückgabe von NS-verfolgungsbedingt entzogenem Kulturgut grundsätzlich im zwingenden Interesse des Allgemeinwohls liegt.« Und weiter wird sogar die Notwendigkeit »gründlicher Provenienzrecherche« explizit erwähnt.[23] Sollte das Bayerische Haushaltsgesetz tatsächlich in diesem Sinne verabschiedet werden, so wäre das der lobenswerte Abschied von einer absurden Praxis – und eine kleine Anerkennung für die Provenienzforschung.

Für ihre Mitarbeit danke ich Frau Dr. Kathrin Iselt.

1 Ira Mazzoni: »Immer schön korrekt. Bayern lässt sich für restituierte Kunst entschädigen – von seinen Museen« In: *Süddeutsche Zeitung*, Nr. 233, 8. Oktober 2010, S.11.

2 Kurz nach Fertigstellung dieses Beitrages Mitte März 2011 zeichnet sich diesbezüglich eine bemerkeswerte Veränderung ab; siehe dazu die Nachbemerkung.

3 Dieser hölzern-bürokratisch klingende Terminus hat sich inzwischen in der Fachdiskussion etabliert.

4 Rudolf Ritter von Alt (1812–1905) war der bedeutendste österreichische Vedutenmaler des 19. Jahrhunderts.

5 Der »Sonderauftrag Linz« war Hitlers großangelegtes Kunstbeschaffungsunternehmen für ein geplantes, nie realisiertes Museum in Linz an der Donau sowie für existierende Museen der »Ostmark«. Dafür beschafften Hitlers Sonderbeauftragte, vor allem die beiden Dresdner Galeriedirektoren Hans Posse (1939–42) und Hermann Voss (1943–45), Tausende von Kunstwerken, die sowohl vom Kunstmarkt als auch aus Beschlagnahmungen jüdischer Sammlungen stammten. Vgl. dazu u.a. Birgit Schwarz: *Hitlers Museum: Die Fotoalben »Gemäldegalerie Linz«*. Wien/Köln/Weimar 2004.

6 Die US Army richtete kurz nach Kriegsende die sogenannten CCPs (z.B. in München und in Wiesbaden) ein, in denen die von NS-Organisationen angesammelten Kunst- und Kulturgüter zusammengeführt wurden; im Herbst 1945 begannen die Rückübertagungen. Der CCP München befand sich in den ehemaligen NSDAP-Gebäuden am Königsplatz.

7 Im Artikel der Süddeutschen Zeitung ist versehentlich von »Grundstückvermögen« die Rede. Das Grundstockvermögen ist staatliches Vermögen, das nur per Gesetz veräußert werden kann.

8 Auf die konkreten Fälle und mögliche bestehende Spielräume kann hier nicht eingegangen werden.

9 Allerdings gibt es durchaus Fälle, in denen ein Museum und sein Träger sich uneinig über eine Restitutionsentscheidung sind; verwiesen sei nur auf die bis heute umstrittene Restitution von Ernst Ludwig Kirchners *Berliner Straßenszene* aus dem Brücke-Museum durch den Berliner Senat 2006.

10 Wenn man von Provenienzforscher/innen spricht, so muss man betonen, dass es sich hierbei nicht um Absolventen einer speziellen Ausbildung handelt, sondern in der Regel um Kunsthistoriker/innen oder Historiker/innen, die sich die einschlägigen Kenntnisse in der Praxis selbst erarbeitet haben.

11 Im vollen Wortlaut »Grundsätze der Washingtoner Konferenz in Bezug auf Kunstwerke, die von den Nationalsozialisten beschlagnahmt wurden«.

12 Nachzulesen z.B. bei www.lostart.de, ebenso die beiden nachfolgend genannten Dokumente.

13 Eine überarbeitete Neuauflage, herausgegeben vom Bundesbeauftragten für Kultur und Medien, wurde im November 2007 vorgelegt (abrufbar als PDF u.a. über www.lostart.de).

14 Vgl. dazu u.a. Katja Terlau: »10 Jahre ›Arbeitskreis Provenienzforschung‹. Ein Erfahrungsbericht« In: *Die Verantwortung dauert an. Beiträge deutscher Institutionen zum Umgang mit NS-verfolgungsbedingt entzogenem Kulturgut* (= Veröffentlichungen der Koordinierungsstelle Magdeburg, Bd. 8). Magdeburg 2010, S. 335–349.

15 Dies trifft auch auf die von der Berliner Arbeitsstelle für Provenienzrecherche/-forschung geförderten Projekte zu, die auch kleineren Museen, Bibliotheken und Archiven erstmals Recherchen nach NS-verfolgungsbedingt entzogenen Kulturgütern ermöglichen.

16 Ende 2010 wurde u.a. das Gemälde *Matrosen* von Gerhard Richter versteigert, das die Weserburg 2002 von einer Stiftung bekommen hatte. Mit dem Auktionserlös sollen u.a. technische Modernisierungsmaßnahmen in dem privaten Museum finanziert werden.

17 Ausstellung *Raub und Restitution. Kulturgut aus jüdischem Besitz von 1933 bis heute* 2008/09 im Jüdischen Museum Berlin, anschließend im Jüdischen Museum Frankfurt am Main; das Spiel online unter www.jmberlin.de/raub-und-restitution/de/spiel.html.

18 In der Tat ist die exakte Bestimmung eines Kunstwerks, vor allem wenn es sich um reproduzierbare Stücke wie zum Beispiel Grafiken oder Plastiken handelt, mitunter sehr schwierig – ein Problem, das bei Gemälden, die meist im Fokus des Restitutions-Diskurses stehen, so nicht existiert.

19 Die Formen des Entzugs waren vielfältig und beschränkten sich beileibe nicht auf die brachiale Beschlagnahmung. Zahlenmäßig womöglich gewichtiger sind die Fälle, wo zum Beispiel Kunstwerke verkauft wurden, um mit dem Erlös die Emigration zu finanzieren oder auch nur konstruierte Steuerschulden zu begleichen.

20 Die gesetzliche Grundlage ist hierfür allerdings eine andere wie bei der sogenannten NS-Raubkunst. Die oben erwähnten »Washingtoner Prinzipien« treffen auf Schlossbergungsfälle nicht zu. Vgl. Thomas Rudert, Gilbert Lupfer: »Die sogenannte ›Schlossbergung‹ als Teil der Bodenreform.« In: *Museumskunde*, Bd. 73, 2008, H. 1, S. 57–64.

21 Julia Voss: »Der Mut eines Museums. Endlich: Bayern ermöglicht die Restitution von Kunst« In: *Frankfurter Allgemeine Zeitung*, Nr.67, 21. März 2011, S. 27.

22 http://www.stmf.bayern.de/haushalt/staatshaushalt_2011/haushaltsplan/haushaltsgesetz.pdf (24.03.2011). – Für den Hinweis auf diese Quelle danke ich Dr. Peter Müller.

23 Ebd.

Belinda Kazeem, Nicola Lauré al-Samarai, Peggy Piesche

Museum. Raum. Geschichte: Neue Orte politischer Tektonik. Ein virtueller Gedankenaustausch

B. K.: Die Ausstellung: *Benin – Könige und Rituale*. Der Ort: Völkerkundemuseum Wien. Der Zeitpunkt: Sommer 2007. Ein Schritt in das Ausstellungsgebäude hinein. Es ist dunkel. Ein paar Glaskästen und Landkarten, eine Bronze; ein alter *weißer* Mann im Safaristil, der auf Zeichenpapier die Kopfform der ausgestellten Bronze vor sich festhält. Vor mir eine Trennwand. Lehmoptik. Erdfarben. Ich trete durch den Durchgang und fühle mich wie ein unerlaubter Eindringling im Palast des Oba von Benin. In dieser seltsamen Landschaft stehen in Glaskästen die Benin-Bronzen verteilt. Das Gefühl, etwas Besonderes entdeckt zu haben, wird durch die Beleuchtung gesteigert. Die wenigen Spots sind auf die Bronzen gerichtet, deren metallene Oberfläche golden strahlt, wie eine Armee verheißungsvoller Schätze. Der nächste Raum: ein weiteres Heer an Glaskästen, Skulpturen, Bronzen, zig Etiketten. Nach circa zwanzig Glaskästen, allgemein gehaltenen Wandtexten und ewig gleichen Beschilderungen, die nichts voneinander unterscheidet als die Angabe der Besitzer_innen, interessiert mich der von der Kuratorin gewählte Erzählstrang nicht mehr.

Was könnten die ›Objekte‹ mir stattdessen anderes erzählen? Vermutlich etwas über koloniale Aneignungspraktiken, über verbotene Verkäufe und illegitime Handelspraxen, über ihre historische und aktuelle Bedeutung für den Königshof und die Bevölkerung Benins. Hinsichtlich der Beweggründe der Kurator_innen oder der Sinnhaftigkeit einer Schau mit hunderten, der Reihe nach aufgestellten Bronzen steht für mich jedoch die Frage nach dem Zweck dieser konkreten Ausstellung im Raum: Vermittlung? Konservierung? Zeigen, wie groß der eigene Bestand ist?

Ich verlasse die Ausstellung mit einem Gefühl der Leere, die seltsame Stumm- und Starrheit der Objekte lässt mich noch länger nicht los. Ich frage mich, wie die Ausstellung hätte aussehen müssen, um bei mir nicht dieses flaue Gefühl im Magen zu hinterlassen. Wäre es möglich gewesen, Blickregimes zu ändern, die Verhältnisse und die Objekte in andere Kontexte zu setzen, diese hörbar zu machen und von Anfang an ein Statement zu Besitzverhältnissen und Aneignungen abzugeben?

N. L. a.-S.: Ich kenne das seltsame Gefühl ratlosen Unbehagens, das Belinda beschreibt. Mir ging es ähnlich, als ich vor vielen Jahren zum ersten Mal das Ägyptische Museum in Kairo besuchte. Ich hatte mich durch lärmende Menschenmengen an der Kasse gekämpft, endlich mein Ticket erstanden und fand mich wenige Augenblicke später in einem unübersichtlich verschachtelten Gebäude mit riesigen Ausstellungssälen und Unmengen von ›Stücken‹ der pharaonischen Geschichte wieder – ›Objekte‹, die im 19. Jahrhundert im Zuge einer bis dato beispiellosen kolonialen Erstürmung von Kult-

und Kulturstätten durch europäische Archäologen und selbsternannte Entdecker in Goldgräbermanier ans Licht gezerrt worden waren: überlebensgroße Statuen, rituelle Gegenstände, Totenmasken, Sarkophage, Grabbeigaben, Alltagsutensilien, Schmuck, Perücken ... Was mich, rückblickend, irritierte, war nicht die unglaubliche Anzahl der Exponate, sondern ihre Präsentation, die ich als westlich vermittelte Fortsetzung repräsentativer Gewalt bezeichnen würde.

Die ambivalente Ironie der Geschichte holt zumindest einige von uns – gerade *wegen* des Wissens um koloniale Aneignungspraxen – in der Gegenwart ein. Sie äußert sich als das »flaue Gefühl im Magen«, denn sobald wir uns als Besucher_innen eines Museums dazu bereit erklären, universelle Schätze zu ›würdigen‹ und diese an vorgegebenen, ergo für ›würdig‹ befundenen Orten anzusehen, werden wir unversehens zu Kompliz_innen, die den verdinglichenden Voyeurismus überkommener Besitz- und Repräsentationslandschaften bestätigen. Es geht für mich folglich nicht nur darum, dominante Blickregimes generell zu hinterfragen, sondern sie mit den jeweiligen individuellen Erwartungen oder Intentionen des (eigenen) Sehens in Beziehung zu setzen. Meine Frage wäre: Was erwarten wir eigentlich, wenn wir dekontextualisierte, zu Objekten gemachte ›Dinge‹ anschauen, die eben *nicht* ›für sich‹ sprechen (können), weil sie als Element und Ausdruck historischer Subjekthaftigkeiten zunächst entsprechend rekontextualisiert werden müssten? Ist solch eine Rekontextualisierung überhaupt möglich und wenn ja, wie?

P. P.: Das erste Mal, dass ich dieses Aufeinandertreffen europäischer Kulturgewalt und eines möglichen geschichtlichen Alternativblickwinkels spürte, war bei einer althistorischen Expedition in der Türkei als Teil meines Studiums. Drei Wochen lang alle großen, wie ich sie nenne, ›europäischen Memographien‹ abzureisen und diese fein säuberlich in historische Studieneinheiten zu modellieren, um ›Geschichte‹ zu vermitteln – ein Klassiker dieser grundsätzlichen Irritation. Bezeichnend ist hierbei, dass ich mein Initialerlebnis ebenfalls außerhalb des vielleicht eher zu erwartenden typisch deutschen oder europäischen Museums hatte. Ephesus, Alt-Smirna, Pergamon. Museen hierzulande haben mich eher gelangweilt und wenig getriggert, weder im intellektuellen noch im politischen Sinne. Aber auf einmal, mitten in den Ruinen des alten Pergamon, fühlte ich diese Konfrontation, die mich selbst unweigerlich Subjekt zu werden, mich selbst als Handelnde zu begreifen zwang. Türkische Aktivist_innen forderten mit Unterschriftenlisten auch die Tourist_innen auf, das Anspruchsrecht der Türkei auf den Pergamonaltar in Berlin und weitere Artefakte zu unterstützen.

Unnötig zu erwähnen, dass unser Expeditionsleiter, Professor der Althistorie, uns unmissverständlich klar machte, dass ›wir‹ so etwas natürlich nicht unterstützen könnten. Betretenes Schweigen, Wegschauen und -gehen. Der bittere Geschmack des Momentes der »unversehenen Kompliz_innenschaft«. Allerdings hatte ich damals schon das Gefühl, dass dies ein sehr *aktiver* Moment war und die Entscheidung der meisten Studierenden, sich an den freundlichen Rat des Professors zu halten, einen aktiven Beitrag in diesem expandierten Geschäft europäischer Kulturgewalt darstellte. Eine wissenschaftliche Reise durch all die bedeutungsschwangeren Stätten des europäischen Geschichtserbes in einem Land, das zu eben jenem Erbe als nicht zugehörig begriffen wird und sich bei aller ›Wissenschaftlichkeit‹ doch am besten billigtouristisch bereisen lässt – eine an sich sehr bizarre Kombination.

Das Zurückfordern eigener kollektiver Erinnerungen und das paternalistische Abwinken der meisten Tourist_innen hat mir zum ersten Mal vor allem emotional verdeutlicht, dass mit der Idee, wie hierzulande historische Identitäten hergestellt werden, grundsätzlich etwas nicht stimmen kann. Ich habe die Liste unterschrieben und kam nicht umhin zu bemerken, dass dies außer mir nur meine Kommiliton_innen aus Ägypten und Griechenland taten. Zurück in Deutschland waren Museen fortan nicht mehr nur langweilig oder wenig stimulierend für mich, sondern vielmehr Orte politischer Tektonik. Eigentlich sollte es in diesen Hallen ständig rütteln und nichts an seinem Platz bleiben. Aber das ist eine andere Geschichte.

Was *Museum* als Konzept wirklich zu leisten vermag und ob es bei allen kolonialen Altlasten, die es nicht nur mit und in sich trägt, sondern die es meines Erachtens in erster Linie manifestiert, so genutzt werden kann, dass sich koloniale Aneignungspraxen auch wirklich erschließen, habe ich als verstörende Fragen hinter der Debatte um Nofretetes neue ›Heimat‹ ähnlich verspürt wie damals in Pergamon. Das Szenario ist im Grunde gleich: Ägypten fordert die Büste seit 1924 zurück, elf Jahre, nachdem der deutsche Archäologe Ludwig Borchardt sie in Tell al-Amarna ausgegraben und an den offiziellen Begutachtungsstellen der Fundteilung vorbeigeschmuggelt hatte. Elf Jahre, in denen sie nur heimlich in Deutschland ausgestellt und alles versucht wurde, Ägypten die Existenz der Büste weiter vorzuenthalten. Dass Borchardt Tricks anwandte, um die Büste durch die Fundteilung zu bekommen, wird auch dadurch deutlich, dass er bis 1924 alles daran setzte, Nofretete der Öffentlichkeit zu entziehen. Dann ließ sich eine Ausstellung im Neuen Museum nicht mehr verhindern. Und schon wurde sie von Ägypten zurück gefordert. Ein jahrelanges Tauziehen wurde erst 1935, durch ein Machtwort von Adolf Hitler selbst, beendet.

Anlässlich des 100. Jahrestags ihrer Ausgrabung entbrannte ein neuerlicher Streit, ob die Büste nicht wenigstens als Leihgabe für diesen Zweck nach Ägypten überstellt werden könne. Doch Berlin will die über dreitausend Jahre alte Büste nicht reisen lassen. Sie sei kein Popstar, den man auf Tour schicke, Erschütterungen und Klimaschwankungen würden ihr zu schaffen machen. Aber Nofretete hat bereits ein Reisepensum hinter und noch vor sich – innerhalb Deutschlands und mehrfach in Berlin. Vorerst letzter Reisestop: Als Hieroglyphe, als Chiffre, als *das* Symbolzeichen für Altägypten schlechthin, wird sie mit der bildenden Kunst Europas als Ikone Berlins im Kulturforum in der Sonderausstellung *Hieroglyphen um Nofretete* (2005) ausgestellt.[1] Die derzeitige Inszenierung der Nofretete wirft mich wieder zurück auf die Fragen, was ein Museum eigentlich leisten kann und will. Bereits beim Überfliegen der Nofretete-Debatte ist deutlich, dass all die kolonialen Aneignungspraktiken offen liegen, quasi willentlich mit ausgestellt werden. Die Fortsetzung repräsentativer Gewalt scheint nicht das Problem der Museen zu sein. Die Niederlande haben bei weitem nicht alle ihre Rembrandts, oder wo gehört(e) eigentlich die Mona Lisa wirklich hin? Ist Europa über solche Fragestellungen erhaben, über solche vermeintlich nationalhistorischen Perspektiven hinausgewachsen? Natürlich sind dies rhetorische Fragen, doch verweisen sie auf eine Kontradiktion in den Ausstellungspraktiken europäischer und außereuropäischer Kunst.

Ich würde daher den Repräsentationsraum und das Konzept *Museum* an sich hinterfragen wollen. Ich bin mir nicht sicher, ob sich Blickregimes *innerhalb* dieser Manifestation europäischer Kulturgewalt überhaupt ändern können; ob wir nicht vielmehr ein ganz neues Konzept denken müssten. Bei der Sonderausstellung *Hieroglyphen um Nofretete* ging es nicht einmal mehr um die sogenannte Ägypten-Rezeption. Es ging nur noch darum, der Lesbarkeit von Bildzeichen nachzuspüren, ungeachtet ihrer Bezugnahme auf Altägypten, die jedoch nicht ausgeschlossen ist. Klingt doch gut und scheint weit weg zu sein von der bekannten Ägyptomanie. Aber Vorsicht, die koloniale Repräsentation dekonstruiert sich schon lange selbst, und das heißt nicht, dass sie sich aufgibt. Nofretete als mittlerweile »schönste Frau Berlins« (*Berliner Zeitung*) ist bereits vollständig in diese europäische Kulturgewalt inkorporiert und ein Symbol der Wandlungs- und Reimplementierungsfähigkeit des Konzeptes *Museum*.

N. L. a.-S.: Unsere unterschiedlichen und doch ähnlichen Erfahrungsberichte hinsichtlich gängiger Repräsentationsmuster und -praxen, insbesondere von außereuropäischer Kunst und Kultur, scheinen mir auf die Tatsache hinauszulaufen, dass das Konzept und der Raum *Museum* einander nicht nur bedingen, sondern sich historisch sinnstiftend überlagern. Dass dabei koloniale Aneignung einerseits einen integralen Bestandteil der Idee *Museum* selbst darstellt und sich andererseits real und quasi zum Anfassen in einer ›Objektpräsenz‹ vor Ort manifestiert, ist ein keineswegs neuer Gedanke. Entsprechend umfassend sind inzwischen auch die kritischen Überlegungen einer Interpretation solcher Gegebenheiten und ihres Umgangs damit. Deutschland hat diesbezüglich – Nofretete ist im Grunde nur eine exemplarische Metapher – einen enormen Nachholbedarf, der sich unter anderem aus dem grundsätzlichen Mangel an kolonialem Unrechtsbewusstsein speist. Für produktive öffentliche Diskussionen oder Überlegungen, die in eine andere Richtung weisen könnten, ist dies äußerst hinderlich.

Die generelle Hinterfragung des herkömmlichen Konzeptes *Museum* ist daher ein wichtiger Schritt. Ich halte den theoretischen Gedanken von Mary Louise Pratt, Museen als »Kontaktzone« (*contact zone*) aufzufassen, um die interaktiven und improvisatorischen Dimensionen kolonialer Begegnungen herausstellen und Subjektkonstitutionen innerhalb gravierender Machtasymmetrien ernst nehmen zu können,[2] für einen wesentlichen Ansatzpunkt, sowohl herrschende Blickwinkel als auch die reduktionistische Binarität von Eroberung/Enteignung aufzubrechen. Denn obwohl, wie Peggy zu Recht feststellt, »all die kolonialen Aneignungspraktiken offen liegen, quasi willentlich mit ausgestellt werden«, sind sie, wenn überhaupt, ein eher lästiger Nebenschauplatz – frei nach dem Motto: Der Zweck heiligt die Mittel. Dass daran auch kritische Diskurse und alternative Praxen bislang nur wenig zu ändern vermögen, zeigt die von Belinda beschriebene *bewusste* repräsentative Intention, auf das augenscheinlich unzweifelhafte Vermächtnis *weißen* europäischen ›Entdeckertums‹ zurückzugreifen und einem *bestimmten* Publikum die Möglichkeit zu geben, selbst auf diesen Pfaden zu wandeln – wenn auch ›nur‹ innerhalb einer virtuellen Re-/Inszenierung.

Schwarze Menschen/People of Color sind als Subjekte damit aus der Geschichte *und* aus der Gegenwart zur Gänze verbannt. Historisch sind sie ohnehin ›stumm‹, und als potenzielle Museumsbesucher_innen werden sie weder in Betracht gezogen noch angesprochen. Anders lässt sich die selbstverständliche und deshalb zynische Rahmensetzung der Wiener Benin-Ausstellung nicht interpretieren. Hier, und in unzähligen anderen analogen Konstellationen, werden den gewaltvollen *Kontaktzonen* der Vergangenheit die der Gegenwart hinzugefügt. Es entstehen kontaktzonale Sedimentierungen; Ge-/Schichten, wenn man so will, die nicht nur in unhinterfragten Tradierungen kolonialrassistischer und kulturdarwinistischer Provenienz wurzeln, sondern die überdies nur dann funktionieren, wenn Konzept und Raum *Museum* als raumzeitliches Neutrum und folglich als *außerhalb* der Geschichte befindlich begriffen werden. Verweigert man sich dieser intendierten Blickrichtung samt den dazugehörigen hegemonialen Blickverhältnissen zwischen schauenden Subjekten und geschauten Objekten und geht von einer ge-/schichtlichen Gewordenheit dessen aus, *was* wir sehen und *wie* wir es zu sehen aufgefordert werden, dann sind Konzept und Raum *Museum* in ein Spannungsfeld zurückgeworfen, in dem ihre historisch-gegenwärtigen Sedimentierungen zur Disposition gestellt und analysiert werden können.

Die Frage ist allerdings, ob man sich in den Prozess einer solch umfassenden ›Ent-Schichtung‹ überhaupt hinein begeben mag. Trotz aller Möglichkeiten einer differenzierten Kritik oder der Elaborierung unterschiedlicher Perspektiven bin auch ich mir nicht sicher, ob dies etwas Grundsätzliches zu ändern vermag. Die konzeptionellen und verräumlichten Fortschreibungen epistemischer Gewaltfigurationen sind nicht nur äußerst verdichtet, sie sind vor allen Dingen systemimmanent. Was man also zunächst thematisieren müsste, wäre der *weiße* oder westliche Blick und seine Repräsentationen, wären die kolonialen Alt- und Neulasten und ihre wandlungsfähigen polylogen Aussage- und Spannungsfelder, wären immer neue und subtilere Aneignungspraxen. Dekonstruktion, also. Für mich stellt sich daher die Frage, ob ein solcher selbst-/kritischer, vornehmlich *weiße*/westliche Selbst-/Verständlichkeiten ins Zentrum der Betrachtung rückender Fokus – so notwendig er für veränderte Zugänge auch ist – die eigentlichen ›Objekte‹ weniger stumm macht, ob er *ihren* Blicken aus Glaskästen und Vitrinen heraus tatsächlich begegnet, ob er *ihren* Geschichten eine narrative Eigenständigkeit überantwortet.

Um es kurz zu machen: Ich denke nein. Vielleicht bin ich auch deshalb, um noch einmal auf unsere individuellen Sehgewohnheiten oder Erwartungshaltungen zurückzukommen, eine passionierte Besucherin minorisierter Museen, wo wie auch immer geartete hegemoniale Narrative keinen vordergründigen Raum mehr beanspruchen können. Solche Orte sind für mich die eigentlichen *Kontaktzonen*, um sich mit verschiedenen Geschichten, mit kulturellen Verortungen und Zugehörigkeiten und nicht zuletzt mit Sphären des Überlebens und Widerstandes auseinanderzusetzen. Um es mit Peggys schönem Bild zu sagen: die tatsächlichen »Orte politischer Tektonik«, repräsentationspolitischer Inspiration und einer im besten Sinne re-/konstruktiven Arbeit. Orte sich wandelnden Subjekt-*Seins*.

B. K.: Ich finde die Frage der Dekonstruktion hegemonialer »*weißer*/westlicher Selbst-/Verständlichkeiten« sehr wichtig. Obwohl ich gern an die Kraft postkolonialer Theorieansätze glauben würde, um in hegemonialen Museen eine Veränderung von Blickrichtungen zu ermöglichen, muss auch ich zugeben, dass ich skeptisch bin. Der Hang zur Dekonstruktion wird auf theoretischer Ebene ausgelebt, als ein quasi neuer Theoriezweig, dem es zu huldigen gilt, während sich in der Praxis, in den Ausstellungskontexten hegemonialer Museen die koloniale Repräsentationspolitik unbeirrt fortsetzt. Dies ist eine Erfahrung, die ich im Übrigen in verschiedensten, vermeintlich aufgeklärten Zusammenhängen mache. An kritischer Theorie gibt es zwar mittlerweile kein Vorbeikommen mehr (das wissen auch jene Leute, die sich ihr einstmals beharrlich verweigerten), doch wird sie einfach in den herrschenden Kanon einverleibt und entsprechend rezipiert. In die tatsächliche Praxis fließt sie nicht ein. Zurück bleibt eine kritische Theorie, die ihrer kritischen Momente beraubt ist und, zumindest in hegemonialen Räumen, keinerlei aktivistisches Potenzial mehr hat. Dekonstruktion wird zu einem theoretischen Akt, der keine Auswirkungen auf die eigene Praxis zeigt. Das passt natürlich – und hier spreche ich für Österreich – zu der fortdauernden Abwehrhaltung in der Auseinandersetzung mit kolonialer Geschichte bzw. der grundsätzlichen Infragestellung einer Relevanz postkolonialen Denkens und Handelns.

Obwohl ich mich vor diesem Hintergrund gern der Frage widmen würde, was mit den ›institutionellen Lasten‹ wie Völkerkundemuseen, ethnologischen Sammlungen und entsprechenden Ausstellungen in Zukunft passieren sollte bzw. welche Aufgaben solchen Orten zukommen könnten, fände ich es spannender, sich aus diesen Räumen hinaus zu bewegen und sich Ausstellungen zu widmen, die es schaffen, eigenständige Erzählstränge zu entwerfen – etwa minorisierte Museen oder Ausstellungen, die zu *Kontaktzonen* werden.

Ich möchte dies am Beispiel des Ausstellungsprojekts *Remapping Mozart – Verborgene Geschichte(n)* tun, das im Mozartjahr 2006 in Wien gestartet und von Araba Evelyn Johnston-Arthur, Ljubomir Bratić, Lisl Ponger, Nora Sternfeld und Luisa Ziaja kuratiert wurde. Ausgehend von der hegemonial besetzten Figur Wolfgang Amadeus Mozarts und in Auseinandersetzung mit dem herrschenden Geschichtskanon zielte das Projekt darauf ab, minorisierte Positionen und Stimmen hör- und sichtbar zu machen und diese miteinander in Verbindung, in quasi vielstimmige Gespräche zu bringen. Für alle Beteiligten ergab sich dabei die Möglichkeit, aus verschiedenen Positionen heraus Geschichte(n) zu betrachten, in Beziehung zu setzen und so einen Prozess des Re-/Writings zu beginnen.

Wesentlich in diesem Prozess war die *Recherchegruppe zu Schwarzer österreichischer Geschichte und Gegenwart*, denn es ging in unserem Fall auch um den Beginn einer Geschichtsschreibung aus Schwarzer Perspektive in Österreich, wofür wir bestimmte Fragestellungen entwickelten, beispielsweise: Wie würden *wir* die Geschichte Angelo Solimans schreiben/erzählen?[3] Wie lässt sich aus einer Schwarzen Position heraus der Protest seiner Tochter Josefine Soliman fassen, die als Schwarze Österreicherin im 18. Jahrhundert gegen die unmenschliche Zurschaustellung ihres Vaters im *k.u.k. Naturalienkabinett* kämpfte? Natürlich gibt es speziell zu diesen beiden Personen bereits Publikationen – allerdings meist aus einer mehrheitsgesellschaftlich-exotistischen, *weißen* Perspektive. Wichtig für uns jedoch war eine *kollektive* Erarbeitung von Schwarzer Geschichte, die Suche nach Verbindungen, die wir als Schwarze Menschen im Hier und Jetzt zu Schwarzen Lebenserfahrungen des 18. Jahrhunderts herstellen konnten/können, und damit das bewusste Brechen eurozentristischer Erzählstrategien. In diesem Sinne gestalteten wir auch die Konzeption des Songs und des dazugehörigen Videos *Let it be known*. Unter der Leitung von Dominic Mariochukwu Gilbert (aka Item 7) wurden alle Rechercheergebnisse zusammengefasst und flossen in den Song ein, wobei die kollektive Erarbeitung von Text/Bild und das Teilen von Geschichte(n) im Vordergrund standen. Dieses »talking back« ermöglichte es, verschiedene Subjektpositionen einzunehmen und uns einen Raum zu eröffnen, in dem wir unsere – vormals vereinzelten Stimmen – zusammenbringen konnten/können.[4]

Zurückkommend auf unsere Eingangsbetrachtungen, die sich vornehmlich mit ethnologischen Ausstellungen befassten, stellt sich mir nun die Frage, ob es auch bei eher

›objektbezogenen‹ Kontexten, in denen es vor allem um den Besitz und das Ausstellen betreffender Objekte geht, Möglichkeiten gäbe, einen solchen vielstimmigen Raum zu eröffnen. Bislang angesprochen wurden minorisierte Museen. Wie ist es mit Ausstellungsprojekten, die sich, ähnlich wie *Remapping Mozart,* Gegengeschichtsschreibungen widmen bzw. gewidmet haben?

P. P.: Sich aus den überkommenen alten Räumen des Museums herauszubewegen, um neue Räume zu erschaffen und sich zu erschließen, hat als Bild wirkliche Tiefe. Mir gefällt, wie Belinda dieses Sich-Wegbewegen mit neuen Erzählsträngen verbindet. Ich bin mittlerweile an den Punkt gekommen, das Konzept *Museum* für diasporische Historiografien für gänzlich unbrauchbar zu halten. Die alten Wunderkammern der Frühen Neuzeit hießen nicht umsonst in ihren Anfängen ›Raritäten- und Kuriositätenkabinette‹. Neben Naturalien, Kunst und Handwerk des eigenen, meist kleinen ›Reiches‹ ging es vor allem darum, den eigenen Einfluss, die Größe der Herrschenden zur Schau zu stellen. Und das ist genau der Moment, wo *wir* ins Spiel kommen: als Artefakte von ›Entdeckungsreisen‹. Ein Museum sollte schlussendlich immer auch den eigenen Untertanen demonstrieren, dass die Ordnungsgewalt nicht nur im Hier, im Heimischen herrscht. Es verweist ja auf erhebliche politische Macht, wenn sich solch großartige Schätze wie die Nofretete so einfach in Berlin ausstellen lassen.

Hier scheint mir die eigentliche Crux zu liegen, die, wie ich meine, ein antagonistisches Verhältnis von *Museum* und *Diaspora* offenbart. Die Sammlungen der Wunderkammern als Grundstock europäischen Musealverständnisses wollten die ›Ordnung der Welt‹ vermitteln, diese sozusagen im Heimischen zementieren. Die alten Kunst- und Wunderkammern sollten die gesamte kosmisch-göttliche Ordnung der Welt und damit Anfang und Ende einer gottbestimmten Entwicklung zeigen. Dass uns das nicht als (schauende) Subjekte einschließt bzw. auf einen bestimmten Platz verweist, ist offensichtlich. Insofern halte ich Museen auch für ein aktives Instrument, um sowohl Prozesse der Kolonisierung als auch der postkolonialen Reinszenierung kolonialer Aneignungen zu manifestieren. Ich denke, wir haben hier eine ähnliche Lesart, was die Binarität von Eroberung und Enteignung betrifft, weshalb mir der Vorschlag, Museen als *Kontaktzonen* aufzufassen, sehr gut gefällt. Wichtig erscheint mir jedoch, direkt und unmissverständlich zu klären, dass es sich hier *nicht* um machtfreie multikulturelle *Kontaktzonen* handelt, da sie immer nur auf einem überkommenen Prinzip des Museums basieren und lediglich dessen Spielarten sein können. Nein, bewusst aus dem Museum herauszutreten und neue Räume zu erschaffen, heißt nicht nur, sich uns selbst als Adressat_innen zuzuwenden, sondern auch Begriffe wie Geschichtlichkeit, Quellen, Belege und damit schließlich auch Wissenschaft(-lichkeit) umzuschreiben und neu zu definieren. Die Frage, was von der europäischen Erinnerungskultur bleibt, wenn ihre Symbolik sich zunehmend entleert, finde ich daher sehr spannend.

Wichtiger jedoch ist Belindas Überlegung, wie diese neuen Räume aussehen könnten. Um uns aus hegemonialen Narrativen und Blickwinkeln heraus- und auszuschreiben, müssen wir diese ›Räume‹ dezidiert neu bestimmen. Diasporische Blicke als Subjekte zu gestalten und als Schauende einzuladen, den in uns eingeschriebenen kolonialen Diskurs aufzudecken und in Ausstellungspraxen so darzustellen, dass er quasi entzaubert wird, die westliche Geschichtslegende zu demaskieren – dies sind verschiedene Stränge und wahrscheinlich auch verschiedene Ansatzpunkte.

Das Aufdecken und Sichtbarmachen des uns eingeschriebenen Kolonialdiskurses hat meines Erachtens die 2005 von der *Initiative Schwarze Menschen in Deutschland* (ISD Bund e.V.) in Auftrag gegebene mobile Ausstellung *Homestory Deutschland – Schwarze Biografien in Geschichte und Gegenwart* sehr gut geschafft.[5] Es ist nichts Aufregendes, Spannendes oder gar Exotisches dabei, wenn Biografien unsichtbar, unerzählt und verborgen sind. Um dies zu ändern, bedarf es in der Ausstellung tatsächlich körperlicher Arbeit, denn die Besucher_innen müssen hinter die Gesichter, die Fotos schauen, um etwas zu erfahren. Im Katalog wird das noch deutlicher. Dort müssen die Seiten wortwörtlich aufgetrennt werden, sonst lassen sich die hinter den Fotos befindlichen Biografien gar nicht lesen. Mir gefällt auch das Konzept des Mobilseins und der Möglichkeit, verschiedene Orte aktiv zum Museum zu *machen*. Dieses Konzept bietet hervorragende Möglichkeiten eines Dialogs, weil sich – anders als im manifesten oder *vor*gegebenen Raum, der *Museum* per se ist und mit diesem Status bereits für Geschichtlichkeit zu bürgen scheint – das subalterne Museum immer wieder neu erschaffen muss und erst über die eigentliche Ausstellung zu einem Erinnerungsort werden kann.

Diese Möglichkeiten sollten wir nutzen und mit dem wichtigen Anliegen der Subjektpositionierung diasporischer Geschichte verbinden. Mobile Ausstellungen sind nicht neu, aber ich denke, dass wir vor allem von solchen Ausstellungen lernen können, die in einen inhaltlichen Dialog mit dem Ort treten, an dem sie sich präsentieren, wie beispielsweise Häfen, Bahnhöfe, Werke oder Ämter. Einen Schritt weiter gehen solche Konzepte, die sich von vornherein aus dem realen, dem geografischen Raum ausschreiben. Ich denke etwa an Internetmuseen. Vielleicht liegt hier eine Möglichkeit, mit der komplexen Aufgabe, Gegennarrative zu entwerfen, erfolgreich umzugehen. Damit meine ich weitaus mehr als eine als Ausstellung entwickelte Internetseite. Vielmehr könnten zukünftige diasporische Ausstellungen als Wiki-Seiten konzipiert werden, die es schauenden Subjekten ermöglichen, aktiv an der Gestaltung ihrer geschichtlichen Narrative mitzuwirken. Dies würde auch unserer Realität des Suchens und Ausgrabens entsprechen. Wir legen Geschichte/n immer noch und täglich frei – unsere Geschichte/n, überlagert vom Mainstream. Meine Idee ist vielleicht etwas radikal, und ich bin mir auch nicht sicher, wie sie sich genau umsetzen ließe. Aber der wandlungsfähige hegemoniale Diskurs wird uns immer wieder mit neuen Facetten konfrontieren, während wir unsere eigenen Narrative entwerfen. Das Erproben der hier diskutierten alternativen Strategien kann uns also nur helfen, diesen Facetten angemessen zu begegnen und gewappnet zu sein. Schwarze Menschen erschaffen und gestalten aktiv selbst ihre ›Museen‹ – mir gefällt die Idee dieser *agency*. Ich sehe das auch im Kontext eines Schwarzen Archivs, welches sich sozusagen selbst weiter schreibt.

Was die westliche Geschichtslegende betrifft, so ist hier ein langer und zäher Weg zu gehen, der uns leider immer wieder als *reactio* fordert. Eigene virtuelle Räume aufzubauen heißt, einen neuen parallelen Diskurs zu schaffen, und darin liegt meine Präferenz. Trotzdem: Die koloniale Repräsentationslegende wird uns noch lange in Atem halten. Doch auch wenn wir uns dem nicht gänzlich entziehen können, weiterhin als Objekte verhandelt zu werden, sollte das aktive, vom Hegemonialdiskurs losgelöste Gestalten unserer Geschichten im Vordergrund stehen und unabhängig vom Umgang mit dem traditionellen Konzept *Museum* gesehen werden. Nur dann können wir etwas wirklich Neues, Eigenes entwickeln.

N. L. a.-S.: Ich finde es einen ausgesprochen beruhigenden Gedanken, dass das Bewegliche, Nichtfixierbare und Grenzgängerische subalterner Geschichten explosive Räume hervorbringt, die mit ihren unvorhersehbaren ›Kontinentalverschiebungen‹, ihren ineinander fallenden Zeiten und ihrer Vielstimmigkeit die *vor*gegebenen alten Gemäuer des ›Museums‹ tatsächlich sprengen. Und dass sie uns dazu einladen, uns ebenso beweglich, nichtfixierbar und grenzgängerisch auf den Weg zu machen, um reale und virtuelle Geografien neu zu entdecken – nicht, um sie zu erobern oder in Besitz zu nehmen, sondern um sie für uns, wie Houston Baker es einmal poetisch formulierte, als »Sphären nährender Obhut und Unterstützung« wieder bewohnbar zu machen.[6] Ich würde sagen, das biografische Projekt *Homestory Deutschland* war ein Versuch in diese Richtung, weil es uns darum ging, eine eigenständige Repräsentationsform der Anerkennung und Wertschätzung zu entwickeln und deren Ergebnis in den Raum zu stellen. Das erforderte einen permanenten kreativen Austausch, denn wir mussten sowohl mit den Geschichten der biografisierten Personen als auch mit unseren eigenen Geschichten in Beziehung treten und uns immer wieder positionieren. Und dabei lernt man eine Menge von- und miteinander.

Für mich ist dieses zwischenmenschliche oder, in Bezug auf subalterne Räume, interkommunale Lernen ein zentraler Punkt, um über alternative Diskurse, Ausdrucks- und Erinnerungsformen nachzudenken, über die vielschichtigen und zuweilen problematischen Bedürfnisse, Sehnsüchte und Erwartungen, die damit einhergehen können. Dominante Strukturen sind vertrackt, und die Tatsache, dass es keine ›Lösung‹ gibt, macht kreatives Arbeiten gleichermaßen aufregend wie schwierig. Angesichts unserer Diskussion würde ich Euch in jedem Fall zustimmen, das überkommene Konzept *Museum* für diasporische Historiografien zu verwerfen, und ich teile mit Peggy den Gedanken der Mobilität. Doch finde ich ›feste‹ Erinnerungsorte – wie beispielsweise das Jüdische Museum in Berlin oder das Japanisch Amerikanische Museum in Los Angeles – berührend und wichtig. Dies sind selbstbestimmte reale Geografien, über deren konzeptionelle Setzungen sich vielleicht streiten ließe (auch die sogenannte Peripherie ist bekanntlich nicht hierarchiefrei), aber diese Auseinandersetzungen halte ich für weitaus produktiver, weil sie sich nicht an einem wie auch immer gearteten ›Außen‹ abarbeiten, sondern die Heterogenität subalterner Diskurse und einen widerständigen Ort der Marginalität bereits *voraussetzen*.

Auch wenn uns, wie Peggy sehr richtig anmerkt, »die koloniale Repräsentationslegende noch lange in Atem halten wird«, liegt unsere Zukunft woanders. Ich finde den Gedanken einer Demokratisierung und eines polylogischen Machens von Geschichte wirklich spannend. Gerade bei unzugänglichen, verschütteten Geschichten wie der Schwarzen deutschen oder der Schwarzen österreichischen sind solche Zugänge wichtige Schritte für weitere gemeinsame ›Grabungsarbeiten‹. Diese Zugänge sind inklusiv und überraschend, sie verbinden das Unerwartete und entbergen das Unsichtbare – und genau darin liegt ihr befreiendes Potenzial. Unsere Verantwortung sehe ich darin, mit diesen Entbergungen sorgsam umzugehen und die Räume, die wir selbst schaffen und gestalten, offen zu halten, damit sie bewohnbar bleiben.

P. P.: Um noch einmal auf manifeste Räume und Orte zurückzukommen: Auch ich halte das Jüdische Museum für einen zentralen Ort, der uns viel über die Vermittelbarkeit, Tradierung und ›Konservierung‹ von marginalisierter Geschichte im wahrsten

Sinne des Wortes zu erzählen vermag. Für mich ist der Ort wesentlich bedeutungsvoller als manche der darin behausten Ausstellungskonzepte. Nicht umsonst musste das Museum mit fast eineinhalbjähriger Verspätung eröffnen, weil sich das architektonische so gar nicht mit dem angedachten musealen Konzept verbinden wollte. Ich finde, dass das Gebäude für sich selbst am ausdrucksstärksten spricht, dass es in seiner Leere und Anschaulichkeit die Wege der jüdischen Diaspora über Jahrhunderte aufzeigen und gleichzeitig etwas so Unbegreifliches wie den Holocaust in Architektur manifestieren kann. Ein Konzept, das sich meines Erachtens hervorragend mit dem mobilen Moment diasporischer Erinnerungsräume kombinieren lässt.

Ja, ich glaube auch, dass wir feste oder geografisch fixe Erinnerungsräume brauchen, wie zum Beispiel das relativ neue Monument zur Erinnerung an die Sklaverei in Amsterdam. Sie sollten an neuralgischen Punkten erstehen, und ihre Verbindungen könnten künftig einmal Diaspora kartografieren: *Mapping Diaspora* durch und als Verbindungen verschiedener Erinnerungsorte. Hier lasse ich mich natürlich von meinen Visionen tragen. Nichtsdestotrotz glaube ich, dass wir in erster Linie den Weg der Interaktivität gehen sollten, um uns unsere Geschichte/n zu erschließen und anzueignen. Wissenschaftlich und journalistisch werden wir noch viel mit hegemonialen Museumskonzepten beschäftigt sein, aber unser kreativer Zugang muss sich auf unser Eigenes, auf uns selbst richten. Nur so werden wir diejenigen sein, die von den ›Ausgrabungen‹ profitieren.

Die Entstehungsgeschichte des Amsterdamer Mahnmals zeigt im Übrigen auch dies sehr schön. Die Schwarze Community in den Niederlanden arbeitete bereits viele Jahre an eigenen Gedenkkonzepten, klagte sich immer wieder laut und hörbar in den Mainstream ein und konnte mit diesem Ort etwas schaffen, das in einer zutiefst unkonfrontativen Gesellschaft lange als undenkbar galt. Inzwischen ist dieser Ort zu einem Meilenstein auf dem Weg der Historisierung eigener Geschichtlichkeit für die Schwarze niederländische Community geworden. An einem interaktiven Museum hingegen könnten mehr diasporische Communities teilhaben. Denn, um vielleicht mit einer letzten Vision abzuschließen, dies sehe ich als die größte Aufgabe für unsere Generation an: *Diaspora* zu verbinden in und mit dem, was sie für uns ausmacht; die sich über die in uns allen eingeschriebene kollektive Geschichte definiert, die nicht in erster Linie ein Ort, nicht geografisch manifest, sondern ein Kollektiv aus Erfahrungsidentitäten ist.

B. K.: Ich finde den Gedanken *Mapping Diaspora*, das Zusammenbringen vieler Geschichten als nie abgeschlossenen Prozess, wunderschön. Das erinnert mich an einen Satz aus der Installation *Josefine Soliman, 2006*, die Claudia Unterweger und ich während des Mozartjahres gemeinsam realisierten. Claudia sagt an einer Stelle, dass Josefine Solimans Geschichte nur ein kleiner Puzzlestein in der Geschichte der afrikanischen Diaspora ist. Ich stelle mir das wirklich so vor: zahllose einzelne Puzzlestücke, manche davon unter Schichten von Staub versteckt, und wir, die nach und nach diese einzelnen Stücke bergen, zusammenbringen, wieder an einer anderen Stelle einsetzen als ›Museum of Our Own‹... Ein nie abgeschlossener Prozess.

Was solche Modelle auch schaffen könnten – und hier komme ich noch einmal auf unseren Ausgangspunkt zurück – ist eine Brechung des Museums als Ort der Exklusivität, der sich (noch) durch die ›monologisierten‹ Stimmen der Kurator_innen/Museumsdirektor_innen und den Besitz von Objekten – den Originalen wohlgemerkt – auszeichnet. Dies schafft natürlich auch ein anderes Publikum, eine offenere Art des Zugangs, und so könnten Museen tatsächlich zu *Kontaktzonen*, zu Orten/Räumen vielstimmiger Erzählungen werden.

Der für die vorliegende Publikation überarbeitete Text erschien erstmals in: Belinda Kazeem, Charlotte Martinz-Turek, Nora Sternfeld (Hg.): *Das Unbehagen im Museum. Postkoloniale Museologien* (= Ausstellungstheorie & Praxis, Bd. 3). Wien 2009, S. 167–182.

1 Inzwischen hat Nofretete – nach Ansicht der Staatlichen Museen zu Berlin – ihren endgültigen Standort im 2009 neu eröffneten Neuen Museum gefunden. Die auf den Internetseiten als zentrale Identifikationsfigur des Museums präsentierte Porträtbüste erhält im Museum einen eigenen Raum. In diesem, der eurozentrischen Ikonografie des Altägyptischen nachempfunden, wird sie als entkontextualisierte Ikone mittig in einer Rotunde platziert. Wer sich die Mühe macht, den Blick von dem stark beleuchteten Objekt zu lösen und auf die Seite neben der Eingangstür zu richten, findet dort die offizielle Chronologie der Ausgrabungen und den Bronzekopf von James Simon, Finanzier der Ausgrabungen in Amarna und ›Stifter‹ der Büste an die Staatlichen Museen zu Berlin. Die Porträtbüste selbst blickt auf einen offenen, länglichen Raum, der brisanter Weise *Bibliothek der Antike* heißt und damit Nofretete direkt in den hegemonialen Gründungsmythos des Westens rückt. Mit dieser räumlichen Inszenierung folgt das Neue Museum auf erschreckende Weise der obigen Argumentation und schreibt auch weiterhin uneingeschränkt den traditionellen Diskurs der Entdecker- und Eigentumsgeschichte fort. Nicht nur werden keine Verweise zu kolonialer Ausbeutung, Kunstraub und Rückgabeforderungen vorgenommen, vielmehr wird mit Nofretetes ›Blick auf *die* griechische Geistesgeschichte‹ deren Inkorporierung in eine europäische Zivilisationslegende untermauert. Zwischen den Büsten von James Simon auf der einen und unter anderem Sokrates, Platon, Hesiod auf der anderen Seite schreibt sich in die Porträtbüste vor allem eines ein: Sie ist Teil *unserer* Geschichte!

2 Mary Louise Pratt: *Imperial Eyes: Travel and Transculturation*. London 1992, S. 6 f.

3 Angelo Soliman (um 1721–1796) wurde als Kind versklavt und nach Wien verschleppt. Er war ein Zeitgenosse Mozarts und Mitglied einer renommierten Freimaurerloge. Nach seinem Tod wurde seine präparierte Leiche ausgestopft und neben drei anderen Schwarzen Personen im k.k. Hof-Naturalienkabinett ausgestellt. Seine Tochter Josefine, geboren 1772, kämpfte jahrelang, ihren Vater beerdigen zu können. Vgl. dazu Araba Evelyn Johnston-Arthur: »›Es ist Zeit, der Geschichte selbst eine Gestalt zu geben‹. Strategien der Entkolonisierung und Ermächtigung im Kontext der modernen afrikanischen Diaspora in Österreich« In: Kien Nghi Ha, Nicola Lauré al-Samarai, Sheila Mysorekar (Hg.): *re/visionen. Postkoloniale Perspektiven von People of Color auf Rassismus, Kulturpolitik und Widerstand in Deutschland*. Münster 2007, S. 423–444, hier S. 433–441.

4 Claudia Unterweger, Recherchegruppe zu Schwarzer österreichischer Geschichte: »Wir greifen Raum: Die Bedeutung von Schwarzen selbstbestimmten Räumen im österreichischen Kontext« In: *Bildpunkt. Zeitschrift der IG Bildende Kunst*, 2005, S. 8–9. Siehe auch http://www.remappingmozart.mur.at.

5 Zur Ausstellung siehe den Beitrag von Nicola Lauré al-Samarai: »Diasporisches Denken. Exzentrisches Kartografieren: Grundlegungen der Wechselausstellung *Homestory Deutschland – Schwarze Biografien in Geschichte und Gegenwart*« im vorliegenden Band.

6 Houston Baker jr.: *Workings of the Spirit. The Poetics of Afro-American Women's Writing*. Chicago 1991, S. 71.

Nicola Lauré al-Samarai

Diasporisches Denken, ex-zentrisches Kartografieren: Grundlegungen der Wechselausstellung *Homestory Deutschland – Schwarze Biografien in Geschichte und Gegenwart*

> »Wir fordern ein Recht auf Undurchdringlichkeit. Denn unser Ringen ums nackte Überleben hat eine Verbindung zum erdumfassenden Drama der BEZIEHUNG: im Elan der genichteten Völker, die der vom Okzident aufgezwungenen universellen Transparenz heute eine [...] Vielheit des Diversen entgegensetzen. [...] In solchen Gemeinschaften filtern sich greifbare Störungen aus den Schemata der BEZIEHUNG und fügen sich zu lesbaren Versuchen einer Befreiung.« Édouard Glissant: *Zersplitterte Welten. Der Diskurs der Antillen* (1986)

> »[...] a conception of historical time as an always already incomplete text of individual memory and experience is, for me, the only viable option for approaching the question of post-colonial temporality, with its symptomatic qualities of belatedness and deferral.« Kobena Mercer: *Art as a Dialogue in Social Space* (2006)

Glaubt man den sichtbaren geografischen Gegebenheiten, liegt Deutschland in Europa und ist keine Insel. Die Ozeane sind fern, die Zugänge zum Meer überschaubar, die Landwege nach Osten, Westen und Süden kontinental eingebunden. Territoriale Grenzziehungen werden seit über sechzig Jahren offiziell respektiert, die diversen Nachbarn gelten hinlänglich als bekannt, und die jeweiligen Verhältnisse erscheinen, wenngleich mit gewissen Abstrichen, geordnet. Der herrschende äußere Rahmen mutet verlässlich an, ebenso die dazugehörige Geschichte. Es gibt ›verbürgte‹ Setzungen und Chronologien, Themen und Inhalte, Bezugnahmen und Interpretationen, die, trotz partieller Verschiebungen, fest im Konzept der Nation wurzeln und folglich einen Anspruch auf ›Angestammtheit‹ erheben. Tatsächlich setzt dieser Anspruch eine außerordentlich rigide, von Ausschlüssen und Leerstellen durchzogene gedankliche Landkarte voraus, die immer aufs Neue entworfen, repetiert und bestätigt wird.

Ob allerdings im Zuge ineinander fallender Geschichten und Geografien solche Kartierungen noch irgendeiner Orientierung dienen, ist fraglich. Längst sind divergierende Orte/Zeiten im ›Hiesigen‹ angekommen und haben es mit ihren »geborstenen Geschichten«[1] unwiderruflich gesprengt. Marginalisierte Daseinsversionen, die normative national definierte Verfasstheiten und lineare Zeitregimes unterlaufen, sind inzwischen so zahlreich, dass sie allenfalls im Kontext dominanzgesellschaftlicher Wahrnehmungsmodi zu ›diskrepanten Abweichungen‹ erklärt werden können. Das Festhalten an obsoleten Konzepten verweist deshalb vor allem auf eines: Die alten Grenzen sind passé – und damit auch das, was innerhalb derselben als ›verbürgt‹ und ›angestammt‹ gilt.

Im Gegensatz zu nationsbasierten Epistemologien, die komplexe Kollektivitäten strikten diskursiven Disziplinierungen unterwerfen,[2] nehmen in diasporischem Denken gründende Entwürfe Fokusverschiebungen vor, die »[...] sowohl die verschiedenartigen Schichten von Differenz als Nachwirkung von Kolonialismus und Sklaverei als auch die Effekte anderer Formen von Migration und Deplatzierung zurückverfolg[en].«[3] Indem insbesondere jene Gemeinschaften in Betracht gezogen werden, »[...] die sich der herrschenden Definition eines homogen imaginierten Volkes als eingebundenes politisches Subjekt entziehen, und sich das Augenmerk zudem auf Bewegungen richtet, die sich jenseits der administrativen und ideologischen Grenzen der Nation befinden, erlaubt diasporisches Denken eine gleichzeitige De-Sedimentierung oder Ent-Schichtung der Nation von ›innen‹ nach ›außen‹.«[4] Die dafür notwendigen multiplen *Mittelpunktverlagerungen* sind im eigentlichen wie im übertragenen Sinne *ex-zentrisch.* Sie bilden die Grundlage, um entstehende oder sichtbar werdende Zwischenräumlichkeiten einzukreisen und eröffnen den darin befindlichen Orten/Zeiten ein eigenes unverwechselbares historisches Maß. Da diese Wieder/Einbettungen anderen Chronologien folgen sowie auf andere geografische und kulturelle Verbindungen Bezug nehmen, entfalten sich auch andere topografische Gegenwärtigkeiten, die ihren rechtmäßigen Platz auf der Karte beanspruchen.

Einem dieser Orte/Zeiten möchte ich mich im Folgenden exemplarisch zuwenden und dabei den Fragen nachgehen, wie im konkretisierten Kontext einer Schwarzen diasporischen Narration in Deutschland ein solches ex-zentrisches Kartografieren aussehen könnte, welche Spurensuchen dafür notwendig sind und wo die repräsentations- und erinnerungspolitischen Maßgaben einer inklusiven re/visionierten Geschichtsschreibung liegen, die ihrerseits eine wesentliche Grundlage jedes kritischen Schaffens und Vermittelns von Kultur darstellt.[5]

I.

Im Februar 2004 eröffnete die Bundeszentrale für politische Bildung mit einer illustren Auftaktveranstaltung im Berliner Kronprinzenpalais die multimediale Projektinitiative *Fokus Afrika: Africome 2004–2006.* Wesentliche inhaltliche Zielsetzungen des mit öffentlichen Geldern geförderten dreijährigen Afrikaschwerpunktes bestanden unter anderem darin, »[...] die politische und gesellschaftliche Vielfalt des Kontinents abzubilden; Kenntnisse über historische und aktuelle Entwicklungen Afrikas zu erweitern; den Afrikapessimismus in der Gesellschaft zu bekämpfen; bestehende eurozentrische Vorurteile zu analysieren und durch gezielte Informationen und Förderung von Eigeninitiative aufzubrechen; Rassismus und Fremdenfeindlichkeit zu identifizieren; realistische Einordnungen der afrikanischen Entwicklungen in Globalisierungsprozessen zu vermitteln; insbesondere für junge Menschen neue Beteiligungsformen zu initiieren.«[6] Die »gezielte Ansprache und Mobilisierung von ausgewählten Zielgruppen« und die projektbezogene Wissensvermittlung »in den Bereichen Politik, Wirtschaft, Gesellschaft und Wissenschaft« sollte – insbesondere »mit Mitteln des künstlerischen Bereichs, verbunden mit politisch-bildnerischen Konzepten« – dazu beitragen, »tradierte Meinungen« zu überdenken und »zur aktiven Partizipation motivieren.«[7]

Interessant an diesen vergleichsweise offen formulierten Zielsetzungen ist nicht nur der ihnen inhärente, wohlwollend eigennützige Richtungssinn eines suggerierten nationalen ›Wir‹ oder der in unverfänglicher Sprache artikulierte aufklärerische Anspruch. Ins Auge fällt vor allem die raumzeitliche Deplatzierung sowohl des afrikanischen Kontinents als auch Deutschlands.[8] So werden die Existenz und das Fortbestehen »negativierender Vorurteile und Stereotypen, die sich über Jahrhunderte gebildet und verfestigt haben«[9], in erster Linie den Medien zugeschrieben und zu einer thematischen Fehlfokussierung stilisiert, der mit etwas gutem Willen und einer anderen Informationspolitik beizukommen wäre. Unbenannt bleibt dabei, dass die Realitäten machtvoller Fremdrepräsentation – mit den Medien als *einem*, keineswegs dem einzigen Bereich – historisch gewordene, dominanzgesellschaftliche Wahrnehmungs- und Blickverhältnisse widerspiegeln, deren referenzielle Wissensarchive aufs engste mit recht speziellen Jahrhunderten verknüpft sind: denen des Kolonialismus. Die Entnennung des Kolonialismus als genuiner Teil einer europäischen *und* einer deutschen Eroberungs- und Gewaltbeziehung mit dem ›Rest der Welt‹ im Allgemeinen und ›Afrika‹ im Besonderen sowie die Negierung seiner fundamentalen Bedeutung für die Genese einer rassistischen Ideen- und Kulturgeschichte und eines *weißen*/westlichen Selbstverständnisses ermöglicht eine ebenso verantwortungslose wie diffuse Distanznahme. Europäisch-afrikanische Verhältnisbestimmungen erscheinen in diesem Kontext seltsam rahmen- und bezugslos. Durch das Kappen existierender, aber offenbar »undenkbarer«[10] Verbindungen werden stattdessen ein Land und ein Kontinent als starre, kulturell entlegene Gegenüber fixiert, wodurch sich die hierarchische, wenig hilfreiche kategorische Dichotomie des ›Eigenen‹ und des ›Fremden‹ einmal mehr manifestiert. Das Dazwischen klafft indes als un/heimliche un/bewohnte Leere, als historisch und gegenwärtig buchstäblich ent-bundenes Chronotop.

Angesichts der Vielzahl umfassender epistemologischer Neubestimmungen, die sich dieses Dazwischens längst angenommen, seine in Bewegung befindlichen räumlichen und zeitlichen Verwobenheiten eingekreist und die aufgezwungenen oder gewählten Reiserouten von Menschen und Gemeinschaften (*communities*) als komplexe transkulturelle Zirkulations-, Einfluss- und Erkenntniszonen analysiert haben, sind solche Konzeptionen politisch durchaus diskussionswürdig.[11] Allerdings bergen ignorante Ahnungslosigkeiten (zumal, wenn sie altruistischer Natur sind) bisweilen den Vorteil, subversiv unterlaufen werden zu können; beispielsweise über Verhandlungsformen, mit denen sich repressive Ansprüche auf nationale und kulturelle Gebundenheiten schöpferisch aushebeln lassen. Dies bietet sich, zugespitzt formuliert, insbesondere dann an, wenn – wie etwa mit Blick auf einen sogenannten Afrikaschwerpunkt – seitens der Dominanzgesellschaft ›Authentisches‹ präsentiert werden soll und, um ein gewisses Maß an kommunikativer Glaubwürdigkeit zu wahren, dafür ›Betroffene‹ ins Boot geholt werden. Etwas abstrakter gesagt: Jedes geschlossene System basiert auf berechenbaren Parametern, sei es im Hinblick auf Geschichtsbilder und Erklärungsmuster, soziokulturelle Ein- und Ausschlusskategorien oder Verdrängungen und blinde Flecken. Sich vor diesem Hintergrund buchstäblich Raum zu nehmen, kann im Kontext herrschender Konstellationen nicht bedeuten, jene Parameter als Ausgangspunkt zu begreifen und sich dekonstruktivistisch daran abzuarbeiten. Es gilt vielmehr, an ihnen vorbei das Undenkbare bereits als Gegebenheit zu postulieren und das Dazwischen als »intervening space« mit seiner »revisionary time«[12] in die Gegenwärtigkeit zu überführen. In unserem Fall: eine *Homestory Deutschland* der etwas anderen Art zu erzählen.

II.

Die Konzipierung einer Ausstellung, die sich einer auf mehreren Ebenen extrem marginalisierten Geschichte annimmt und dafür eine angemessene Form der Repräsentation zu finden versucht, ist von sehr grundsätzlichen Problemen und Fragestellungen begleitet. Angesichts des Fehlens genereller Referenzrahmen, um eine Schwarze Geschichte in Deutschland kontextuell überhaupt einzubetten, sowie dominanter Blickregimes, die an zutiefst rassistische objektifizierende[13] Bildkonventionen geknüpft sind und in denen das Recht des Schauens ein *weißes*, zumeist männliches Privileg darstellt,[14] war die Verständigung über repräsentationspolitische Fallstricke unabdingbar. Das hieß, nicht nur darüber nachzudenken, wie die inszenatorische Erwartungshaltung eines ›Afrika in Deutschland‹ nachhaltig zu irritieren, sondern auch, auf welche Kenntnisse und Traditionen Bezug zu nehmen wäre, ohne exotistisch-voyeuristische Funktionalisierungspraxen oder pseudo-humanistische Betroffenheitsdiskurse zu reproduzieren.

Tatsächlich gestalteten sich die Ausgangsbedingungen, um frei über mögliche Entwürfe und ihre Umsetzung zu diskutieren, aus mehreren Gründen so günstig wie ungewöhnlich. Die Ausstellung war, im Kontext von *Africome*, von der *Initiative Schwarze Menschen in Deutschland* (ISD Bund e.V.) in Auftrag gegeben worden – einer bundesweiten Organisation, die seit mehr als 25 Jahren für Schwarze Selbstorganisierung steht und die Belange einer Schwarzen, in Deutschland lebenden Diaspora öffentlich sichtbar macht und verhandelt.[15] Die repräsentative Rückgebundenheit an eine basispolitische Bewegung erlaubte eine erste wichtige Maßgabe hinsichtlich der Zusammensetzung des Projektteams selbst: Alle Beteiligten – Texterinnen, Fotograf_innen und Gestalterin – waren Personen mit diversen Schwarzen Hintergründen, die sich neben ihrer interdisziplinären Kompetenzen zudem auf kuratorische, wissenschaftlich-praktische und zum Teil langjährige politische Erfahrungen berufen konnten.[16] Die Entscheidung stellte sich jedoch auch insofern als bedeutsam dar, weil sie strukturelle Rahmenbedingungen, von denen Ausstellungsprojekte hierzulande in der Regel begleitet sind, *a priori* außer Kraft setzte.[17] Die so gewonnene Autonomie ermöglichte Auseinandersetzungen, in denen ermüdende Grundlagenklärungen weitgehend entfielen. Stattdessen ließen sich, angesichts des profunden Kenntnisstandes aller Beteiligten, informierte Bezugnahmen und Positionsbestimmungen voraussetzen, was in einem ersten Schritt dazu führte, über die zugleich schwierige wie elementare Frage des Publikums und seine disparaten Sehgewohnheiten nachzudenken. Die Voranstellung des Rezeptionsaspektes mag ungewöhnlich erscheinen, erwies sich jedoch für eine Ausstellung mit Schwarzen Inhalten als unerlässlich. Die gedankliche Trennung einer *weißen*/mehrheitsdeutschen und einer nicht*weißen*/nichtmehrheitsdeutschen Öffentlichkeit erlaubte die Formulierung klarer repräsentationspolitischer Zielvorstellungen: *Weißen* Besucher_innen sollte der Rückgriff auf ein vertrautes rassifiziertes Wissensarchiv weitgehend unmöglich gemacht werden; für nicht*weiße* Besucher_innen hingegen galt es, verschiedenste Identifikationspunkte zu schaffen. In beiden Fällen hieß das, divergierende, oftmals gegensätzliche Irritationsmomente, die über die Konfrontation mit alternativen Wissenskontexten und ihren multiplen Perspektivwechseln gemeinhin erzeugt werden, konstruktiv zu nutzen.[18]

In einem zweiten Schritt war zu überlegen, welche Erzählform einer Schwarzen Geschichte in Deutschland gerecht wird, die – wie die jeder Diaspora – nicht nur von Brüchen, Leerstellen und abwesenden Texten durchzogen ist, sondern sich mit ihren dynamischen Beziehungen zu anderen unterdrückten/unsichtbar gemachten Narrationen als globalisierte *Geschichte in Bewegung* ordnenden Zugriffen vehement entzieht. Erschwerend kam hinzu, dass wir uns mit den topografischen Unwägbarkeiten einer weitgehend verschütteten Historizität konfrontiert sahen, deren einstige und jetzige Orte/Zeiten sowohl zusammenzutragen als auch interpretativ zu vergegenwärtigen waren. Es galt also, einen Repräsentationsrahmen zu schaffen, in dem sich die »Geschichten und Gegenwarten von AfrikanerInnen, Schwarzen AmerikanerInnen, Schwarzen EuropäerInnen und Schwarzen Deutschen zu einem eigenständigen Raum mit ›entfernten verbindungen‹ und ›verbundenen entfernungen‹«[19] verbinden ließen. Dieses in Deutschland situierte *spezifische Dazwischen* – mit seinen geografischen und historisch-kulturellen Verschmelzungen, seinen intersubjektiven Erfahrungen von nationalem Sein und gemeinschaftlichen Interessen, seinen politischen und kulturellen Selbstermächtigungen – ex-zentrisch zu kartografieren, erwies sich in mehrerlei Hinsicht als Herausforderung.[20]

Die Anknüpfung an das in Schwarzen Epistemologien wesentliche Bedeutungskriterium der gelebten Erfahrung sowie das Aufgreifen afrikanischer, afrikanisch amerikanischer und Schwarzer deutscher Erinnerungstraditionen, in denen dem mündlichen Erzählen (*orality*) eine bedeutende Rolle zukommt, führte zu der Entscheidung, ein aus 27 Lebenszeugnissen bestehendes, drei Jahrhunderte umfassendes kollektives Selbstporträt zu erarbeiten.[21] Es sollte einige jener Menschen repräsentieren, durch »deren verschiedenartige Hintergründe, Lebensentwürfe und unentwegtes Engagement eine seit vielen Generationen existierende Schwarze diasporische Realität entstanden ist.«[22] Um einerseits die auf theoretischer Ebene wieder/hergestellten Verbindungen inhaltlich und visuell fassbar zu machen sowie der von uns angestrebten gemeinschaftlichen Heterogenität repräsentativ gerecht zu werden, andererseits jedoch keine reduktionistischen Lesarten zu bedienen, war sowohl über die vorzustellenden Personen, über die Inhalte ihrer Kurzporträts als auch über die notwendigen historischen Rahmungen genau nachzudenken.[23] Die Präsentation rückte schließlich Männer und Frauen exemplarisch in den Vordergrund, denen aus unserer Sicht in einem ausdrücklich nichtelitären Verständnisrahmen Anerkennung und Wertschätzung gebührte. Die von uns als widerständig gesetzten Momente mussten sich in den auto/biografischen Kurztexten widerspiegeln, allerdings in strategisch geschützter Form.[24] Statt ›dramatische Schicksale‹ zu erzählen oder soziale Phänomene zu authentisieren, sollten die Zeitzeug_innen im Kontext ihrer eigenen Lebenswirklichkeit *narrativ agieren.* Ein solches Vorgehen erforderte es, die von den biografisierten Personen gewählten inhaltlichen Schwerpunktlegungen ernst zu nehmen und die Texte auf dieser Basis aufzubereiten und abzustimmen. So erhellen zwar sämtliche Porträts, »in welcher Weise sich gesellschaftliche und damit systemische Rahmenbedingungen in einzelne Lebensgeschichten einschreiben und diese formen und prägen«. Die darin zur Kenntnis gegebenen Informationen zielen jedoch darauf, »individuelle Verhandlungen und Entscheidungsfähigkeiten nachzuvollziehen und den ihnen innewohnenden [...] Gestaltungswillen hervortreten zu lassen, der die [...] Auseinandersetzung mit der *weißen* Mehrheitsgesellschaft eindrucksvoll bezeugt«.[25]

Die – bis auf zwei Ausnahmen – in der Ich-Form artikulierten Porträts eröffnen einen diskursiven Repräsentationsraum, der *ausschließlich* von Expertisen Schwarzer

Individuen definiert ist.[26] Herrschende und historisch veränderliche Rahmenbedingungen sind somit nicht nur über selbstbestimmt-kritische Gegenlesarten bzw. Interpretationen vermittelt, sondern über die hergestellten multiplen Erfahrungsbezüge konsequent mit lebensgeschichtlichem Eigen-Sinn perspektiviert. Da jedwede Referenz auf ein fixierendes (kolonial)rassistisches Wissensarchiv unterbleibt, stellen das Erleben und die Erfahrungen realer Personen das eigentliche ›Maß der Dinge‹ dar.[27] Durch diese paradigmatische Fokusverschiebung kommt eine von ›außen‹ unkommentierte und an anderen Parametern orientierte Deutungshoheit zum Tragen, deren komplexe Dynamik es enorm erschwert, an objektifizierende Fremdbilder anzuknüpfen, Zusammenhänge zu simplifizieren oder die Erzählenden auf einen singulären Daseinsaspekt zu reduzieren, da sich dies weder mit ihren persönlichen Maßgaben und Reflexionen noch mit ihren gesellschaftlichen Zustandsbeschreibungen und kulturellen Verhältnisbestimmungen in Einklang bringen lässt. Es geschieht jedoch noch mehr: Mit der Zusammenführung einer Vielzahl von Einzelstimmen wird die in Schwarzen Lebenswelten häufig vorhandene Vereinzelung in eine kollektive Dimension überführt, sodass sich singuläre Stimmen nicht willkürlich herauslösen und funktionalisieren lassen, um quasi-exemplarisch ›für‹ eine gesamte *community* bzw. deren heterogene Realität zu sprechen.

Den auf diese Weise versperrten Zugang zu einer in hegemonialen Repräsentationskontexten sonst üblichen gewaltvollen Monophonisierung,[28] die im Zusammenhang mit marginalisierten Gruppen als »burden of representation«[29] bezeichnet wird und einen äußerst problematischen, als *tokenism* bekannten Effekt zeitigt, versuchten wir, durch weitere gegenhistoriografisch-›verundurchdringlichende‹[30] Maßnahmen abzusichern. So musste die durch Vielstimmigkeit erzeugte und verdichtete *räumliche Subjektivierung* mit einer ebenso verdichteten *temporalen Subjektivierung* korrespondieren. Dafür war neben der Außerkraftsetzung allochroner Repräsentationskomplexe auch das Aufbrechen einer normativen linearen Zeitlichkeit mit ihren für subalterne Historizitäten oft irrelevanten gewichtigen Daten und Zäsuren notwendig.[31] Die infolgedessen buchstäblich ›freigelegten‹ *eigentlichen* Temporalitäten – zum einen die lebensgeschichtliche Zeit der biografisierten Personen selbst, zum anderen die sich aus ihrer Summe ergebende ›epochale‹ Zeit von drei Jahrhunderten – ließen sich nunmehr direkt in Beziehung setzen, wodurch ein gänzlich neuer temporaler Rahmen entstand. Die so eröffnete Möglichkeitsbedingung, am-eigenen-Ort und in-der-eigenen-Zeit zu sein, signifiziert ein *talking back*, das – als »liberatory movement from silence to speech, from margin to center«[32] – dominante Blick- und Sprechverhältnisse radikal umkehrt. In den dabei entstehenden ex-zentrischen Sphären treten Individuen wie *communities* aus dem Objektstatus heraus, was sie nicht nur befähigt, sich der eigenen Geschichte und damit auch der eigenen Gegenwart zu bemächtigen, sondern zugleich einen für das kollektive Gedächtnis marginalisierter Gemeinschaften überlebenswichtigen erinnerungspolitischen Prozess markiert: die Re/Konstruktion einer gegengeschichtlichen Kontinuität.[33]

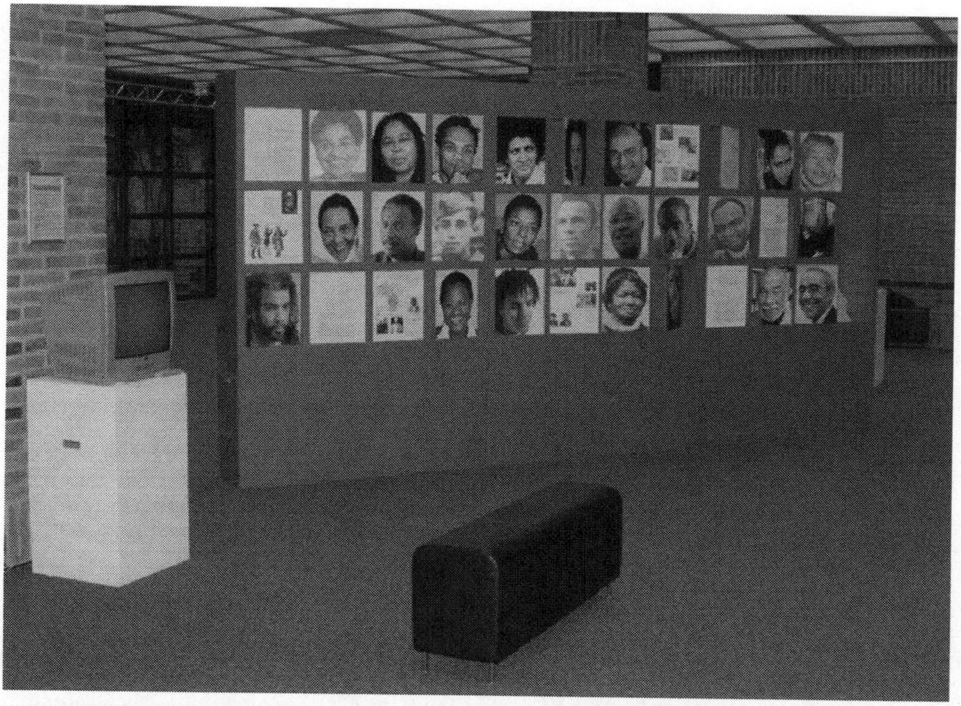

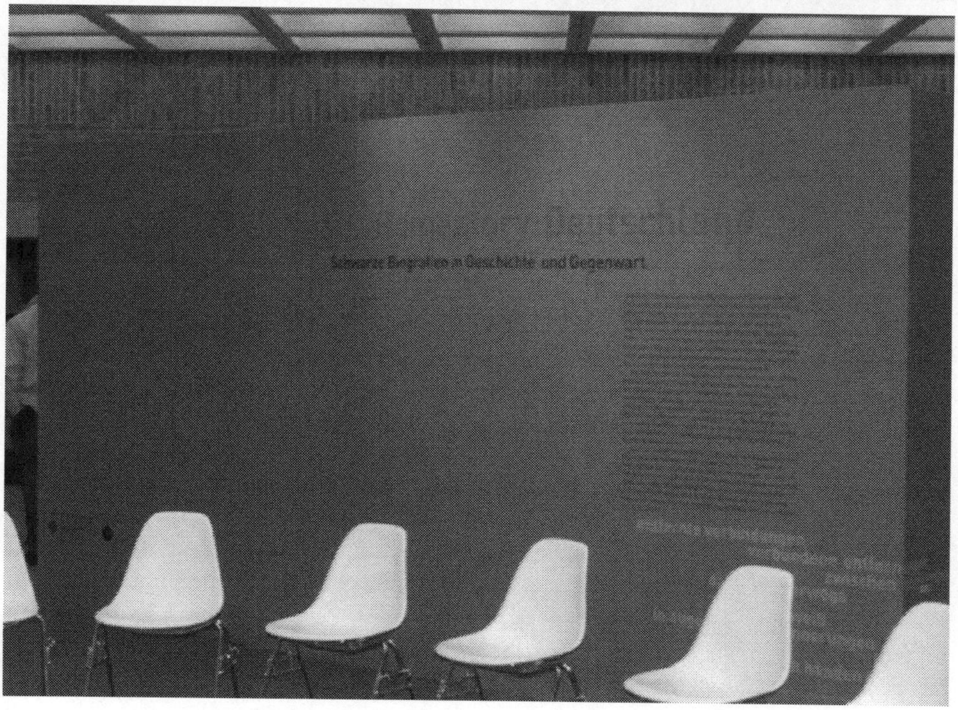

Abb. 1 und 2: Vorder- und Rückseite der Wall of Fame *(Fotos: Tahir Della)*

III.

Um den Herausforderungen dieser Subjektwerdung durch spezifische Repräsentations- und Erinnerungsformen zu entsprechen sowie ein zugewandtes Interesse an den ›Geschichten hinter der Geschichte‹ zu wecken, mussten die bei der Konzipierung der *Homestory Deutschland* entwickelten theoretischen Grundlegungen im Hinblick auf die gestalterische Realisierung erfahrbar gemacht werden. Das Augenmerk verlagerte sich deshalb vom Moment des Erzählens auf das des Hörens/Zuhörens. Da sich das Publikum mit Texten einer *oraliterature* konfrontiert sehen und das eigentliche Hören/Zuhören über die verzögerte Dialogizität des Lesens erfolgen würde, war die ansonsten unmittelbare interaktive Wechselbeziehung zwischen Erzählenden und Zuhörenden auf andere Weise herzustellen.[34]

Das Hauptelement der Ausstellung – die *Wall of Fame* – besteht aus einer aus drei Modulen zusammengefügten Wand, auf der sich sämtliche auto/biografischen Porträts finden (Abb. 1 und 2). Jedes wurde mit einer Drehtafel versehen, auf deren Vorderseite die aufkaschierte Porträtfotografie der präsentierten Person zu sehen und auf deren Rückseite der dazugehörige Text zu lesen ist. Weil auf diese Weise jede Geschichte ihr unverwechselbares Gesicht und jedes Gesicht seine unverwechselbare Geschichte behält, genügt nicht der einfache verallgemeinernde Blick. Stattdessen wird den Besucher_innen, sofern sie an die hinter den Gesichtern befindlichen Informationen gelangen möchten, eine konkrete Interaktion abverlangt: Sie müssen auf jede einzelne porträtierte Person, mit der sie in Kontakt zu treten gedenken, direkt zugehen und die entsprechende Tafel bewegen. Das heißt, nur die bewusste Entscheidung des ›Dahinter-Sehen-Wollens‹ und die dazugehörige Handlung, es zu tun, bilden die Voraussetzung dafür, den individuellen Lebenswegen folgen zu können.[35]

Die buchstäblich verunmöglichte ›Unberührtheit‹ auf der interpersonell-räumlichen Ebene wird durch eine zweifach wirkende temporale Metaebene verstärkt. Da, erstens, die präsentierten Lebensgeschichten keiner chronologischen Ordnung unterworfen sind, folglich neben- und miteinander stehen, ineinander widerhallen und sich ständig neu verknüpfen, entsteht ein Zeiten und Generationen verbindendes kommunikatives Spannungsverhältnis, das eine Distanznahme zu den porträtierten Personen auf der Basis einer vermeintlich sicheren ›zeitlichen‹ Entfernung untergräbt. Keine der Lebensgeschichten – ob die von Theodor Wonja Michael – einem 1925 in Berlin geborenen Schauspieler und Regierungsdirektor a.D., von Bärbel Kampmann – einer 1946 in Bielefeld geborenen Pädagogin und Psychologin, von Henriette Alexander – einer 1817 in Stuttgart geborenen Arbeitslehrerin und Haushälterin, von El Loko – einem 1950 in Pédakondji geborenen bildenden Künstler, von Sunday E. Omwenyeke – einem 1965 in Benin-City geborenen Menschrechtsaktivisten und Lehrer, von Martin Dibobe – einem 1876 in Kamerun geborenen Zugführer der Berliner U-Bahn, von Peggy Piesche – einer 1968 in Arnstadt geborenen Germanistin oder von Otto Addo – einem 1975 in Hamburg geborenen Profifußballer – ist vergangen, sondern spricht, im Zusammenklang mit allen anderen, im Hier und Jetzt. An der Kreierung dieses ›Hier und Jetzt‹, inklusive seiner personellen und zeitlichen Unvorhersehbarkeiten, ist das Publikum, zweitens, direkt beteiligt, denn durch das Drehen der Tafeln wird die Optik der Module ständig verändert. Die sich dadurch immer neu ergebenden Wandkompositionen visualisieren eine *Geschichte in Bewegung*, in die jede porträtierte Person und zugleich jede/r,

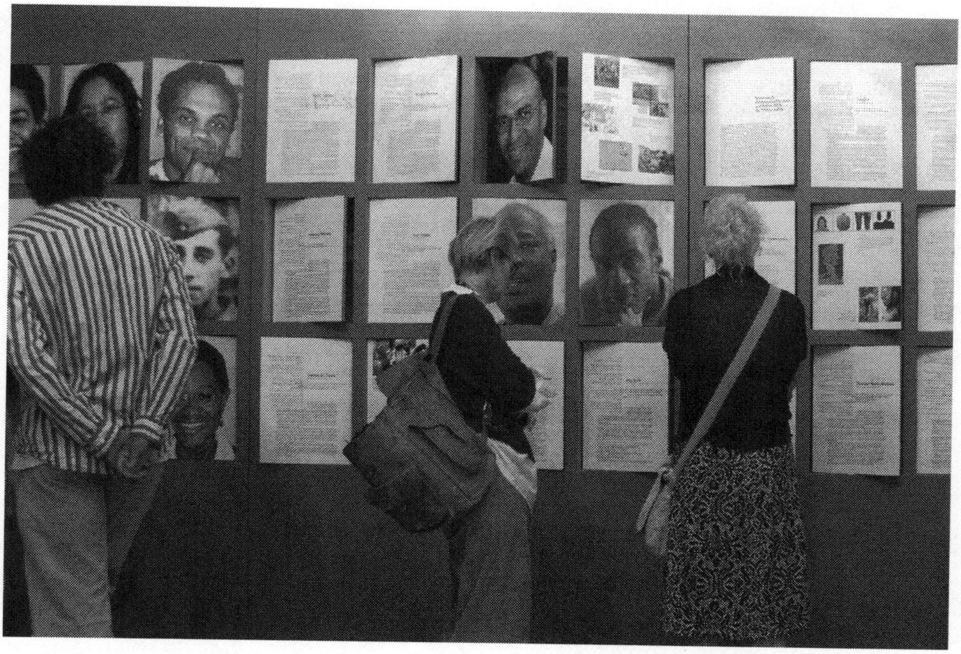

Abb. 3: Veränderung der Wandkomposition durch die Besucher_innen (Foto: Tahir Della)

der/die auch nur eine Tafel bewegt hat, über ein unmittelbares Beteiligt-Sein eingebunden ist (Abb. 3).[36]

Dieses Beteiligt-Sein ist an eine weitere, gleichermaßen ›ordnende‹ wie übergeordnete temporale Ebene rückgebunden. In die Module der *Wall of Fame* integriert finden sich sechs bebilderte Zeitleisten, die eine von der Frühen Neuzeit bis in die gesamtdeutsche Gegenwart reichende Schwarze Geschichte visualisieren. Die kompakte stichpunktartige Auflistung historischer Daten und Fakten suggeriert zunächst eine *formale* Bestätigung der autoritären Prämissen eines herrschenden Geschichtsverständnisses, wo nur das als ›valide‹ gilt, was faktisch ›verizifierbar‹ ist.[37] Dies wird jedoch durch die *Inhalte* der historischen Belege augenblicklich untergraben. Anstelle der vertrauten Ereignisgeschichte einer säuberlich nach Epochen aufgeteilten, nach außen wie innen abgeriegelten nationalen ›Hierzeit‹ sehen sich die Besucher_innen mit der weitgehend unbekannten, aber faktisch belegten Chronologie einer gewaltvollen, bis zum Beginn des 16. Jahrhunderts zurückreichenden interkontinentalen Begegnungs- und Beziehungsgeschichte konfrontiert. Die darin zutage tretende Fülle negierter Verbindungen erhellt neben den massiven Leerstellen hiesiger hegemonialer Geschichtskonstruktionen vor allem auch zwei ihrer zentralen, miteinander wechselwirkenden Entinnerungsmomente: die kontinuierliche aktive Beteiligung Deutschlands am europäischen Herrschaftsprojekt des Kolonialismus *und* dessen bis heute virulente Nachwirkungen.

Mit der Re-Zentrierung des Kolonialismus erfolgt ein Perspektivwechsel, der es erlaubt, externe wie interne Entwicklungen einer spezifisch deutschen *Kolonialität* nachzuvollziehen. Erfasst sind damit also nicht nur die von Deutschland ausgehenden Verstrickungen in den transatlantischen Versklavungshandel, singuläre territorialstaatliche Kolonisierungsversuche oder die Errichtung eines eigenen, mit genozidaler Politik aufrechterhaltenen Kolonialreiches, sondern auch dadurch gezeitigte, synchron verlaufende historische Gegenrichtungen, über die das Schicksal von an deutsche Adelshöfe verschleppten Afrikaner_innen oder die Existenz einer metropolitanen Schwarzen *community* von Kolonialmigrant_innen beredt Auskunft geben. Was bei einer solchen Fokusverschiebung jedoch am meisten ins Auge springt, ist die nahezu ungebrochene Kontinuität eines gesellschaftlichen Entwurfsmusters, das sich seit Ende der formellen Kolonialherrschaft vor fast einhundert Jahren als post/koloniale Matrix entfaltet und als solche bis heute überlebt hat.[38] Schaut man sich vor *diesem* Hintergrund beispielsweise die Ausgrenzungs- und Verfolgungsgeschichten von Schwarzen Menschen in der Weimarer Republik und im Nationalsozialismus an, lässt sich schwerlich von ›epochalen‹ Einschnitten sprechen. Ebenso wenig belegbar ist die nach 1945 – sowohl in der BRD als auch in der DDR oder im vereinigten Deutschland – bis heute gern konstatierte sprichwörtliche ›Stunde Null‹, denn an einem tabuisierten rassifizierten Nationsverständnis, das Weißsein und Deutschsein als kongruent setzt, hat sich nichts geändert.[39]

Die Tatsache, dass im Kontext einer Schwarzen Historiografie das gegenwärtige Deutschland folglich als post/kolonialistische *und* postnationalsozialistische Gesellschaft aufzufassen ist, führt, weitgehend altersunabhängig, bei vielen *weißen* Ausstellungsbesucher_innen immer wieder zu heftigen Irritationen. Für ein nicht*weißes* Publikum sind die angebotenen Inhalte und Deutungen zwar nicht minder überraschend, werden in der Regel jedoch anders rezipiert. Die ansonsten kaum gewährleistete Zugänglichkeit zu historiografischen Referenzen, ihre auto/biografische ›Überprüfbarkeit‹ sowie die Möglichkeit, über zwei Medienmodule Einblick in das künstlerische und intellektuelle Schaffen einiger Porträtierter zu nehmen, zeitigen neben einem Stolz auf sichtbare Errungenschaften vor allen Dingen Freude über evidente, nun fassbare Verbindungen. Auf einen in den *Ausblick* eingeworfenen Zettel hatte eine Jugendliche geschrieben: »Danke!!! Wusste gar nicht wie lange es uns schon gibt hier. Hab den Katalog gekauft für Geschichte damit ich endlich was sagen kann.«

IV.

Offenbar scheinen sich ›Irritation‹ und ›Verhandlung‹, die sich bei der Rezeption der Ausstellung inzwischen als wesentliche, wenngleich unterschiedlich wirkende transformative Erlebnismomente herauskristallisiert haben, zu bewähren. Seit ihrer Eröffnung im Spätsommer 2006 tourt die *Homestory Deutschland* fast ununterbrochen, 2008 entstand ein gleichnamiges, als szenische Lesung konzipiertes Bühnenstück,[40] und für 2012 hat die Stiftung *Erinnerung, Verantwortung und Zukunft* eine weitere Projektfinanzierung zugesagt. Die öffentlichen Räume, in denen die Ausstellung zu sehen war, reichen vom Jenaer Rathaus über die Volkshochschule Tübingen bis hin zum Dokumentations- und Kulturzentrum Deutscher Sinti und Roma in Heidelberg. Fast immer ist sie von einem Rahmenprogramm begleitet, das mit Filmen, Vorträgen, Lesungen sowie Zeitzeugengesprächen die präsentierten Themen und Zusammenhänge ergänzt und vertieft; und fast immer zeigen die im Anschluss daran häufig emotionalen Diskussionen, mit welcher oft ratlosen Bestürzung die Virulenz bestehender kolonialrassistischer Denkweisen von Angehörigen der Mehrheitsgesellschaft zur Kenntnis genommen wird und wie umfassend sich die Verweigerung eines – im eigentlichen wie übertragenen Sinne – *Zur-Sprache-Bringens* post/kolonialer Realitäten gestaltet. Es lassen sich jedoch auch Tendenzen ausmachen, die plötzlich un/heimlich gewordene eigene Geschichte anzunehmen und neuartig zu lesen. Eine Diskussionsteilnehmerin reflektierte diese Möglichkeit wie folgt:

> »Ich hab mir die Ausstellung angeguckt und war danach total fertig. Nicht wegen der Lebensgeschichten, die fand ich richtig beeindruckend. Was mich fertig gemacht hat, war, dass ich mit einem Mal kapiert habe: Alles, was ich da sehe, ist Deutschland, also auch das, was draußen liegt; und ich hab davon überhaupt nichts gewusst. Aber das geht ja noch weiter, weil das nur *eine* Sache ist, und es mit Sicherheit andere solche Sachen gibt, wovon ich genauso nichts weiß. Es ist schwer, das zu kapieren, weil man was völlig anderes lernt und gar nicht auf die *Idee* kommt – *ich* jetzt, als *weiße* Person. Aber wenn man die ganzen Sachen nicht kennt und nicht mal versucht, sie kennen zu lernen, dann kann man doch gar nicht mehr über *Deutschland* reden, weil, worüber redet man denn dann eigentlich?«

Die hier in bemerkenswerter Präzision vorgenommene Dezentrierung eines herrschenden Geschichtsverständnisses, die Herausstellung seines zutiefst provinziellen Charakters und die Rück/Forderung einer raumzeitlichen Multiplizität stellen wesentliche Voraussetzungen dar, um der Partikularität globaler wie lokaler Beziehungsgefüge und Entwicklungen gerecht zu werden,[41] vor allem aber, sie über die »geografische Überprüfung historischer Erfahrung«[42] verständlich zu machen. Durch eine solche nicht-hierarchisch ausgelegte ›Provinzialisierung des Denkens‹[43] wird »jedes Sprechen sein eigener Ort. Das heißt, es nimmt sich selbst zum Gegenstand [...], weil es von allen möglichen Orten der Welt betrachtet werden möchte, ob es eine Invariante ist, das heißt, ein Ort der Orte, weder Konsens noch Verallgemeinerung, sondern eine bleibende Spur.«[44] Diese, von prädisponierten Erwartungshaltungen befreite Art des Sprechens müsste folglich überall in jeweils bestimmter Weise hörbar sein, und doch gibt es, wie im Fall der *Homestory Deutschland*, besondere Orte, auf die es, inhaltlich bedingt, besonders ankommt, und wo die Möglichkeit des In-Beziehung-Tretens einen entsprechend besonderen Glücksfall darstellt.

Ende 2008 ging die Ausstellung in einer portablen Leichtversion auf Einladung des vor Ort befindlichen Goethe-Instituts nach Dakar (Senegal).[45] Der Ansturm war groß, und das nicht nur wegen des Rahmenprogramms oder eingeflogener Gäste, wie die in Deutschland bekannte Musikerinnenformation *Sisters Keepers*. Was Besucher_innen und Medien in die Räume der deutschen Institution für Kulturvermittlung zog, war vielmehr die Möglichkeit, eine zwar schwer zugängliche, aber bereits verhandelte diasporische Perspektive auf Deutschland zu bekommen, die einerseits als glaubwürdige lokale Zustandsbeschreibung diente, sich andererseits, beispielsweise zusammen mit afrobritischen oder -französischen Perspektiven, durchaus auch als kontinentale Verhältnisbestimmung lesen ließ. Der entgrenzte gegen-nationale (*counter-national*) Charakter dieses Blickwinkels – und hierin lag sicherlich ein wichtiges Identifikationsmoment – bezieht die Erfahrungen und Wissenskontexte eines afrikanischen Erbes wertschätzend ein, reflektiert dieses jedoch in veränderter Form und verdeutlicht so die Vielzahl direkter und indirekter diasporischer Wegkreuzungen, die Schwarzdeutschland, Schwarzeuropa und den afrikanischen Kontinent miteinander verbinden (Abb. 4).

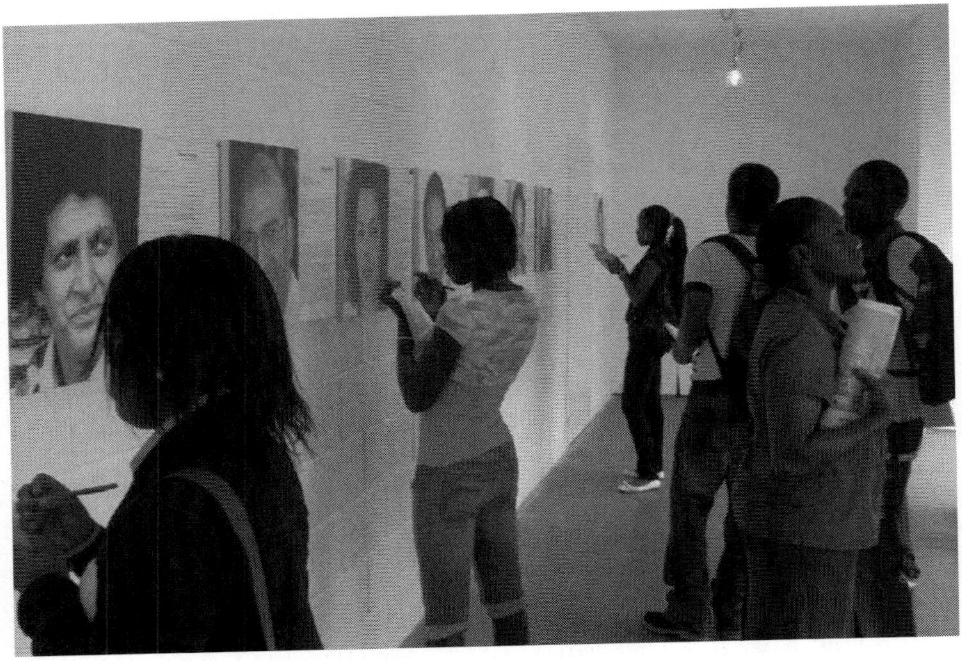

Abb. 4: Besucher_innen der portablen Ausstellungsversion im Goethe-Institut Abidjan (Foto: Sipua Ngnoubamdjum)

Aufgrund des Erfolges im Senegal tourte die *Homestory Deutschland* durch weitere sieben afrikanische Metropolen: Abidjan (Elfenbeinküste), Lilongwe (Malawi), Harare (Simbabwe), Windhoek (Namibia), Daressalam (Tansania), Johannesburg (Südafrika) und Kampala (Uganda). Die Resonanz auf die Ausstellung war durchgängig groß, doch müssen für eine noch ausstehende Auswertung der Tour die Besonderheiten der einzelnen Rezeptionskontexte einbezogen werden, von denen zwei eine direkte Verbindung zum deutschen Kolonialismus aufweisen. Im Hinblick auf ergänzende Rahmungen sowie Themen- und Fragestellungen sind jedoch gerade die außerhalb Deutschlands gesammelten Erfahrungen sehr wertvoll, denn immerhin ist eine weitere interkontinentale Reise geplant, die in die USA führen soll. Dass die Ausstellung dort auf andere diasporische Gegebenheiten und Verbindungen treffen wird, über die im Vorfeld nachzudenken ist, versteht sich von selbst. Dennoch wurde bei aller Verschiedenheit der Orte und Kontexte, in denen sie bislang im Raum stand, vor allem eines deutlich: *Homestory Deutschland* erzählt eine re/visionierte Welt-Geschichte, in der sich Globalität an der Unberechenbarkeit gelebter Erfahrung misst, und sie folgt einer ex-zentrischen Kartografie, auf der sich Orte unvorhersehbar zusammenfügen. Auf *dieser* Karte gibt es kein ›Europa‹, und dort ist ›Deutschland‹ eine Insel.

In memoriam Édouard Glissant (23.09.1928 – 03.02.2011)

Mein besonderer Dank gilt Tahir Della, Barbara Mugalu, Sipua Ngnoubamdjum, Patricia Saad und Turan Yildiz.

1 Derek Walcott: »Die Antillen: Fragmente epischen Erinnerns (Nobelpreis-Rede vor der Schwedischen Akademie)« In: Ders.: *Erzählungen von den Inseln. Gedichte*. München/Wien 1993, S. 5–24, hier S. 11.

2 Der obige Bezug auf das diskursive Moment stellt eine lediglich gedankliche Einschränkung dar. Dass die soziokulturelle Pathologisierung, Disziplinierung und Rassifizierung von Individuen und Gruppen gravierende alltagsweltliche Auswirkungen hat, ist mitnichten eine Frage ›subjektiver Betroffenheit‹, sondern eine Realität, die alle betrifft, jedoch unterschiedlich erlebt wird. Die vielfältigen Möglichkeiten von Distanznahme, Ignoranz oder Verleugnung sind daher kein Ausdruck von ›Nichtbetroffenheit‹, sondern von struktureller Privilegierung.

3 Alexander G. Weheliye: »›Mein Volk, das es so noch nicht gibt‹: Kollektivitätsbilder in der Schwarzen deutschen Popmusik« In: Kien Nghi Ha, Nicola Lauré al-Samarai, Sheila Mysorekar (Hg.): *re/visionen. Postkoloniale Perspektiven von People of Color auf Rassismus, Kulturpolitik und Widerstand in Deutschland*. Münster 2007, S. 305–322, hier S. 306.

4 Ebd.

5 ›Kultur‹ wird hier und im Folgenden im Saidschen Sinne verwendet. Vgl. dazu Edward W. Said: *Kultur und Imperialismus. Einbildungskraft und Politik im Zeitalter der Macht*. Frankfurt a.M. 1994, S. 14–16.

6 Thomas Krüger: »›Fokus Afrika: Africome 2004–2006‹ der Bundeszentrale für politische Bildung« In: BpB (Hg.): *Africome. Einladung zur Auftaktveranstaltung*. Berlin 2004, S. 2 (Faltblatt).

7 Ebd.

8 Auf die Problematik des homogenisierenden Kontinent-Labels ›Afrika‹ kann an dieser Stelle lediglich hingewiesen werden. Vgl. dazu ausführlich den kritischen Beitrag von Anna Weicker, Ingrid Jacobs: »Afrika« In: Susan Arndt, Nadja Ofuatey-Alazard (Hg.): *Wie Rassismus aus Wörtern spricht. (K)Erben des Kolonialismus im Wissensarchiv deutsche Sprache. Ein kritisches Nachschlagewerk*. Münster 2011, im Erscheinen.

9 Krüger 2004 (wie Anm. 6).

10 Der Terminus des Undenkbaren – im Sinne eines Versagens von Kategorien – ist in Anlehnung an Michel-Rolph Trouillot gewählt und beschreibt das, »[...] was innerhalb des Spektrums möglicher Alternativen nicht begriffen werden kann, was alle Antworten auf den Kopf stellt, weil es die Begriffe untergräbt, in denen die Fragen formuliert wurden.« Michel-Rolph Trouillot: »Eine undenkbare Geschichte. Zur Bagatellisierung der haitianischen Revolution« In: Haus der Kulturen der Welt, in Zusammenarbeit mit Paul Gilroy und Tina Campt (Hg.): *Der Black Atlantic*. Berlin 2004, S. 180–198, hier S. 187.

11 Für epistemologische Rahmensetzungen seien exemplarisch genannt: Johannes Fabian: *Time and the Other. How Anthropology Makes Its Object*. New York 1983; Édouard Glissant: *Zersplitterte Welten. Der Diskurs der Antillen*. Heidelberg 1986 sowie ders.: *Poétique de la relation*. Paris 1990; Jean Bernabé, Patrick Chamoiseau, Raphaël Confiant: *Éloge de la créolité*. Paris 1989; Paul Gilroy: *The Black Atlantic. Modernity and Double Conciousness*. Cambridge (MA) 1993; Homi Bhabha: *The Location of Culture*. New York/London 1994.

12 Bhabha 1994 (wie Anm. 11), S. 7.

13 ›Objektifiziert‹ wird in Anlehnung an die englischen Termini *objectification/objectified* verwendet. Damit sind vielschichtige Prozesse des Zum-Objekt-Machens marginalisierter Men-

schen und Gemeinschaften gemeint. Vgl. dazu Patricia Hill Collins: *Black Feminist Thought. Knowledge, Conciousness, and the Politics of Empowerment.* New York/London 1991, S. 69. Die Konnotation der Schaffung einer Wertneutralität, wie sie die deutschen Begriffe objektiviert/Objektivierung suggerieren, ist für den vorliegenden Kontext ungeeignet.

14 Vgl. dazu Michele Wallace: *Dark Designs & Visual Culture.* Durham 2004 (insbesondere Kapitel VI); außerdem Kobena Mercer: »Reading Racial Fetishism: The Photographs of Robert Mapplethorpe« In: Ders.: *Welcome to the Jungle. New Positions in Black Cultural Studies.* New York/London 1994, S. 171–219.

15 Dazu gehörte in den vergangenen Jahrzehnten auch die Aufarbeitung Schwarzer deutscher Geschichte, die Schaffung eines Wissenspools von Schwarzen Expert_innen sowie die überregionale und transnationale Informations- und Vernetzungsarbeit. Zu Geschichte und Handlungsfeldern der ISD vgl. ausführlich: Eleonore Wiedenroth-Coulibaly, Sascha Zinflou: »20 Jahre Schwarze Organisierung in Deutschland – Ein Abriss« In: cyberNomads, ADB Köln (Hg.): *TheBlackBook. Deutschlands Häutungen.* Frankfurt a.M. 2004, S. 133–144. – Siehe außerdem Eleonore Wiedenroth-Coulibaly: »Zwanzig Jahre Schwarzer Widerstand in bewegten Räumen« In: Ha/Lauré al-Samarai/Mysorekar 2007 (wie Anm. 2), S. 401–422.

16 Zu den Interviewerinnen/Texterinnen gehörten Aischa Ahmed, Nadine Golly, Nicola Lauré al-Samarai, Victoria B. Robinson, Regina Stein, Eleonore Wiedenroth-Coulibaly. Die Fotograf_innen waren Tahir Della, Magdy Abu Gindy, N'zitu Mawakha, Deborah Moses-Sanks, Alexander Schirrmann-Ayeni. Für die Gestaltung war Barbara Mugalu verantwortlich.

17 Als paradigmatisches Beispiel mag hier die 2005 im Deutschen Historischen Museum Berlin gezeigte Ausstellung *Zuwanderungsland Deutschland. Migrationen 1500–2005* dienen, an deren Umsetzung keine einzige migrantisierte Person beteiligt war, was sich ganz sicher nicht auf einen Mangel an Kompetenzen, sondern auf ausschließende strukturelle Rahmenbedingungen zurückführt. Vgl. dazu die Rezension von Nicola Lauré al-Samarai: »Zuwanderungsland Deutschland. Migrationen 1500–2005« In: http://hsozkult.geschichte.hu-berlin.de/rezensionen/id=34&count=114&recno=59&type=rezausstellungen&sort=datum&order=down. – Ein ähnlich selbstreferenziell-monologisches Vorgehen ist auch für die 2008 im Berliner Martin-Gropius-Bau gezeigte Ausstellung *Die Tropen* zu konstatieren, das bei einer anderen Zusammensetzung der Kurator_innen in dieser Form vermutlich nicht möglich gewesen wäre. Vgl. dazu die hervorragende Analyse von Sandrine Micossé-Aikins: »Kunst« In: Arndt/Ofuatey-Alazard 2011 (wie Anm. 8).

18 Der Frage des Publikums eine andere und grundlegende Bedeutung beizumessen, täte vielen Ausstellungen, unabhängig von ihren thematischen Schwerpunkten und der Tatsache, ob sie in etablierten Institutionen oder alternativen Räumen gezeigt werden, nicht nur gut, sondern auch not. Dies würde nämlich zum einen bedeuten, sich ernsthaft mit dem Faktum gesellschaftlicher Diversität und folglich mit den Interessen und Sehgewohnheiten nichtmehrheitsdeutscher Individuen auseinandersetzen zu müssen, die hierzulande in nicht geringer Zahl leben. Im besten, wenngleich derzeit unwahrscheinlichen Fall hätte dies zur Folge, einer solchen Diversität – von der Zusammensetzung von Kuratorien über Konzeptionen bis hin zu Inhalten – selbstverständlich zu entsprechen, und auf diese Weise dominante Repräsentations- und Rezeptionsregimes und eurozentrische Inhalte zumindest hinterfragbar zu machen, statt sie als quasinatürliche Gegebenheiten zu postulieren und zu reproduzieren. Zum anderen zögen solche Vorüberlegungen unweigerlich Auseinandersetzungen nach sich, die hegemoniale Konzepte von »Museum« und damit auch die Herstellung von (historischen) Identitäten grundsätzlich zur Disposition stellen. Der Tatsache, dass solche Konzepte in der Tradition einer »europäischen Kulturgewalt« stehen und sich deshalb für die Repräsentation von diasporischen Identi-

täten oder migrantisierten Geschichten als ungeeignet erweisen, wäre damit gedanklich und praktisch Rechnung getragen. Vgl. das Gespräch zwischen Belinda Kazeem, Peggy Piesche und Nicola Lauré al-Samarai in diesem Band.

19 Nicola Lauré al-Samarai, Barbara Mugalu: »Vorwort« In: Initiative Schwarze Menschen in Deutschland (Hg.): *Homestory Deutschland – Schwarze Biografien in Geschichte und Gegenwart.* Ausst.-Kat. Krefeld 2006, S. 8. – Die lyrischen Zitate im Vorwort des Kataloges und in der Ausstellung nehmen Bezug auf ein Gedicht der afrodeutschen Dichterin und Aktivistin May Ayim (1960–1996), die zu den porträtierten Personen gehört.

20 Bhabha 1994 (wie Anm. 11), S. 8.

21 Zu den epistemologischen Zugängen siehe ausführlich Hill Collins 1991 (wie Anm. 13), S. 208–212.

22 Lauré al-Samarai/Mugalu 2006 (wie Anm. 19), S. 8.

23 Eurozentrische Lesarten mündlicher Geschichten, wozu auch die in der Ausstellung verwendete Form der *oraliterature* gehört, weisen insbesondere dann eine Vielzahl von Beschränktheiten auf, wenn Erzähler_innen als ›außereuropäisch‹ markiert sind. Der Folklorisierung, Exotisierung und/oder Primitivisierung komplexer mündlicher Narrationen liegt eine kolonialrassistisch basierte Erwartungshaltung zugrunde, die Oralität sowohl als soziokulturelles Kommunikationskonzept wie auch als literarisches Genre vollkommen verkennt.

24 Der in der Ausstellung zugrunde gelegte Widerstandsbegriff ist keinesfalls in seinen ›kämpferisch-heroischen‹ Verengungen zu lesen, sondern meint die Bewahrung eines im eigentlichen wie übertragenen Sinne unangepasst-reflektorischen, partiell individualistisch gelebten, partiell gemeinschaftsorientierten Eigen-Sinns. Da ein solcher zwar an persönliche und folglich einzigartige Lebenskonzepte gebunden, strukturell aber immer interdependent und als solcher greifbar zu machen ist, birgt er notwendigerweise Widersprüchlichkeiten, Inkohärenzen und ein gewisses Streitpotenzial in sich, was eine lebensgeschichtliche Vielfalt bestätigt, statt sie einzuebnen. Zum Begriff des interdependenten Eigen-Sinns vgl. die theoretischen Grundlegungen von Maureen Maisha Eggers: »Kritische Überschreitungen: Die Kollektivierung von (interdependentem) Eigen-Sinn als identitätspolitische Herausforderung.« In: Ha/Lauré al-Samarai/Mysorekar 2007 (wie Anm. 2), S. 243–257, hier S. 244–250.

25 Lauré al-Samarai/Mugalu 2006 (wie Anm. 19), S. 9.

26 Dies betrifft das Porträt des als Kind versklavten und an den Hof des Herzogs von Braunschweig-Wolfenbüttel verschleppten späteren Philosophen Anton Wilhelm Amo (1703–ca. 1753) sowie das Porträt des Musikers und Psychologen Billy Mo (1923–2004). Hier musste in der dritten Person erzählt werden, da keine eigenen Aufzeichnungen vorlagen, sodass die Erinnerungsarbeit über die Collagierung einer historischen Recherche bzw. über die Aufbereitung eines Interviews mit der Witwe der biografisierten Person erfolgte.

27 Dazu gehörte ebenfalls, auf eine wie auch immer geartete (und sonst häufig übliche) Gegenüberstellung von entmenschlichenden Images und realen Lebenswirklichkeiten zu verzichten, da eine solche buchstäblich nichts aussagt, sondern rassistische Fremdbilder auf der Basis einer Funktionalisierung persönlicher Geschichten reproduziert und herrschende Blick-Verhältnisse festschreibt.

28 Monophonisierung (also die im technischen Sinne einkanalige Schallübertragung) steht hier metaphorisch für all jene destruktiven diskursiven und praktischen Bestrebungen, mit denen die Vielstimmigkeit marginalisierter diasporischer Existenzen unterdrückt und/oder einer ›universellen Transparenz‹ unterworfen wird.

29 Vgl. dazu ausführlich Kobena Mercer: »Recoding Narratives of Race and Nation« In: Mercer 1994 (wie Anm. 14), S. 69–96, hier S. 91.

30 Zur einbettenden Erklärung des Konzeptes von *opacité* (englisch: *opacity*; deutsch: *Undurchdringlichkeit*), das einen zentralen Aspekt im archipelischen Denken Édouard Glissants und anderer karibischer Philosophen darstellt, vgl. ausführlich Celia M. Britton: *Edouard Glissant and Postcolonial Theory. Strategies of Language and Resistance.* Charlotteville/London 1999, S. 18–25 sowie S. 161–163.

31 In allochronen Repräsentationskomplexen finden sich als ›außereuropäisch‹ markierte Menschen, *communities* und Gesellschaften in einer immer als rückständig unterstellten Anderszeitlichkeit fixiert, deren Paradigmen selbstredend auch dann greifen, wenn man dagegen anzukämpfen versucht. Zu den Funktionen und Wirkweisen einer allochronen, temporalhierarchisierenden Distanznahme vgl. Fabian 1983 (wie Anm. 11).

32 bell hooks: »Marginality as a site of resistance« In: Russell Ferguson et al. (Hg.): *Out There. Marginalization and Contemporary Culture.* Cambridge (MA) 1990, S. 341–343, hier S. 341.

33 Ein solches Streben nach Kontinuität ist in diasporischen Zusammenhängen keineswegs als lineare Fixierung einer minoritären Geschichtlichkeit zu missdeuten, die dominante Narrationen lediglich additiv ›vervollständigt‹ oder gar auf vergleichbaren Parametern basiert. Es stellt vielmehr eine Entwicklung dar, die diasporische Menschen befähigt, sich der Diskontinuität ihrer fragmentierten, ent-innerten Geschichte/n zu bemächtigen und sie raumzeitlich zu beheimaten. Vgl. Glissant 1986 (wie Anm. 11), S. 115 sowie Bhabha 1995 (wie Anm. 11).

34 Der interaktive Richtungssinn eines immediaten dialogischen *call-and-response* ist im verschrifteten Kontext aufgehoben. Im Kontext von *orality* erfolgt der *response* der Zuhörenden auf den *call* der erzählenden Person. Entscheidend ist die aktiv-reflektierte Partizipation aller involvierten Individuen. Vgl. dazu Hill Collins 1991 (wie Anm. 13), S. 213 sowie Geneva Smitherman: *Talking and Testifyin: The Language of Black America.* Boston 1977, S. 108 f.

35 Im Ausstellungskatalog erfolgt die visuelle Umsetzung des interaktiven Erlebnismoments notwendigerweise in veränderter Form. Als Entsprechung zum Drehen der Tafeln müssen die Katalogseiten aufgetrennt werden.

36 Um diesem Beteiligt-Sein Ausdruck zu verleihen, wurde in das dritte Wandmodul ein *Ausblick* integriert. Hinter einer Acrylglasplatte, auf der kurze Statements von Schwarzen Jugendlichen zu lesen sind, denen als neuer Generation das ›letzte Wort‹ zusteht, können Besucher_innen ihre schriftlichen Kommentare einwerfen. Da die Zettel nicht gefalzt werden sollen, bleiben die jeweiligen Aussagen fragmentarisch zugänglich, womit zwei Ebenen gleichzeitig visualisiert sind: die Perspektiven Schwarzer Jugendlicher und die der Besucher_innen.

37 Wie die Ergebnisse der für die Erstellung der Zeitleisten notwendigen ›Grabungsarbeiten‹ zeigen, sind Fakten mitnichten neutral, sondern bringen über ihre selektive Auswahl und Anordnung *bestimmte Geschichtsversionen* überhaupt erst hervor, die folglich weder Anspruch auf Vollständigkeit noch alleinige Deutungshoheit erheben können.

38 Post/kolonial in dieser Schreibweise bezieht sich auf im Kolonialismus wurzelnde politische Praxen und/oder diskursive Epistemologien, die ihrerseits einem herrschenden gesellschaftlichen ›Zeitgeist‹ Ausdruck verleihen.

39 Zu solchen Rahmensetzungen vgl. Kien Nghi Ha: *Ethnizität und Migration reloaded.* Berlin 2004, S. 23–27.

40 Autorinnen des Theaterstücks sind ManuEla Ritz und Sharon Otoo. Auszüge daraus finden sich in: ManuEla Ritz: *Die Farbe meiner Haut. Eine Anti-Rassismustrainerin erzählt.* Freiburg 2009, S. 158–174.

41 Mit ›provinziell‹ ist hier ein auf rassifizierenden und kulturalisierenden Paradigmen basierendes monophones Weltverständnis gemeint, das die Partikularität ›europäischer‹ (wahlweise

›westlicher‹) Entwicklungen als modellhaft missdeutet und innerhalb eines selbstrefenziellen hierarchischen Wertesystems universalisiert.

42 Said 1994 (wie Anm. 5), S. 41.

43 ›Provinzialisierung‹ beschreibt die Anerkenntnis der Welt als unendliche Summe gleichberechtigter Viel-Orte. Diasporisches Denken stellt folglich eine spezifische Variante provinzialisierten Denkens dar.

44 Glissant 1986 (wie Anm. 11), S. 180.

45 Da sich die Module der *Wall of Fame* für eine Verschiffung als ungeeignet erwiesen, wurde eine portable Leichtversion der Ausstellung entworfen. Die ins Englische bzw. ins Französische übersetzten Auto/Biografien der porträtierten Personen befinden sich auf hinter den Fotografien herausziehbaren Tafeln.

Buket Altınoba

Musealisierung im Spannungsfeld der Modernisierung in der Türkei

In dem Kurzfilm *The Road to Tate Modern* (Abb. 1) suchen im kargen anatolischen Gebirge zwei Männer auf Eseln, ihr Equipment weist sie als Don Quijote und Weggefährten aus, den Weg zum britischen Museum für Gegenwartskunst. Die cinematografische Arbeit von Şener Özmen und Erkan Özgen behandelt, in Anlehnung an Cervantes' Tragikkomödie, die Ausweglosigkeit des Künstlers im Spannungsfeld von europäischem Kunstzentrum und Peripherie.[1] Gleichzeitig verweisen die Autoren auf die aktuellen Bestrebungen ihres Landes um einen, wie es scheint, ›utopischen‹ EU-Beitritt. Aktuelle Modernisierungsreformen und damit einhergehende Museumspolitik der Türkei sind, wenn man in die Geschichte zurückblickt, bereits im ausgehenden Osmanischen Reich, noch vor der Revolution der Jungtürken, erkannt und angestrebt worden.[2]

Sultan Abdülmecit I. (1823–61) persönlich beauftragte 1846 den Kriegsminister Fethî Ahmet Paşa (1801–57), in der im 6. Jahrhundert erbauten Irenenkirche eine offizielle Sammlung für Altertumskunde anzulegen. Der Bestand stammte aus den kaiserlichen Depots, welche prunkvolle Waffen, Ausgrabungsfunde und Kriegsbeute beinhalteten. Ein Engländer namens Edward Goolds übernahm die Leitung des 1869 gegründeten Kaiserlichen Museums, *Müze-i Hümayun*. Nach einander wurden der Österreicher Trentzio (1871) und Anton Dethier (1872) aus Berlin an das Institut berufen, bis mit Osman Hamdi Bey im Jahr 1881 eine neue Epoche eingeläutet werden konnte.[3] Noch zu Lebzeiten von Dethier war der museale Bestand von der Hagia Eirene in den Fayencen Pavillon umgezogen.[4] Zu diesem Zeitpunkt beinhaltete das Archiv nicht mehr als 700 Werke. Es wurde in der Folge stetig erweitert, was vor allem das Verdienst des osmanischen Leiters war, der archäologische Geländeerkundungen im Auftrag des Sultanats durchführte.[5] Das heutige Archäologische Museum, welches das Museum für altorientalische Kunst (*Eski Şark Eserler Müzesi*) und die Majolikasammlung im Fayencen Pavillon vereint, eröffnete am 13. Juni 1891 in dem vom Architekten Alexandre Vallaury (1850–1921) entworfenen Hauptgebäude. Osman Hamdi Bey (1842–1910) führte in diesem Zusammenhang nicht nur die Formalerschließung und die Inventarisierung als Grundlagen der Museumsarbeit ein, sondern begründete ferner mit dem am 4. September 1891 gestellten Antrag die erste Kaiserliche Kunsthochschule in Istanbul.[6]

Im Zusammenhang von Musealisierungsprozessen in globalen Kontexten kann insofern am Fallbeispiel der Türkei eine besondere Situation aufgezeigt werden, als dass die Integration der Kunst und deren Präsentation nach westlicher Machart in den lokalen kulturellen Habitus lediglich partiell erfolgte. Lange Zeit beschränkten sich Entwicklungen in der Verwestlichungsperiode auf elitäre Kreise, die ihren Ursprung im Militär hatten: Sowohl Künstler als auch Sammlungsbeauftragte am Vorabend der Republik

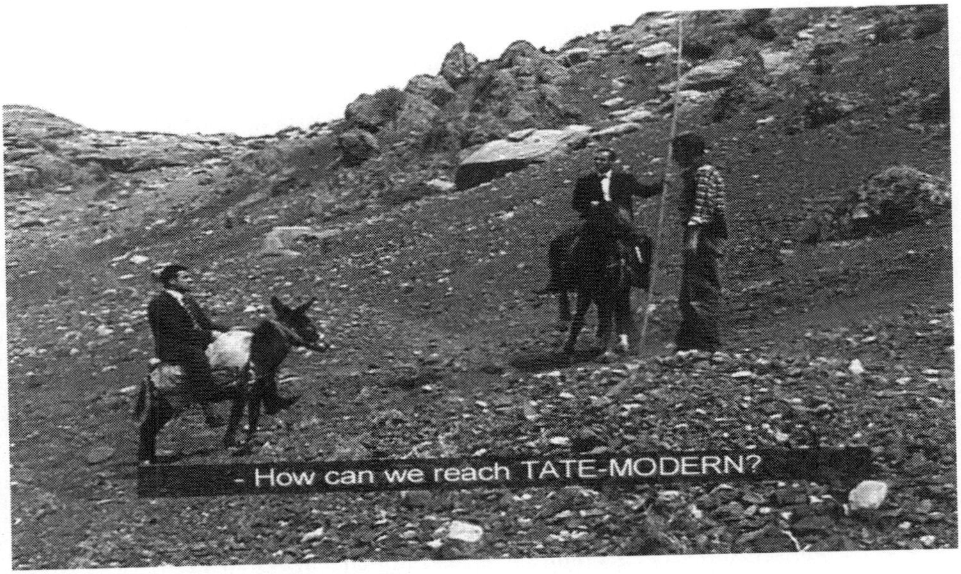

Abb. 1: Şener Özmen, Erkan Özgen: The Road to Tate Modern, 2003. Video, 6'47 min, Videostill

hatten ihre Ausbildung an Pioniers- und Ingenieursschulen erfahren, wie zum Beispiel der Maler und Sammlungsbeauftragte (Şeker) Ahmet Paşa (1841–1907) oder der osmanische Ambassador und Kunstmäzen Khalil Bey (1831–79).[7] Es braucht nicht erwähnt zu werden, dass ihr Handeln stets im Abhängigkeitsverhältnis von den sich ändernden Hegemonialzuständen und imperialen Interessen zu verstehen ist.[8] Insgesamt ist die hier beschriebene Situation insofern besonders, als dass der letzte Vertreter des Kalifentums, Abdülmecit Efendi (1868–1944), in persona die ›westliche Peinture‹ an seinem Hof zur Kunst deklarierte. Mit seiner modernen Einstellung unterstützte er nicht nur die Osmanische Malervereinigung (1909–21) und ihre Kunstzeitschrift finanziell, sondern war darüber hinaus mit seinem eigenen malerischen Schaffen richtungsweisend für eine ganze Künstlergeneration. Die Arbeiten von Abdülmecit Efendi, aber auch der Malergeneration 1914, die sich aus den aus Paris zurückgekehrten Offiziersmalern und Akademiestudenten rekrutierte, befinden sich heute im Staatlichen Gemälde- und Skulpturenmuseum, das zur Republikzeit durch Mustafa Kemal Atatürk (1881–1938) gegründet und der Kunstakademie (GSA) zugeteilt wurde.

Im Zuge einer Reihe grundlegender Bildungsreformen ließ der Begründer der modernen Türkei am 20. September 1937 dieses Museum im Kronprinzengebäude der ehemaligen Residenz einrichten (Abb. 2). Der in diesem Jahr an die Kunstakademie berufene Leopold Lévy führte als Beauftragter die Gemälde aus der ehemaligen kaiserlichen Gemäldesammlung sowie die Werke, die in der Ausstellung *Fünfzig Jahre Türkische Malerei und Skulptur* an der Kunstakademie 1936 gezeigt wurden, zusammen. Jener kaiserliche Bestand *Elvah-ı Nakşiye Koleksiyonu*, der im vergangenen Jahrhundert von (Şeker) Ahmet Paşa initiiert und 1917 rechtlich begründet wurde, ist in einem gleichnamigen Handbuch erfasst, das gleichzeitig zu den ersten Publikationen

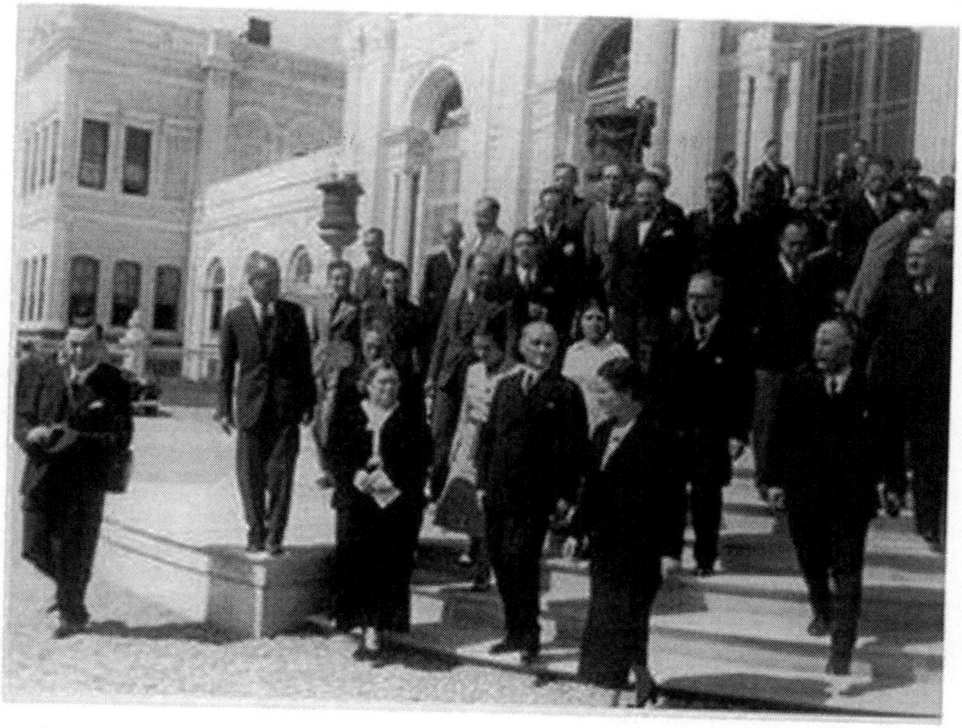

Abb. 2: Eröffnung des Gemälde- und Skulpturenmuseums am 20. September 1937 mit Atatürk

über die Entwicklung der ›Peinture‹ im eigenen Land zählt.[9] Hier erwähnt der Bruder von Osman Hamdi Bey, Halil Edhem (1861–1938), dass er in seiner Amtszeit als Hochschulleiter zwischen 1910 und 1916 im Auftrag des Staates 44 Kopien europäischer Meister anfertigen ließ.[10] Bis in die Republikszeit hinein wurden weitere 87 Arbeiten einheimischer Maler, die zum Teil pauschal angekauft wurden, und zehn weitere, jüngere Arbeiten europäischer Künstler hinzugefügt.[11] Die Gemäldesammlung entwickelte sich nach der Begründung des Museums in kürzester Zeit mit 454 Objekten zu einem wichtigen Bestandteil der Kunstakademie.[12] Die angesichts der rasanten Entwicklung archäologischer Objektsammlungen verspätete Strukturierung von Gemälden und Skulpturen in einem Ausstellungssaal ist gleichsam auf die ›kurze Geschichte‹ der Akademisierung der Malerei und Bildhauerei in der Türkei zurückzuführen.

Die im vergangenen Jahrhundert aktuellen nationalistischen und modernistischen Strömungen führten in der Türkei, wie an manch anderem Ort auch, zur Etablierung einer säkular ausgerichteten Regierung, die ein Interesse an der Einführung neu begründeter Disziplinen sowie der akademischen Profession hegte.[13] Die Hauptmerkmale für einen modernen Bildungssektor, wie eine spezialisierte Ausbildung mit Diplomzertifizierung, die Einrichtung spezifischer Bildungsorte oder die Förderung wissenschaftlicher Projekte, galt es in der kurzen Zeit zwischen 1927 und 1931 zu realisieren.[14] Die Kunstakademie der Republik Türkei (1928) stellte in diesem Zusammenhang einen Ausgangspunkt für eine wissenschaftliche Netzwerkbildung par excellence dar. Der Kontaktkonstellation zwischen deutschsprachigen Exilwissenschaftlern und einheimischen Auszubildenden, Künstlern, Architekten und Auftraggebern kommt, wie Ataman Demir aufzeigt, bis weit über die kemalistische Periode hinaus eine bedeutende Funktion zu.[15] Die Bedeutung der kanonbildenden Unterrichtsmethodik des fremdsprachigen Lehrkorpus in der Türkei, welcher maßgebliche und nachhaltige Lehrreformen einleitete, erwies sich als elementar sowohl für die institutionelle Entwicklung der Bildenden Künste als auch für die Begründung der Disziplin Kunstgeschichte (1943) an der Universität Istanbul.[16] Burcu Doğramacı konstatiert in diesem Zusammenhang einen regen »Austausch und eine enge Zusammenarbeit«[17] zwischen erstens dem Deutschen Archäologischen Institut Istanbul (1929), das auch türkische Wissenschaftler (unter anderem Oktay Aslanapa, Semavi Eyice und Arif Müfid Mansel) zeitweise zu seinen Mitgliedern zählte, zweitens den deutschsprachigen Professoren (diese fanden insbesondere ab 1933 in der Türkei eine Exilheimat) und drittens lokalen Institutionen.[18] So sind die in dieser Zeit eingeleiteten Forschungsprojekte und neu gegründeten oder reformierten Universitätsbereiche bis heute einflussreich,[19] nicht zuletzt weil viele der Schüler inzwischen selbst in der Lehre tätig sind.[20]

Die kulturpolitische Ausrichtung und das Ziel der kemalistischen Einpartei orientierte sich eindeutig am Westen und seinen kulturellen Gepflogenheiten. Staatliche Museen zur Vermittlung kultureller Identität und zur Erhaltung des kulturellen Erbes waren eine Pflicht, der es rasch nachzukommen galt. Die Organisation des türkischen Museumswesens wurde im Zuge zunehmender Nationalisierungs- und Modernisierungstendenzen auf einer neuen Ebene diskutiert und vorangetrieben. Über die Atatürk-Ära hinaus bis in die 1960er Jahre wurden in den verschiedenen Regionen des Landes archäologische und ethnografische Museen sowohl neubegründet, u.a. in Adana (1924), Ankara (1930), Gaziantep (1944), Eskişehir (1945), Alanya (1967) und Bursa (1972), als auch bereits vorhandene Musealisierungskonzepte reformiert.[21] Historische Bauten, wie zum Beispiel die Madrasa (islamische Schule, *medrese*), der *bedesten* (überdachter Markt), Hamams und Burgen (*kale*) wurden im Auftrag des Ministeriums restauriert.[22] Entweder eröffneten sie direkt als Museen oder das Inventar wurde in andere Museumsräume überführt.[23] Ferner wurden unter der Federführung der neu gegründeten Archäologie- und Kunstgeschichtslehrstühle eine Vielzahl an topografischen Untersuchungen durchgeführt sowie Ergebnisse zum kulturellen Erbe publiziert, wie bezeichnenderweise an der Ankaraner Fakultät seit 1954 durch Katharina Otto-Dorn.[24]

Der Staatspolitik, die im Sinne des Republikideals eine Forcierung der Bildenden Kunst als Beitrag zur Modernisierung anstrebte, entsprach ebenso das Phänomen von Künstlergruppen wie der 1933 begründeten *»D« Gruppe* (*»D« grubu*).[25] Gemäß der formulierten Ziele der kemalistischen Kulturpolitik wurden Staatskünstler, so zum Beispiel Hamit Görele oder Zeki Faik İzer, sowohl durch Programme, wie die anatolischen Künstlerreisen (1938–43), als auch im Rahmen staatlicher Gemälde- und Skulpturenaustellungen zwischen 1933 und 1936 sowie nach 1939 unterstützt. Die in diesen Kontexten entstandenen Arbeiten wurden nicht nur wettbewerbsorientiert ausgestellt, sondern ebenso von verschiedenen staatlichen Ämtern und Dienststellen angekauft. Die Wirkung der vom Staat protegierten Gruppen, die mitunter Auslandsstipendien und staatliche Aufträge erhielten, dauerte bis in die Nachkriegszeit an.[26] Die Transformation der (islamisch-osmanischen) ›Tradition‹ in die (säkulartürkische) ›Moderne‹ zeichnete sich auf vielschichtigen Ebenen und insbesondere vor dem Hintergrund der ambitionierten Agenda für eine aktive Museumslandschaft in der republikanischen Periode (1923–50) ab.

Im Jahr 1950 löste die Demokratische Partei die vorangehende Volkspartei (CHP) des politschen Weggefährten Atatürks, İsmet İnönü, ab. Mit dem politischen Machtwechsel jedoch wurde die Kulturpflege nicht in der Intensität weitergeführt, wie es das kemalistische Erbe eingefordert hatte.[27] Trotz der neugewonnenen Möglichkeiten durch die Öffnung der Märkte beliefen sich die Interessen der Regierungspartei, die denen von Atatürks Bildungs- und Kulturpolitik weitestgehend widersprachen, darauf, Intellektuelle sowie deren Gruppierungen mit Zivil- und Militärbürokratie zu unterbinden. Kurzerhand wurden die 1932 initiierten Volkshäuser, die gleichzeitig auch Kunstausstellungen, Lesungen und Theateraufführungen veranstalteten, 1951 durch Adnan Menderes geschlossen.[28] Ausschlaggebend für kulturpolitische Debatten war eine Wettbewerbsausstellung eines staatlichen Künstlerprogramms (*Vilâyet Tabloları*) in Ankara. Da die geplante Schau, die am 5. Mai 1956 in der hauptstädtischen Ausstellungshalle hätte stattfinden sollen,[29] noch vor ihrer Eröffnung geschlossen wurde, entwickelte sie sich zum Politikum von kunsthistorischer Relevanz. In der damals wichtigen Tageszeitung *Ulus* äußerte sich Bülent Ecevit kritisch, in dem er die Abgeordneten der Demokratischen Partei der repressiven Kulturpolitik, genauer gesagt der »Schdanowschtschina«, bezichtigte.[30] In dieser Vernachlässigung kulturpolitischer Aufgaben sieht Turan Erol ein Grundsatzproblem der 1950er Jahre und folgender Jahrzehnte, die von mehreren Staatsstreichen gekennzeichnet sind.[31]

Verzögerungen in der Planung und Realisierung der landesweiten Errichtung staatlicher Museen für Gemälde und Skulpturen erstreckten sich dementsprechend bis in die 1980er Jahre. Das zunächst 1952 als staatliche Galerie konzipierte Institut in İzmir konnte beispielsweise erst zwanzig Jahre später mit dem Umzug in das von Muhlis Türkmen entworfene Gebäude als Staatsmuseum eröffnen. Und das für die Republikhauptstadt Ankara vorgesehene Staatliche Gemälde- und Skulpturenmuseum konnte im restaurierten, ehemaligen ›Türkenherd‹-Haus, noch vor dem dritten Militärputsch, ebenfalls verspätet am 2. April 1980 eröffnet werden. In der Hoffnung, zu einem späteren Zeitpunkt musealisiert zu werden, hatte man unter dem einflussreichen Istanbuler Museumsdirektor, Halil Dikmen, weitere staatliche Galerien in Alanya, Antalya, Balıkesir, Bursa, Edirne, Eskişehir, Erzurum, Kütahya, Mersin und Trabzon geschaffen.[32] Die Istanbuler Bestände wurden in diese regionalen Galerien als Leihgaben gesendet. Doch als sich herausstellte, dass die Institute wider Erwarten nicht zu Museen aufgebaut werden konnten, integrierte man kurzerhand die Exponate in das Museum der Hauptstadt. Seit 2006 gibt es, neben den drei großen Städten Ankara, Istanbul und İzmir, lediglich in Aydın, Erzurum, Mersin und Şanlıurfa Staatliche Gemälde- und Skulpturenmuseen.[33]

Die Weichen für die zeitgenössische Ausstellungstätigkeit im Sinne eines internationalen Verständnisses stellte im Jahr 1973 der Pharmaunternehmer Dr. Nejat Ezcacıbaşı, indem er die Istanbul Stiftung für Kultur und Künste (İKSV), die ab 1987 die Internationale Istanbul Biennale organisieren sollte, gründete.[34] Die Kunstakademie führte in diesem Rahmen ab 1977 eine alle zwei Jahre stattfindende, wettbewerbsorientierte Ausstellung mit dem Titel *Neue Tendenzen* ein.[35] Diese Avantgardeausstellungen, welchen ab 1984 die Reihe *A Cross Section of Avant-garde Turkish Art* folgte, sollten eine oppositionelle Gegenströmung zum etablierten, akademisch orientierten Kunstsystem und zu der Kunstproduktion unter staatlicher Aufsicht darstellen.[36] Beral Madra spricht in diesem Zusammenhang von einer vertanen Chance der Institutionen, weil man es versäumte, Arbeiten, die auf den Biennalen gezeigt wurden, käuflich zu erwerben. Nach der Kunstkritikerin hätte bereits eine beachtliche Sammlung mit Gegenwartskunst vonseiten der Verantwortlichen aufgebaut werden können. Da die Malerei auf dem Kunstmarkt nach wie vor dominant sei, kauften nur selten bzw. erst seit den letzten fünf Jahren Sammler auch Installationskunst.[37] Das Fehlen eines Museums für Gegenwartskunst (bis 2004) hatte gerade Studenten der Kunstakademie dazu verleitet, sich dem direkten Einfluss der Lehrkräfte, deren Lehrmethoden größtenteils dem Pariser École des Beaux Arts-Verständnis verhaftet waren, ausgesetzt zu fühlen.[38]

Das aktuelle Phänomen der rasanten Entwicklung privater Bestände geht auf die erste Hälfte der 1980er Jahre zurück, als das künstlerische Schaffen mit der Kraft des wirtschaftlichen und politischen Neoliberalismus zusammenstieß. Bis heute etablieren sich seitdem zahlreiche (Privat-)Galerien, Kunstmessen und -institute, die durch verschiedene Stiftungen, u.a. Banken, getragen sowie durch den Zuschuss privater Kapitale gefördert werden. Die Privatiers und Banken der Post-Özal-Periode initiieren große Sammlungen, indem überwiegend Arbeiten einheimischer Künstler angekauft werden. Somit scheint es auch regionalen Größen außerhalb von Ankara, Istanbul oder İzmir möglich, die Kunstszene in ihrer Gegend zu fördern.[39]

Der allmähliche Rückzug des Staates aus seiner Kulturverantwortung kommt der Gründung von Museen durch Firmen- und Unternehmenseigentümer zugute. Ähnlich der Situation in Deutschland wurde die Abnahme von kultureller Verantwortung vom Staat zunächst als finanzielle Erleichterung empfunden. Jedoch erwies sich dieses Unterfangen als schwierig aufgrund des Widerstandes der Künstler gegenüber den sich durch das Kunstengagement profilierenden Unternehmen.[40] So wird mittlerweile kritisiert, dass sich gerade die Privatiers in Istanbul verantwortungslos verhalten, indem sie auledigich die bereits etablierten Künstler, die meist aus dem Ausland stammen und außer Frage stehen, in ihre Sammlungen aufnehmen und austellen.[41] Die insbesondere in den letzten Jahren in Istanbul eröffneten Kunstmuseen, deren Kern diese privaten Bestände bilden, befinden sich vorzugsweise in Industriebauten oder in ehemaligen Strandvillen.[42] Museen wie jenes der Großindustriellenfamilie Sabancı mit einer durchaus bedeutenden Kalligrafiesammlung (Emirgân), das 2004 inaugurierte ›Istanbul Modern‹ Museum der Eczacıbaşı Holding in einer der Antrepo-Fabrikhallen (Tophane) oder das ›Proje4L‹ der wohlhabenden Elgiz-Familie verschreiben sich medienwirksam der (internationalen) Gegenwartskunst. Das kommerzielle und opportunistische Vorgehen der Unternehmen scheint auch im Sinne der aktuellen Regierung. Gerade im Aufbau moderner Museen, die einen internationalen Diskurs anstreben, sieht man einen strategischen Vorteil für eine zukünftige EU-Mitgliedschaft.[43]

Necmi Sönmez deckt in diesen internationalen Austauschprozessen der Kulturindustrien einen »seltsamen Dialog« auf.[44] Die Erhöhung der euro-amerikanischen, insbesondere der deutschen Gegenwartskunst in der Türkei, bezeichnenderweise in den Großstädten, werde bewusst und strategisch herbeigeführt. Diesen Umstand sieht er unmittelbar in der »unermüdlichen Vermittlungsarbeit deutscher Kulturinstitutionen«[45] begründet, die seit der Nachkriegszeit aktiv sind. In der Arbeit des Istanbuler Büros des Deutschen Akademischen Austausches (DAAD), erkennt er daher eine »Einbahnstraße

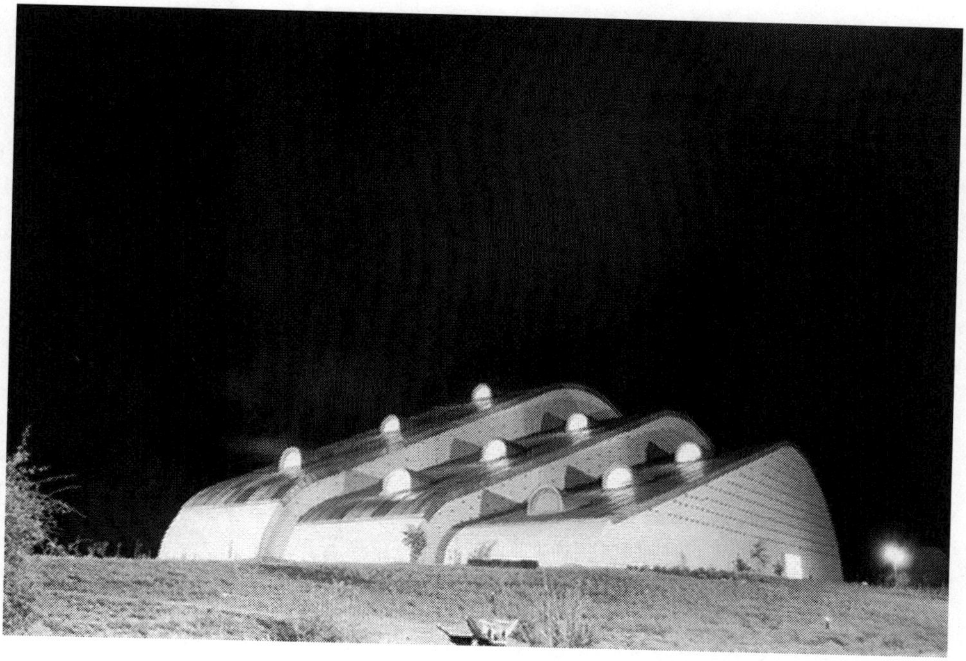

Abb. 3: Baksi Museum, Baksi Köy bei Baybur

des scheinbaren Dialogs«, denn gegenüber der Fülle an Informationen über die deutsche Kunst in der Türkei habe es bis vor Kurzem nur wenige Erkenntnisse über die ›türkische Kunst‹ in Deutschland gegeben. Zwar versuchte man ab 1994, dieses zu unterwandern, indem man in deutschen Instituten, zum Beispiel im Institut für Auslandsbeziehungen (IFA) oder im Bonner Kunstmuseum, Ausstellungen mit Künstlern aus der Türkei arrangierte, jedoch endete dies meist in einem »diffuse[n] Bild der türkischen Gegenwartskunst«.[46] In diesem Kontext kritisiert Sönmez ebenfalls die ›Istanbulisierung‹ der einheimischen Kunstszene, indem er gleichzeitig ihre Demokratisierung fordert. Wie eingangs die Videoarbeit von Şener Özmen verweist auch er darauf, »dass es inzwischen einige andere, viel interessantere Kunstszenen in Ankara, Izmir und Eskişehir gibt«. Er betont damit notwendigerweise die Dringlichkeit, den Blick in die Peripherie zu richten. Gerade diese lokalen Kunstorte »prägen ein neues, bisher noch nicht gesehenes Bild von der ›türkischen Wirklichkeit‹, auch wenn dies bei gewissen ›Jet-Set-Kuratoren‹ leider noch kein Interesse findet.«[47]

Einen Lösungsansatz könnten vielleicht virtuelle Ausstellungsräume und Foren zur Kunst bieten, die inmitten des von politischen und kommerziellen Interessen durchsetzten Kunstgeflechts der Türkei relativ unabhängig agieren.[48] Aber auch das aktuelle Großprojekt des Künstlers Hüsamettin Koçan, der in seinem anatolischen Heimatdorf Baksi bei Bayburt ein Museum für Gegenwartskunst und Kunsthandwerk, das Baksi Museum (Abb. 3), aufbaute, versteht sich, neben gängigen Künstlermuseen, als Einrichtung, die ›Volksnähe‹ betont.[49]

Schlussendlich wirkt sich zwar wirtschaftlicher und gesellschaftlicher Aufstieg in allen Epochen konstitutiv auf privates Kunstengagement und damit parallel auf die Kunst aus. Allerdings hat sich das Bild vom selbstlosen Gönner als »wohlige Fiktion der bürgerlichen Gesellschaft« und »weltfremde Vorstellung von selbstlosem Verantwortungsbewußtsein« erwiesen.[50] Gerade im Diskurs global-politischer Strategien entspricht diese Vorstellung in der Türkei, in der die Regierung kein Geld mehr für Künstler ausgeben möchte und Privatsammlungen eine starke Auslese im Interesse des Eigentümers betreiben, nicht der Realität. Die für Künstler und Museen in der Türkei gleichermaßen ungünstige, ja gar mißliche Lage, die von kulturpolitischen Versäumnissen, institutionellen Vernachlässigungen aber auch von gesellschaftlicher Intoleranz überschattet werden kann,[51] veranschaulicht der Kurator Vasif Kortun treffend:

> »Würde man morgen in Istanbul ein Museum eröffnen, daß nur Retrospektiven von bisher unausgestellten Künstlern zeigt, mit einer Laufzeit von jeweils drei Monaten, dann hätte das Museum mindestens fünf Jahre lang ein Programm [...]«[52]

Das traditionelle Gemälde- und Skulpturenmuseum in Istanbul öffnet erst gar nicht mehr seine Pforten. Genauer gesagt, ist das einst von Atatürk als aussichtsreiches Kulturprojekt gegründete Staatsmuseum seit vier Jahren wegen ungewöhnlich zeitintensiver Restaurierungsarbeiten auf unbestimmte Zeit geschlossen.

---

1 Vgl. Semra Germaner (Hg.): *Modern ve Ötesi: 1950–2000*. Ausst.-Kat. (santralistanbul, Museum Istanbul). Istanbul 2008, S. 504.

2 Die Jungtürken (türk.-osman. Eigenbezeichnung: *Ittihâd ve teraqqî jemaîyeti*, ›Komitee für Einheit und Fortschritt‹) sind eine nationalistisch-reformistische Gruppierung, die zwischen 1908 und 1918 de facto den Osmanischen Staat beherrschte, indem sie die Zweite Konstutionelle Monarchie einführte. Der Gründer der Republik Türkei, Atatürk, ging aus dieser Gruppe hervor. Vgl. Ralf Egler: *Kleines Islam-Lexikon. Geschichte, Alltag, Kultur*. München 2001, S. 162. – Begriffe, die in jene Zeit vor der Republikgründung fallen, werden als osmanisch bzw. osmanisch-türkisch bezeichnet. Das Osmanische basiert auf dem ›Anatolischtürkischen‹ und stellte die offizielle Verwaltungs- und Literatursprache des Osmanischen Reiches (1299–1918) dar. Im Zuge der lateinischen Schriftreformen Atatürks (1928) wurden zugunsten eines modernen ›Türkeitürkisch‹ persische und arabische Sprachelemente, die sich gegen Ende des 15. Jahrhunderts angesammelt hatten, weitestgehend gegen westliche, insbesondere französische, Lehnwörter ausgetauscht. Vgl. Korkut Buğday: *Osmanisch: Einführung in die Grundlagen der Literatursprache*. Wiesbaden 2006.

3 Vgl. Nezih Başgelen: »Istanbul Archealogy Museums from Imperial Museum (Müze-i Hümayun) to Present« In: *Arkeoloji*, 14, März–April 2006; Online-Veröffentlichung unter http://www.serfed.com/content_files/dergi/14/15arkeoloji.pdf (16.01.2011).

4 Das sogenannte Çinili Köşk wurde um 1472 durch Fatih Sultan Mehmet (1451–81) errichtet. Bis 1914 wurde hier auch islamisches Kunsthandwerk aufbewahrt, um 1983, nach einem längeren Zwischenaufenthalt in der Süleymaniye Moschee, in das heutige Museum für Islamische und Türkische Kunst (Sultanahmet) transferiert zu werden.

5 Vgl. »Zum Hundertjährigen Jubiläum von Osman Hamdi« In: *Cumhuriyet*, Tageszeitung, 25. Februar 2010. – Die Ausgrabungsfunde aus dem Taurusgebirge/Nemrut (1883), dem heutigen Libanon/Sidon (1887) und der Südwest-Ägäis/Lagina (1891–92) bilden den Hauptbestand des Archäologischen Museums, das aus den antiken, altorientalistischen und islamischen

Sammlungen besteht. Gemeinsam mit dem französischen Archäologen Théodore Reinach veröffentlichte Osman Hamdi Bey in Paris im Jahr 1892 zwei Bände, welche die wissenschaftlichen Ergebnisse dieser Grabungen zusammentragen.

6 Erst mit der Aufnahme der Lehrtätigkeit an der Kaiserlichen Hochschule für Schöne Künste (*Mekteb-i Sanâyi-i Nefîse-i Şahane*) im Jahr 1883 konnte laut Klaus Kreiser, der sich hier auf den Kunsthistoriker Mustafa Cezar bezieht, eine »tragfähige Grundlage« für die Ausbildung von Malern, Bildhauern und Architekten in der Türkei geschaffen werden. Zit. nach: Klaus Kreiser: *Die Türkische Kultur im 20. Jahrhundert. Kunst/Architektur/Städtebau.* Diss. Hagen 1998, S. 8. – Im Jahr 1928 wurde die schulische Einrichtung im Rahmen der kemalistischen Bildungspolitik in Staatliche Kunstakademie (GSA) umbenannt. Als Mimar Sinan Universität (MSGSÜ) leistet sie seit 1983 einen Beitrag zur Ausbildung in den Bildenden und Darstellenden Künsten, im Kunsthandwerk, in Design und Architektur.

7 Linda Nochlin erwähnt in ihrer Courbet-Publikation diesen eifrigen osmanischen Sammler, »the notorius art collector«, der in der Mitte der 1860er Jahre in Paris eine bedeutende Kunstsammlung aufbaute. In dieser befanden sich Gemälde wie *L'Origine du Monde* und *Les Dormeuse* (1866), die er persönlich bei Gustave Courbet in Auftrag gegeben hatte. Zit. nach: Linda Nochlin: *Courbet*. London 2007, S. 148.

8 Vgl. Buket Altınoba: »Techniken der Kalligraphie und ihre (Trans-)Kreatorische Dynamik in der Gegenwartskunst der Türkei« In: Martin Schulz, Beat Wyss (Hg.): *Techniken des Bildes.* München 2010, S. 106.

9 Halil Edhem: *Elvah-ı Nakşiye Koleksiyonu* (dt. Gemäldesammlung). Istanbul 1924; aus dem Osmanischen ins Türkische: Resim Tabloları Koleksiyonu, Gültekin Elibal. Istanbul 1970.

10 Vertreten waren die italienische, niederländische, französische, spanische, englische und deutsche Schule des 19. Jahrhunderts. Vgl. ebd., S. 40 und S. 60 ff.

11 Ebd., S. 46.

12 Das MSGSÜ Gemälde- und Skulpturenmuseum beherbergt den umfangreichsten Bestand zur Malerei in Istanbul. Die heutige Sammlung zeigt in chronologischer Reihenfolge einen Großteil der 10.140 Gemälde und 651 Skulpturen aus dem 19. bis zur zweiten Hälfte des 20. Jahrhunderts. Darüber hinaus befinden sich hier zehn Ikonen, 107 keramische und 79 kalligrafische Arbeiten. Vgl. *Eczacıbaşı Sanat Ansiklopedisi* 2 (dt. Eczacıbaşı Kunstlexikon 2). 3 Bde., Istanbul 2007, S. 1121.

13 Institutionelle Transformationen standen unter dem Einfluss europäischer, modernistischer Strömungen, die in die türkische Künstler- und Architekturkultur mit voller Gewalt eindrangen. Im Zuge einer ideologischen Republiksagenda und ihrer Durchführung im Bildungssektor manifestierte sich im Erscheinungsbild des selbstbestimmten Architekten eine eindeutig professionell formierten Körperschaft. Vgl. Sibel Bozdoğan: *Modernism and National Building. Turkish Architectural Culture in the Early Republic.* Washington/Singapur 2001, S. 157.

14 Für eine umfangreiche Darstellung der historischen Professionalisierungsprozesse des Architektenberufs in der Türkei siehe Gülsüm Baydar Nalbantoğlu: *The Professionalization of the Ottoman/Turkish Architect.* Diss. Berkeley 1989. – Und ebenfalls zum Thema: Bernd Nicolai: »›The docile body‹. Überlegungen zu Akkulturation und Kulturtransfer durch exilierte Architekten nach Ostafrika und in die Türkei« In: *Kunst und Politik. Jahrbuch der Guernica-Gesellschaft* 4, 2002, S. 63–78.

15 Ataman Demir: *Arşivdeki belgeler ışığında Güzel Sanatlar Akademisi'ndeki yabanci hocalar: Philipp Ginther'den (1929)–(1958) Kurt Erdmann'a kadar* (dt. Die ausländischen Professoren

an der Kunstakademie im Lichte der Archive: von Philipp Ginther (1929) bis Kurt Erdmann (1958)). Istanbul 2008.

16 Die Institutionalisierung des kunstgeschichtlichen Fachs ist im Kontext der modernistischen Aufbaubewegungen des Staates zu verstehen. Zahlreiche Architekten und Künstler waren als Kunst- und Architekturhistoriker tätig. Die in der republikanischen Zeit publizierten Artikel waren allerdings hinsichtlich Systematik und Methodik stellenweise unzureichend, da sie zum Teil eine »emotionalisierte Sichtweise auf die eigene Kunstgeschichte« vertraten. Zit. nach: Burcu Doğramacı: *Kulturtransfer und nationale Identität: Deutschsprachige Architekten, Stadtplaner und Bildhauer in der Türkei nach 1927.* Berlin 2008, S. 324. – Diese Informationen stammen außerdem aus einem Gespräch mit Prof. Ataman Demir an der Mimar Sinan Universität in Istanbul am 10.12.2010.

17 Doğramacı 2008 (wie Anm. 16), S. 344.

18 Ebd.

19 Ein Ziehkind der kemalistischen Regierung ist das Turkologische Institut, *Türkiyat Araştırma Enstitüsü*, das seit seiner Begründung 1924 durch den Kunsthistoriker Mehmet Fuat Köprülü die wissenschaftliche Untersuchung und Genese der türkischen Geschichte, Literatur und Kultur »innerhalb einer überzeitlichen und -räumlichen Forschung: Von der Antike bis in die Gegenwart, von der Mongolei bis nach Ungarn« zum Ziel hat. Vgl. Doğramacı 2008 (wie Anm. 16), S. 323. – Darüberhinaus wurden 1931 die *Society for Turkish History Research (Türk Tarihi Tetkik Cemiyeti)* und die *Society for Turkish Language Research (Türk Dil Tetkik Cemiyeti)* etabliert, um wissenschaftliche Studien zu den linguistischen und historischen Ursprüngen der Türken durchzuführen. Die osmanisch-türkischen Institutsnamen wurden in Hinblick auf die Sprachreformen zu *Türk Tarih Kurumu* (TTK) im Jahr 1935 und *Türk Dil Kurumu* (TDK) im Jahr 1936 umgeändert. Vgl. Bozdoğan 2001 (wie Anm. 13), S. 333.

20 Vgl. Doğramacı 2008 (wie Anm. 16), S. 344.

21 Vgl. Eczacıbaşı 2007 (wie Anm. 12), S. 1121.

22 Im Jahr 1940 wurde im *Mahmut Paşa Bedesteni*-Gebäude das Hethitische Museum gegründet. Nach einer Restaurierungsphase eröffnete es 1968 als ›Museum für anatolische Zivilisationen‹ *(Anadolu Medeniyetleri Müzesi)* mit einem erweiterten Konzept. Weitere historische Bazare befinden sich u.a. in Edirne (1418), Manisa (14. Jahrhundert), Afyon (1478) und Bergama (16./17. Jahrhundert).

23 In Istanbul, das mittlerweile eine lange Liste an Museen vorweisen kann, wurde in der frührepublikanischen Periode die ehemalige Kirche/Moschee Hagia Sophia, deren Restaurierungsarbeiten zwischen 1932 und 1934 fertiggestellt wurden, zum Museum umfunktioniert.

24 Burcu Doğramacı zeigt zudem auf, dass die praxisbezogene Archäologietätigkeit fester Bestandteil des kunsthistorischen Studiums war: »Wichtig und grundlegend für die Definition des universitären Fachs Kunstgeschichte in der Türkei war zum einen die türkisch-islamische Konnotation, zum anderen die Einbeziehung von Grabungen als Forschungsinstrument.« Doğramacı 2008 (wie Anm. 16), S. 345.

25 »Particularly illustrative is the case of Group ›D‹, the ›first avant-garde‹ group of young Turkish painters who, after introducing modernist trends such as cubism, expressionism, and constructivism to Turkey, aligned themselves with the official ideology and produced what one art critic calls ›a peasant cubism‹«. Bozdoğan 2001 (wie Anm. 13), S. 253.

26 Vgl. Kreiser 1998 (wie Anm. 6), S. 18 ff.

27 Obwohl sich die Regierung nach Zeiten des Einparteiensystems ganz bewusst für die Etablierung einer ausgewählten Elite als Nachwuchspartei auf dem Weg zum

Mehrparteiensystem entschieden hatte, schlugen die Demokraten mit sogenannten staatlich Auserwählten am Ende der Wahlen einen konservativ-liberalen Weg ein.

28 Die Bedeutung dieser Volkshäuser für die kultur- und identitätsstiftende Wirkung ist sehr hoch anzusetzen. Hier fand u.a. die erste Einzelausstellung eines Bildhauers, Zühtü Müridoğlu, sowie die erste von zahlreichen Fotografieausstellungen statt. Vgl. auch Othmar Pferschy: »Die erste Photoausstellung in Ankara« In: *La Turquie Kemaliste*, 12. April 1936, S. 18 ff.

29 Das Gebäude, in dem sich heute das Staatliche Sinfonieorchester befindet, baute Architekt Şevki Balmumcu 1933/34 als Vorzeigeprojekt und ›Ikone‹ der kemalistischen Agenda. Vgl. Bozdoğan 2001 (wie Anm. 13), S. 139.

30 Den Vorteil einer nicht realisierten Ausstellung sah der spätere Politiker wiederum darin, dass die aktuelle Kunst einmal mehr zum tagespolitischen Thema wurde und in Vergessenheit geratene Künstler sowohl Öffentlichkeit, als auch Impulse für die Wiederaufnahme ihres Schaffens, erhielten. Trotz der Medienöffentlichkeit wurde lediglich ein kleiner Teil der Auftragsarbeiten von der Großen Nationalversammlung angekauft. Die meisten Gemälde gab man den Künstlern zurück. Vgl. Bülent Ecevit: »Bizim ›Zdanof'lar‹ ve Modern Sanat« (dt. Unsere Schdanow'schisten und moderne Kunst) In: *Ulus*, Tageszeitung, 9. Mai 1956.

31 Mit der neugewonnen Liberalisierung und Öffnung hin zu den euro-amerikanischen Märkten wurde eine große Anzahl an Literatur, die zum Teil schwarz-weiß oder auch farbig illustriert war, zugänglich. Die Künstler nahmen die ihnen begegnenden reproduzierten Bilder, meist unkritisch, in ihr Schaffen auf. Diese Entwicklungen schlugen sich u.a. in der Hinwendung zum literarischen Individualismus nieder, der sich wiederum in der Kunstrezeption der Nonfiguration, dem Tachismus und Informel bemerkbar machte. Vgl. Turan Erol: »Resmimizin Son Onbeş Yılı« (dt. Die letzten fünfzehn Jahre unserer Malerei) In: *Modern Turkish Exhibition,* Ausst.-Kat. (Eczacıbaşı, Virtual-Museum); http://www.sanalmuze.org/paneller/mtskm.htm (20.01.2001).

32 Der Maler Halil Dikmen (1906–64), u.a. ein Mitglied der *»D« Gruppe*, war zwischen 1937 und 1961 Direktor des Istanbuler Malerei- und Skulpturenmuseums.

33 Vgl. Eczacıbaşı 2007 (wie Anm. 12), S. 1121.

34 Die Stiftung wurde ins Leben gerufen, um jedes Jahr ein internationales Kunstfestival in den Bereichen Musik, Jazz, Film, Theater und visuelle Künste auszurichten. Das erste Festival im Juli 1973 stand im Zeichen des 50. Jahrestages der Gründung der Türkischen Republik. – Zur Geschichte der Internationalen Istanbul Biennale siehe Markus Graf: »The International Istanbul Biennial 1987–2007« In: Halil Altındere, Süreyyya Evren (Hg.): *User's Manual. Contemporary Art in Turkey 1986–2006*. Frankfurt a.M. 2007, S. 64 ff.

35 Die 1980 begründete Gesellschaft für das Malerei- und Skulpturenmuseen (RHMD) schuf außerdem eine Diskussionsplatform, indem sie eine Ausstellung mit dem Titel *Contemporary Artists İstanbul Exhibiton*, welche auch Nachwuchskünstler berücksichtigte, realisierte. Waren außerdem zwischen 1984 und 1988 keine bestimmten Kuratorentätigkeiten zu verzeichnen, so versuchten gerade Nachwuchskünstler zwischen 1989 und 1993, in kleinen Gruppen zusammen zu arbeiten. Bezeichnend ist die Ausstellungsreihe mit dem Titel *10 Künstler 10 Arbeiten: A-B-C-D (10 Sanatçi 10 Is: A-B-C-D)* junger Künstler, die sich zu einem Zeitpunkt, als der Beruf des Kurators in der Türkei noch nicht bekannt war, selbst organisierten. Diese Selbstorganisation wurde spätestens mit René Blocks Kuratorenprinzip, welches er 1995 im Zuge der 4. Istanbul Biennale einführte, erweitert. Vgl. Altındere/Evren 2007 (wie Anm. 34), S 4 f. und S. 67.

36 An der Akademie hatten durch die Entwicklungen in den späten 1960er Jahren weltweit aktuelle Kunstströmungen Eingang erhalten und unter anderem zum Disput auf institutioneller Ebene geführt. Professoren, die einst den Akademiebetrieb reformierten, stießen schon bald auf Widerstand vonseiten der Studenten, die sich durch Auslandsaufenthalte selbst ein Bild der gegenwärtigen künstlerischen Situation verschafft hatten. So hatte sich Rudolf Belling stets gesträubt, aktuelle stilistische Entwicklungen in seiner Lehre an der Akademie zu vermitteln, was jedoch 1950 in der Spaltung der Bildhauereiabteilung endete. Der um diese Zeit aus Paris zurückgekehrte Hadi Bara hatte mit Zühtü Müridoğlu das Ziel, die akademischen Konventionen zu durchbrechen. Während Belling seine klassisch orientierte Atelierlehre fortsetzte, experimentierten die beiden Bildhauer mit ihren Studenten mit abstrakt geometrischen Formen und Materialien wie Holz, Metall, Keramik, Glas und Terrakotta in ihrem Abteilungszweig.

37 Beral Madra beantwortete damit u.a. die Frage »Warum haben wir so wenig Kunstmuseen bzw. kaum Museen für Gegenwartskunst?« in ihrem Vortrag auf der Konferenz *The first public part of 12th İstanbul Biennial. Remembering İstanbul* an der Istanbul Bilgi Universität am 26.11.2010.

38 Meist wird den Studierenden erst im letzten Drittel des Studiums Entfaltungsmöglichkeit und künstlerische Freiheit zugesprochen.

39 Beispielsweise DYO (Printing Ink Industry and Trade SA), TPAO (Turkish Petroleum Corporation), Esbank (Bank of Eskişehir) und andere öffentliche wie private Bankstiftungen veranstalteten zahlreiche wettbewerbsorientierte Malerei-Ausstellungen und in den Großstädten des Landes entstand eine Vielzahl von Galerien und Kunstmessen.

40 Buket Altınoba: *Zu den Zielen und Methoden der Kunstförderung durch Unternehmen*. Unveröffentlichte Magisterarbeit am Institut für Kunstgeschichte, Universität Karlsruhe (TH), 2005, S. 84.

41 Mit großem Aufwand und Medieneinsatz bewarb man in den vergangenen Jahren Ausstellungen wie diejenigen mit Werken von Joseph Beuys und seinen Schülern, Georg Baselitz, Andreas Gursky, der Düsseldorfer Schule, aber auch solche mit Werken der älteren Künstler Pablo Picasso und Salvador Dalí.

42 So eröffnete die Großindustriellenfamilie Koç 1980 in Gedenken an ihre verstorbene Mutter und Kunstliebhaberin das Sadberk Hanim Museum, das entlegen vom Istanbuler Kunstzentrum in der ehemaligen Sommerresidenz (Sariyer) der Familie lokalisiert ist und 1988 mit dem ›Europa Nostra‹-Museumspreis ausgezeichnet wurde. Das im Jahre 1991 ebenfalls von der Rahmi M. Koç-Stiftung für das Museumswesen aufgekaufte Gebäude, das zur Zeit Ahmet III. erbaut und als Gießerei gebraucht wurde, eröffnete 1994 mit einer Sammlung zur Geschichte von Verkehr, Industrie und Kommunikation. Im Jahr 1996 bekam es vom Europäischen Rat den Titel »Museum des Jahres« verliehen.

43 Ein Jahr vor der offiziellen Aufnahme der EU-Beitrittsverhandlungen der Türkei im Jahr 2005 wurde das Istanbul Museum of Modern Art gegründet. Nur kurz nach der Eröffnung des ersten Museums für moderne Kunst setzte sich dieser Trend fort, als die Familienstiftung Kıraç 2005 ein altes Hotel aus der Jahrhundertwende in das heutige Pera Museum (Tepebaşı) umwandelte. Eine weitere Stiftung der Koç-Familie, die Vehbi Koç Foundation, eröffnete jüngst ein Museum für zeitgenössische Kunst, Arter, das es sich zum Ziel gesetzt hat, eine wohldurchdachte Sammlung aufzubauen, die »frei von Modeeinkäufen« sei, so wie es in der Vergangenheit der Fall gewesen war. Zit. nach: Karen Krüger: »Diese Kunst bleibt dir verborgen« In: *Frankfurter Allgemeine Zeitung*, 37, 13. Februar 2010.

44 Necmi Sönmez: »Ein seltsamer Dialog. Kritische Bemerkungen über den deutsch-türkischen Kulturaustausch im Kontext der Zeitgenössischen Kunst« In: *Transfer. türkiye - nrw 2005 - 2007.* Ausst.-Kat. (NRW Kultursekretariat Wuppertal). Wuppertal 2008, S. 50 f.

45 Ebd., S. 51.

46 Ebd.

47 Ebd.

48 Ausstellungskonzepte, die aus verschiedenen Gründen keinen geeigneten Raum finden, sowie Katalogtexte und Aufsätze in englischer und türkischer Sprache werden von der Dr. Necat Eczacıbaşı-Stiftung seit 2001 auf der ›Sanal Müzesi‹-Homepage präsentiert. Kulturelle Wissensaneignung auf virtuellem Wege fördert auch das 2003 gegründete Architekturmuseum des *Yapı Endüstri*-Zentrums. Neben den virtuellen Museen versprechen sich auch die Universitätsmuseen wie die Mimar Sinan Universität, die Anatolische Universität und zuletzt die Bilgi Universität mit einem 2007 gegründeten Kunstmuseum, dem santralistanbul, das ähnliche Ziele wie die des Karlsruher Zentrums für Kunst und Medientechnologie (ZKM) vertritt, eine breitenwirksame Rezeption ihrer Tätigkeiten über das World Wide Web.

49 Im Jahr 2000 wurde im Auftrag des Kultusministeriums das ehemalige Wohnhaus von Şefik Bursalı in Ankara erstamals zu einem Künstlermuseum umfunktioniert. Der Künstler Feyhaman Duran und seine Frau Güzin hatten ihr Hauseigentum der Kunstakademie bereits im Jahr 1969 vermacht, welches 2001 in ein Museum umgewandelt wurde. 2004 eröffnete der in den 1960er Jahren in New York arbeitende Künstler Burhan Doğançay ein eigenes Museum und im selben Jahr funktionierte Süleyman Saim Tekcan sein Atelier, das sich im *Çamlica* Kunsthaus befand, in das İstanbul Museum of Graphic Arts (İMOGA) um. Vgl. Eczacıbaşı 2007 (wie Anm. 12), S. 1121.

50 Walter Grasskamp: »Der Mäzen als Skandal« In: *Merkur*, 45, 1991, S. 797.

51 Erst jüngst fiel der bekannte Künstler Bedri Baykam einem Messerattentat zum Opfer, da sich sein Angreifer, nach eigener Aussage, durch das sexuell aufgeladene Bildmotiv des Plakats mit dem Titel *Sehvet'in Tadi* (dt. *Der Geschmack der Wollust*) provoziert gefühlt hatte.

52 Der Kurator Vasif Kortun im Zusammenhang mit der im santralistanbul gezeigten ersten Retrospektive des 77-jährigen, in Paris lebenden, marxistischen Malers, Yüksel Arslan, im Interview der Frankfurter Allgemeinen Zeitung. Zitiert nach: Krüger 2010 (wie Anm. 43).

Sylvester Okwunodu Ogbechie

Art Museums and Cultural Politics in Nigeria

1. Introduction: Museum and Management of Nigeria's Cultural Heritage

This essay uses the Nigerian National Museum in Lagos to review the current state of museums and cultural heritage management in the country. Nigeria is internationally recognized for the historical depth and cultural diversity of its indigenous arts due to the large number of African peoples that live within its modern borders. Created in 1914 by colonial fiat when Britain amalgamated two protectorates of northern and southern Nigeria, the new state encompassed several centralized African kingdoms and agrarian communities comprising over two hundred and fifty distinct ethnic groups in total. Archaeological excavations revealed millennia-old indigenous artworks of all types and levels of complexity.[1] The renowned African art expert William Fagg, who worked for many years managing Nigerian antiquities in Nigeria, estimates that of all »known works of African sculpture to which we can safely attribute an age of more than a century, probably nine-tenths are Nigerian.«[2] Styles of art here range from the idealized naturalism of bronze and terracotta sculptures from the ancient Yoruba kingdom of Ife to the extremely abstract forms of northern Nigerian masks as well as the large numbers of masquerade arts that encompassed every art form known to indigenous peoples.[3] Many of these artworks were looted and removed to Western museums as a result of the colonial conquest of Nigeria by Britain. The need to safeguard the remaining artworks as a historical and visual document of the country's art and culture led to the establishment of museum institutions in Nigeria.

The plethora of indigenous Nigerian art caused a sensation when these artworks were first seen in Europe. The British conquest of the kingdom of Benin was especially significant here because of the richness and historical depth of the Benin corpus, a collection of royal arts in bronze and ivory dating back five hundred years.[4] These artworks changed the interpretation of African art in the West from its initial perception as a primitive form to a more respectful admiration of its complex forms, symbols and iconography. The new museums created in Nigeria worked hard to safeguard the nation's cultural patrimony but were challenged by the location of historically pedigreed examples of Nigerian art in Western museums. Nevertheless, Nigerian museums hold very important examples of indigenous Nigerian art and more importantly, have served as pivotal institutions in the ongoing struggle to preserve Nigerian cultural patrimony.

The National Commission for Museums and Monuments (NCMM) is the main institution that oversees all of Nigeria's museums and cultural heritage preservation, and it is widely regarded as the largest museum system in Africa. Established by decree of the Nigerian military government in 1979, the commission succeeded the Federal Depart-

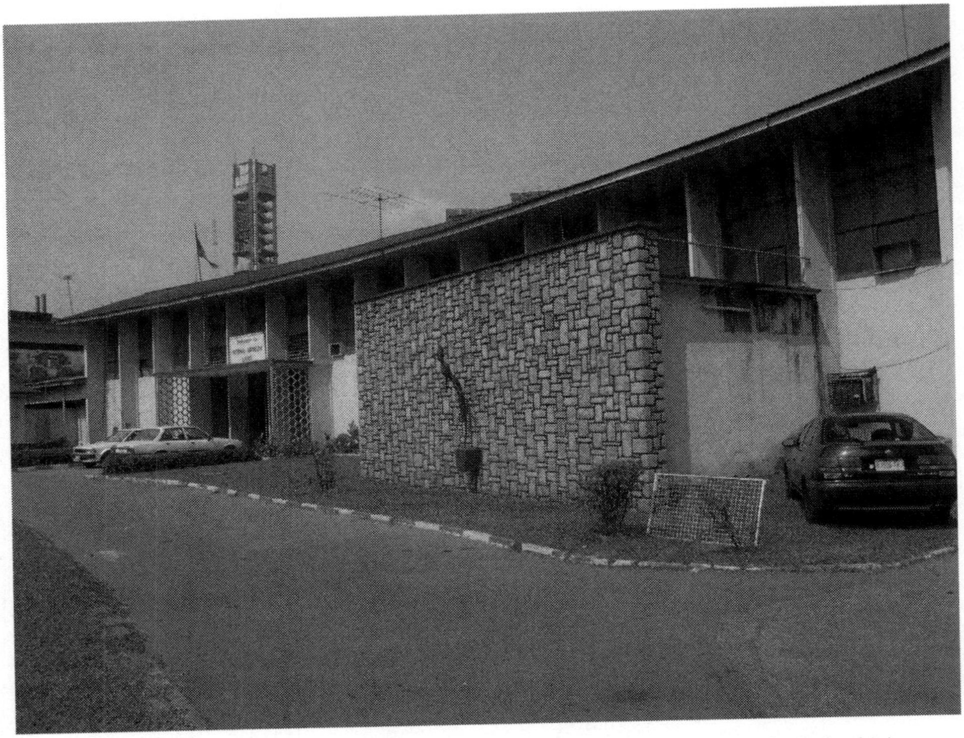

Fig. 1: Façade of the National Museum of Nigeria (Foto: Sylvester Okwunodu Ogbechie)

ment of Antiquities set up by the British colonial government. It is a governing and administrative body charged with managing the nation's museums and repositories of cultural artifacts, preserving the cultural heritage of the country, and *promoting national unity* (italics mine).[5]

The National Museum of Nigeria (NMN) in Lagos is the flagship institution of Nigeria's network of museums spread out all over the country that are focused on collection, preservation and exhibition of Nigeria's vast cultural heritage (fig. 1).[6] It was established in 1957 through the indefatigable efforts of Kenneth C. Murray, a British colonial officer and former Director of the Federal Department of Antiquities in the colonial period.[7] In the late 1930s, working with E. H. Duckworth, Murray began to document and collect indigenous Nigerian art. During the course of his work, he identified illegal excavation and exporting of indigenous art as a major problem and subsequently petitioned the British colonial government to legislate for their protection and establish an agency to be responsible for their preservation. Concurrently, discoveries of valuable historical artifacts by archaeologists at Esie (1933), Ife (1938) and Igbo-Ukwu (1939) led to Murray's appointment as the first Surveyor of Nigerian Antiquities in July 1943. In this role, Murray traveled across Nigeria documenting and collecting examples of indigenous Nigerian art. He was also formerly charged with developing a curriculum for art education for the colonial government and from 1933 to 1939, was responsible for training a crop of students using the inaugural edition of his curriculum, including the famous Nigerian modernist Ben Enwonwu.[8] Murray wrote the study of indigenous Nigerian art into his educational curriculum and lobbied the British colonial government to safeguard indigenous arts by developing a national museum complex to collect and manage Nigeria's cultural heritage.

In 1948, Murray submitted plans to the government for the establishment of the »Museum of Nigerian Antiquities, Traditional Art and Ethnography« and in 1949 he exhibited a major collection of »Masks and Headdresses of Nigeria« in London. The colonial government passed the Nigerian Antiquities Ordinance in 1953 and appointed Murray as director of antiquities.[9] Subsequently, Murray oversaw the establishment of museums at Esie, Kano, Ife, Oron, Argungun and Benin and had over fifty historical and cultural sites declared as national monuments. In 1957, he relinquished this position to Bernard Fagg although he served again as Director in the post-independence period from 1963 to 1967 before finally handing over to Ekpo Eyo, the first Nigerian director of the Nigerian national museum system. Murray collected indigenous cultural artifacts to fulfill a greater need for a Nigerian national collection. This collection formed the core of the Nigerian museum system and his documentation of Nigerian cultural practices influenced many modern Nigerian artists especially in the postcolonial period when affirmations of cultural identity inspired a revaluation of indigenous aesthetics through cultural artifacts preserved in Nigerian museums. Kenneth Murray died in a car crash on April 22, 1972 on his way to Benin on assignment for the Federal Department of Antiquities and was buried at Ikoyi Cemetery in Lagos on 4 May 1972.[10] A Yoruba *Egungun* ancestral masquerade appeared at his funeral as a sign of respect for his incredible contributions to the preservation of Nigeria's cultural heritage.

The museum that Murray founded has grown into the largest museum system in Africa. According to Kunle Filane:

> »›Since 1943, Museum development in Nigeria has been consolidated and expanded. Apart from the Esie Museum, a small community museum which was opened in 1945, Jos Museum was the first National Museum that was commissioned in 1952. This was followed by the Ife Museum (1954), Lagos Museum (1957), Oron Museum (1958), Benin Museum (1960), Kano Museum (1960) and Owo Museum (1968).‹ ... 48 national, state, community and school museums were identified in a ›Map of Historical Sites of Nigeria‹, published by the Authority of the Trustees of Legacy, Lagos, Nigeria in 1999; these museums are located all over Nigeria, with a concentration around the southern part and the Plateau region of Jos. Around 129 Historical Sites are also listed, 70 of which are recognized as national monuments [and] 15 National Parks.«[11]

In addition to the significant holdings of the National Museum of Nigeria, thirty-three other museums and many more cultural heritage centers hold a vast quantity of art and cultural artifacts from indigenous Nigerian peoples. Some of these cultural heritage institutions, such as The Ladi Kwali Abuja Pottery Center, commemorate indigenous artists who made important contributions to Nigerian art. Others, such as the Asele Institute (founded by the postcolonial Nigerian artist and educator Uche Okeke) serve as centers for the study of modern and contemporary Nigerian art. It also served as a model for comparable institutions including Demas Nwoko's New Culture Studios, Bruce Onobrakpeya's Ovuomaroro Center, and the emergent but notable memorial institution – the Ben Enwonwu Foundation. As a result of these developments, the Nigerian museum system may be said to encompass several institutions that essentially act as satellite museums without being directly controlled by the government.

2. NNM and the Politics of Cultural Representation

The National Museum of Nigeria's objective of preserving the cultural heritage of the country and promoting national unity defined its collecting practices and political fortunes. According to a recent review of the museum commissioned by the Ford Foundation, the museum's collection is

> »among the largest in West Africa and comprises an estimated 40,000 to 60,000 artefacts, dating as far back as 900 B. C. Varying in scale from larger items, such as carved wooden sculptures and furniture, to pots, household tools, 10,000 brass bangles, the collection can be seen to represent a comprehensive survey of Nigeria's rich cultural heritage. This embraces the arts, in the form of ancient manuscripts, a collection of instruments and musical [equipment], to fabrics, clothes and 7000 masks which hold both cultural and traditional significance. The museum buildings that house the collection are imperial in style and surround a central courtyard, covering a total of around 2000 square meters, each gallery provides from 500 to 700 square meters of floor space.«[12]

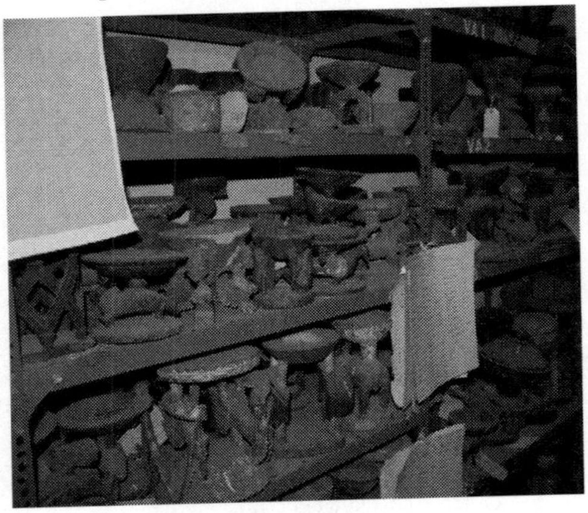

Fig. 2: National Museum of Nigeria: view of storage shelves showing selection of wood sculpture (Foto: Sylvester Okwunodu Ogbechie)

The collection (fig. 2) described in this inventory shows how the National Museum of Nigeria is careful to »represent a comprehensive survey of Nigeria's rich heritage,« collecting in one single institution many examples of artworks from divergent Nigerian ethnic groups. The National Museum of Nigeria uses the British Museum's collection as its model although its specific Nigeria focus fall short of the British Museum's operation as a »universal museum« where examples of artworks and cultural artifacts from all over the world are brought together under one roof. Universal museums are, in this regard, artifacts of colonial power and represent the ability of Western countries (where practically all the universal museums are located) to colonize and therefore collect artworks from subjugated cultures.[13] The National Museum of Nigeria can be viewed as a smaller example of this process in that it represents the ability of the modern Nigerian state, created by colonial fiat in 1914 by Britain, to assert authority and control over the arts and cultural production of its constituent indigenous peoples. Thus, in order to achieve legitimacy in the public eye, the museum is very careful to be seen as a »national« museum that represents the diversity of Nigerian peoples and their coming together into one nation.

The Nigerian National Museum is thus a hybrid in this regard. Although its main collection is of artworks of various media and types, it also collects and documents important items of national political history, as well as examples of contemporary Nigerian art, although another institution, the National Gallery of Nigerian Art, handles this latter function. In this regard, Filane notes that the location of many of the actual Nigerian museum satellites often defined the kind of artworks and cultural artifacts they collected, with the Jos Museum holding many fine examples of Nok terracotta sculptures that were discovered nearby, the Ife Museum serving as primary location of the Ife corpus of bronze and terracotta sculptures derived from the Ife royal court and excavations in the city, and the Benin Museum housing good examples of Benin art from the Kingdom of Benin. However, the Nigerian National Museum holds the best examples of these varied artworks in the national collection as befits an institution created to promote political cohesion and develop a cultural identity for the nation (fig. 3).

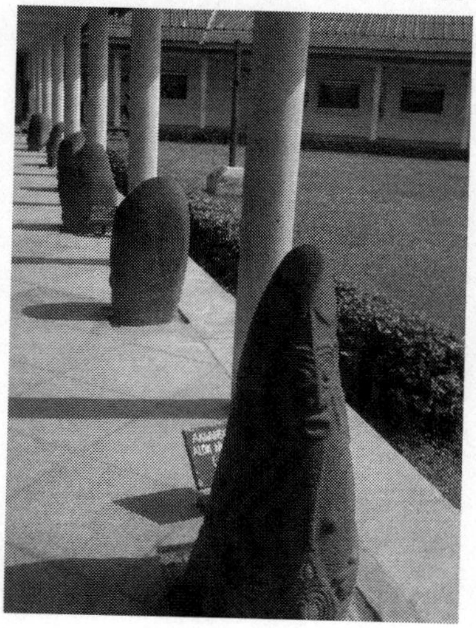

Fig. 3: Interior Courtyard of National Museum of Nigeria showing installation of Akwanshi monoliths (Foto: Sylvester Okwunodu Ogbechie)

The Nigerian National Museum's charter to preserve the nation's cultural heritage of the country as a means of promoting national unity means that its administration has long been affected by political considerations since its inception. The advantage of this consideration for national politics is that the museum benefits from the service of a large corps of civil servants drawn from all regions of Nigeria whose direct knowledge of the cultural context of artworks and their indigenous use in ritual and other modes of social organization are greatly valued by scholars who study the museum's collections. The disadvantage is that it has often been saddled by incompetent administrators appointed mainly to fill political quotas rather than for any significant expertise in either art history or museum management. In addition, Nigeria has had an unstable political system since its independence in 1960, characterized mainly by frequent changes in government, of which usurpations of political power by military governments accounted for more than two thirds of its history since then. Each incoming government subverts progressive development by creating new and often contradictory decrees for the management of Nigerian arts and culture. In the five decades since independence such laws have proliferated and although each new law supposedly supersedes the preceding, too often the inertia of civil service bureaucracy means that they are not always effective. The museum's financial status is also subject to political considerations, with funding expended or withheld depending on prevailing legislative ideas about cultural management in the modern political state of Nigeria. As a consequence of the above, the Nigerian museum system has gone through several cycles of boom and bust along with other Nigerian institutions in the era since its inception due to changing economic and political fortunes. During the devastating economic downturn of the 1980s when the Nigerian museum system effective became bereft of funding,

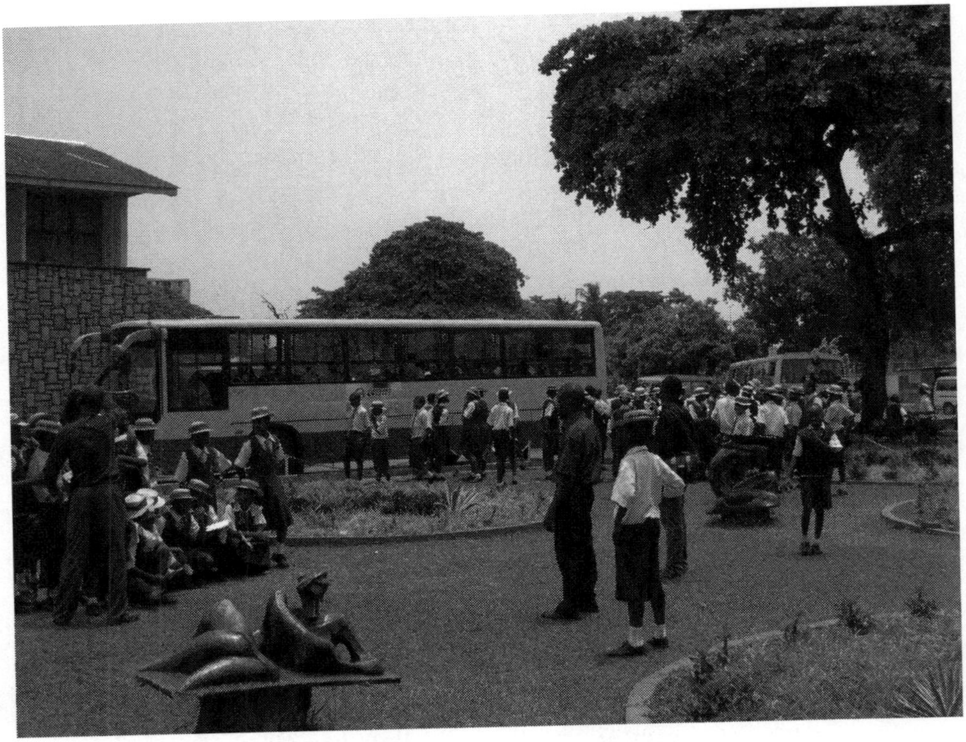

Fig. 4: Schoolchildren on a visit to the National Museum of Nigeria, March 2009 (Foto: Sylvester Okwunodu Ogbechie)

farsighted museum administrators, fearing loss of the museum's key artworks to theft, shuttered the museum collection and restricted access only to key researchers and a select number of museum personnel.

For the past two decades, Nigerians have visited the museum as one would a mausoleum, watching with its sad and steady descent into decrepitude. In a country with an unreliable electrical power supply and even less focus on maintenance of most aspects of the social infrastructure, institutions like the Nigerian National Museum suffered greatly from cuts in funding and general neglect. However, and despite its general deterioration, the museum remains a linchpin institution in the cultural landscape of Nigeria, especially in the city of Lagos where it was located. It serves a steady stream of schoolchildren who come on field trips to gain some knowledge of indigenous Nigerian arts and culture (fig. 4). It is also very popular as an event location and remains a premier venue for art exhibitions in Nigeria.

3. Revitalization and Revival

This essay uses the Nigerian National Museum in Lagos to review the current state of Nigeria's management of its art and cultural heritage. Many Nigerians are aware that the National Museum houses a great collection of cultural treasures but there is also a pervasive concern that the institution has fallen victim to general mismanagement and art

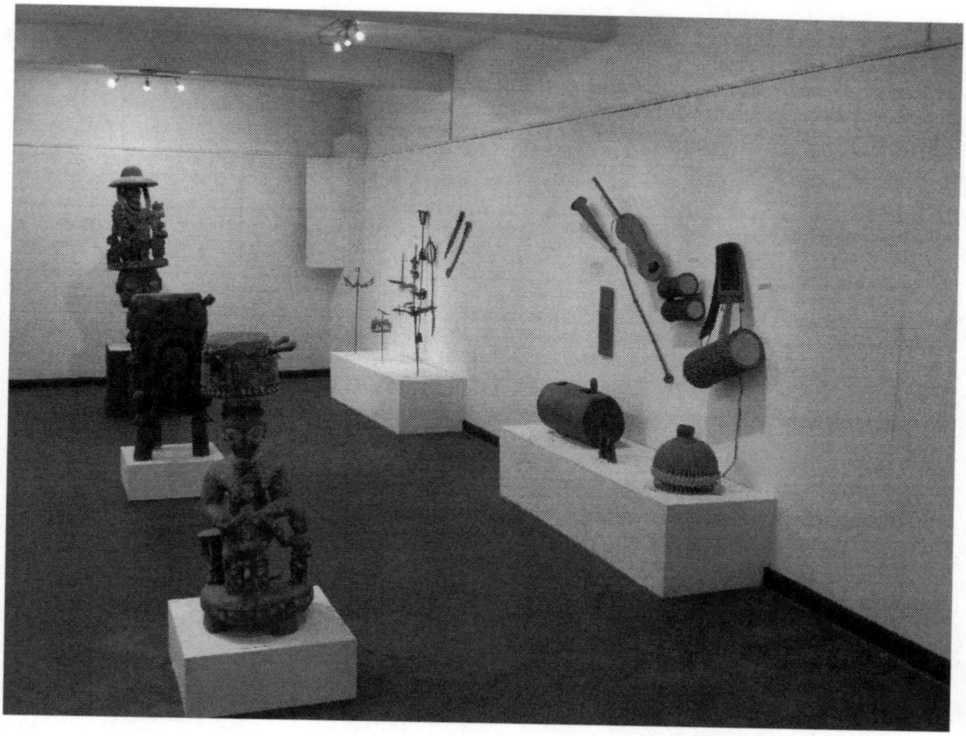

Fig. 5: Installation shot of All is Not Lost *exhibition (Foto: Sylvester Okwunodu Ogbechie)*

theft. Foreign scholars evince doubt that its constituent artworks are authentic and of good quality. They usually suggest that British colonization has deprived Nigeria of the best examples of historically pedigreed indigenous artworks, the usual question being: »didn't the British colonizers loot the country of any decent artwork in the early part of the 20th century?« Yes they did, but indigenous societies produced new artworks for use in ritual and social contexts to replace those that were stolen. Moreover, the National Museum has a vast and important holding of significant Nigerian artworks ranging over five thousand years that are mostly kept in storage rather than displayed. The few exhibitions produced in the period of diminished resources were anemic and visitors who come looking for examples of great works of Nigerian art were usually disappointed with the decrepit state of the national museum complex. The institution that created the groundbreaking blockbuster exhibition, *Two Thousand Years of Nigerian Art*, was literally on life support, unable to muster enough resources to maintain its buildings and conservation programs.[14] Kunle Filane noted that as an institution chartered and managed by the federal Nigerian government, the National Museum of Nigeria's reliance on government funding and the meager allocations provided for most of its history stifled museum development in the country.[15] Without a formalized structure of philanthropic support and a general disregard by Nigerian corporations for supporting culturally oriented projects, the NNM made little progress on standardization of the construction of buildings, the acquisition of additional artworks and important cultural objects, viable archaeological and ethnographic research and effective documentation and collections management.[16] In addition, the museum lacks critical staff in the vital areas of museums collections management, archive management, digitization, museology and general exhibitions management.

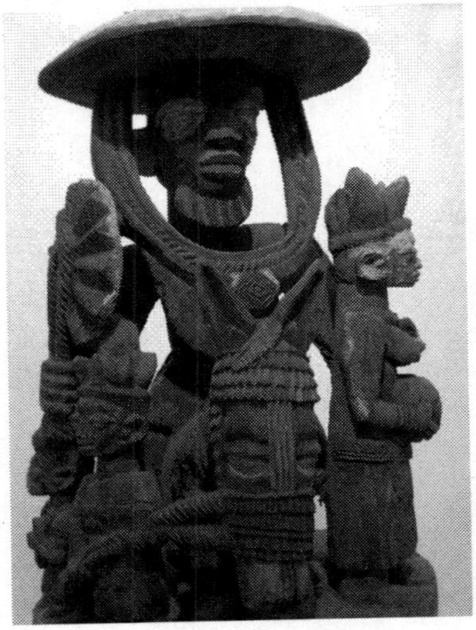

Fig. 6: Yoruba, Jagun, *detail of sculpture of Equestrian figure from* All is Not Lost *exhibition (Foto: Sylvester Okwunodu Ogbechie)*

In the period since the advent of democratic governance in 1998, the federal government of Nigeria has expanded its financial support for the museum by increasing allocation and also mandating a set-aside from national funds to support cultural development programs. There is also a renewed support for the National Museum of Nigeria by international museum institutions and cultural organizations. The British Museum has developed a series of training programs to help National Museum of Nigeria staff acquire knowledge about conservation of artworks and museum management in general. Many of the museum's staff has traveled to Britain for short-term workshops and British Museum staff visits Nigeria regularly to conduct training programs. In addition, the international development organization Ford Foundation is sponsoring a redevelopment initiative for the Nigerian museum system, starting with a massive redevelopment plan for the flagship National Museum of Nigeria in Lagos, to enable it provide better services to the people. Recently, the Ford Foundation donated significant funds to jumpstart the revitalization of the Nigeria National Museum in Lagos as part of a larger project to help the Nigerian government enhance the management and preservation of Nigeria's rich cultural heritage. The Ford Foundation president, Linus Ubiñas, personally announced the grant during a weeklong visit to West Africa that took him to Lagos for several days.[17]

In preparation for Mr. Ubiñas's visit, the National Museum of Nigeria opened a new exhibition of artworks from its collection, many which have never been exhibited before. The small showcase exhibition, titled *All is Not Lost: A National Treasure Worth Preserving*, was open to the public from March 1 to March 6, 2009 in the temporary exhibition gallery of the National Museum featured a commendable installation of artworks pursuant to global exhibition standards (fig. 5 and 6). It showcased a sampling of the museum's 7,000 masks and headdresses and rare *Ere-Ibeji* figures selected from the National Museum of Nigeria's collection of 3,000 of these renowned artworks. (Over 80% of the collection in the Lagos museum is wood sculpture including over 600 door panels and 3,200 ancestral figures). The exhibition was curated by Ronke Ashaye, curator of Antiquities at the National Museum of Nigeria, and produced with curatorial assistance by Ndidi Dike, with exhibition design by Collins Onuosa, and documentation provided by Cynthia Iluobe of the National Museum of Nigeria's documentation unit.[18] The intent of the exhibition, according to the museum staff, was to begin to show the public more of the extensive national collection that includes magnificent examples of Nok, Ife, Owo, Benin and other important artworks from Nigeria's myriad cultures. There is a general expectation that the renewed federal government funding for the national museum system and ongoing museum conservation projects will result in even more improved exhibitions from the National Museum of Nigeria, which will in time hopefully impact positively the revitalization of the other institutions in Nigeria's chain of museums.

4. Looking Back, Moving Forward

The Nigerian museum system is a vital project of national cultural management and identity formation. It also represents one of the most important efforts to collect and exhibit African art within the African context of its production and use, in an effort to understand the relationship of indigenous culture to the contemporary politics of national and cultural identity. Its changing fortunes over the years raise important questions about how museums are understood within the modern nation state of Nigeria, which are relevant to similar political contexts in Africa as a whole. Western scholarship about museum institutions and their structures of display assumes that such institutions are benign in their collection and display of African art. However, activist scholarship questions the production and use of cultural, economic and geo-political value created as a result of the ongoing location of many pedigreed examples of historical African art in Western museums. Analysis of African art in museum collections requires such focus because of the need to deliver to African producers a portion of the value created from the cultural practice of their ancestors, most of which were plundered and appropriated by Western countries as a result of their colonization of Africa. It is thus important to remember always that Western collecting of African cultural artifacts are literally records of violence against African indigenous cultures. The removal and frequent destruction of indigenous artifacts of African art severed the bonds that held most cultures together thus making them available for colonial indoctrination. There was also the assumption that the coming of the West would efface local cultural processes and remake African peoples in the image of their colonial overlords, hence the abundance of publications in the heyday of colonization trumpeting the »dying cultures of Africa« or this and that »Last of the so and so« peoples. The need to overturn an idea of Africa based on the erroneous assumption that colonial conquest meant the end of its indigenous cultural practices is at the center of ongoing controversies surrounding the collection and display of African art in Western museums, and calls for their repatriation.

It is therefore significant that in many African countries, museums are always associated with colonial violence and seen largely as repositories of dead objects (i.e. objects divorced from their use as principal media of social organization). This does not mean that the artworks in African museums have no link to or use in their respective cultural contexts but that the cultural knowledge needed to activate the numinous power of many of these artworks has often been lost due to colonial violence. Where this knowledge is retained, new artworks have been produced to replace the lost items, and new forms of ritual and display have come into being around the use of these new objects in society. Western museums usually don't collect these examples of cultural continuity, preferring instead to situate their vision of Africa in an Africa of the imagination defined by historical objects collected at the initial context of Africa's colonization by the West. The Nigerian museum system is a corrective to this biased characterization of indigenous and contemporary African art. Its acclaimed collection of ancient Nigerian art represents an invaluable guardianship of the historical and cultural memory of the nation. It is also very interested in newer artworks arising from changing social and temporal contexts of Nigeria, artworks that often bear no visual relation to their historical archetypes. Through this focus, National Museum of Nigeria affirms an important project of national identity formation whose goal is to create a Nigeria that respects the diversity of its indigenous heritage and serves as a foundation for participating in contemporary global culture. For a nation struggling with growing pains in all facets of its existence, the National Museum of Nigeria's resilience speaks to the resilience of the nation. While the question of political cohesion is pursued in the national arena, the National Museum of Nigeria's cultural project has actually created an ideal of Nigerian unity based on public identification with the excellence of its indigenous culture. It has become a place where the nation comes together to recognize itself in its heritage of cultural diversity.

---

1 For example, see Thurstan Shaw: *Igbo-Ukwu: An Account of Archaeological Discoveries in Eastern Nigeria.* Illinois 1971.

2 William Fagg, Herbert List: *Nigerian Images.* Lagos 1990, p. 19.

3 The recent exhibition of Ife sculpture at the British Museum showcases masterpieces from Ife art. See Henry John Drewal: *Kingdom of Ife: Sculptures from West Africa.* London 2010.

4 The Benin corpus was the subject of an extensively researched travelling exhibition published as Barbara Plankensteiner (Ed.): *Benin Kings and Rituals: Court Arts from Nigeria.* Gent 2007.

5 For a full description of the NCMM functions, see the National Commission for Museums and Monuments Act of the Federal Republic of Nigeria: http://www.nigeria-law.org/National%20Commission%20For%20Museums%20and%20Monuments%20Act.htm (accessed December 20, 2010).

6 For a comprehensive history of the Nigerian museum system, see Kunle Filane: »Museums in Nigeria. Historical Antecedents and Current Practice« In: *Proceedings of the Dakar: Art, Minorities, Majorities* Symposium, Dakar 2003, pp. 1–7, www.aica-int.org/IMG/pdf/15.filaneeng.pdf (accessed October 23, 2010) and Flora Edouwaye S. Kaplan: »Nigerian Museums: Envisaging Culture as a National Identity« In: Flora S. Kaplan (Ed.): *Museums and the Making of Ourselves: The Role of Objects in National Identity.* New York 1994, pp. 45–78.

7 M. O. Akanbiemu: »The development of Museums in Nigeria« In: *Nigerian Heritage, Journal of the National Commission For Museum & Monuments,* Volume 4, 1995, p. 125.

8 For analysis of Enwonwu, the first internationally acclaimed African contemporary artist, see Sylvester Okwunodu Ogbechie: *Ben Enwonwu: The Making of An African Modernist.* Rochester 2008.

9 See Saburi Biobaku: »Kenneth Murray, Collector of Nigerian Antiquities: An Obituary« In: *Daily Times,* May 6, 1972.

10 See Ade Obayemi: *Ancient Cultures for the Living: Nigerian Monuments and Antiquities Today* (Text of 1987 Kenneth Murray Memorial Lecture). University of Ibadan 1991, p. 8.

11 Filane 2003 (as n. 6), pp. 3–4.

12 Foster + Partners: *National Museum, Lagos*. Interim Report submitted for the Ford Foundation National Museum Lagos Conservation Project, 2008.

13 The political and discursive implications of the role colonization played in creating Western museum collections has recently led to calls by colonized countries for their cultural patrimony to be returned to them. For analysis of the history and legal implications of these demands, see Ana Filipa Vrodljak: *International Law, Museums, and the Return of Cultural Objects*. Cambridge 2006.

14 See Ekpo Eyo: *Two Thousand Years of Nigerian Art*. London 1990.

15 Filane 2003 (as n. 6), p. 5.

16 Ibid.

17 See *Ford Foundation Celebrates 50 Years in Africa*. http://www.fordfoundation.org/regions/west-africa/news?id=407 (accessed December 16, 2010). – The Ford Foundation's West Africa Operations is headquartered in Lagos, Nigeria.

18 Ndidi Dike, Personal Communication, March 9, 2010.

Daniel Hornuff

Kunst im 3D-Rundgang. Was bringt das virtuelle Museum?

Auf den ersten Blick scheint der Begriff des »virtuellen Museums« unscharf gefasst, so dass sich nahezu alle Ausstellungsformen und Präsentationsformate unter ihm – irgendwie – subsumieren lassen. Es bietet sich daher an, das Themenfeld einzugrenzen, indem es von anliegenden Phänomenen unterschieden wird. Unter »virtuellem Museum« soll nicht die Präsentation virtueller Darstellungsformen im Museum gemeint sein. Den nachfolgenden Überlegungen geht es also nicht um die Analyse einer in musealen Kontexten ausgestellten Medien-, Video- oder Computerkunst, die landläufig als virtuelle Ausdrucksweise meist installativer Arrangements gefasst wird. Ebenfalls nicht gemeint ist die rein virtualisierte Präsentation artifizieller Gegenstände, Dokumente, historischer Zeugnisse oder sonstiger Kulturgüter. Eine umfassende Untersuchung dieser Archivierungs- und Aufbereitungsportale steht noch aus und gewinnt vor dem Hintergrund einer rasant steigenden Beliebtheit rein webbasierter Ausstellungsformate eine hohe kulturwissenschaftliche Dringlichkeit.[1] Das wohl bekannteste, allein über einen Internetzugang aufrufbare Museum wurde als Gemeinschaftsprojekt vom Deutschen Historischen Museum Berlin, dem Haus der Geschichte und dem Fraunhofer-Institut für Software- und Systemtechnik ins Leben gerufen: LeMO: Lebendiges Virtuelles Museum Online.[2] Wie die meisten vergleichbaren Unternehmungen ermöglicht auch LeMO als ein mit einem Navigationssystem ausgestattetes Informationsportal den Zugriff auf mehrere hunderttausend Dokumente (in diesem Fall aus der deutschen Geschichte von 1871 bis heute) und ähnelt trotz seiner Betitelung eher einer Fakten strukturierenden Datenbank denn einem Museumsprojekt im herkömmlichen Sinne. Wie stark dennoch die Suggestion einer in das Internet überführten musealen Inszenierung aufrecht erhalten wird, beweist beispielhaft das Online-Migrationsmuseum Rheinland-Pfalz: Navigationsleisten leiten den »Besucher« in ein »Foyer«, aber auch zu »Dauerausstellungen« oder »Sonderausstellungen«.[3]

Folglich bezieht sich der Begriff des »virtuellen Museums« im Folgenden weder auf Präsentationen ›im‹ Museum noch auf eine Substitution des klassischen Museums ›durch‹ das Internet. Stattdessen soll auf die virtuelle Selbstpräsentation des klassischen Museums im Internet fokussiert werden, um den Blick auf das seit kurzem stark verbreitete Phänomen der dreidimensionalisierten Rundumansichten einzelner Museumsräume richten zu können.[4] Gemeinhin werden solche Darstellungen als »virtueller Rundgang«[5] oder »virtuelles Museum«[6] aufgeführt, woraus sich die Fragestellungen der nachfolgenden Überlegungen ergeben: Welchen ontologischen Gehalt besitzt das Virtuelle in diesem Zusammenhang? Inwiefern werden die dargestellten Räume begehbar, wie es die meisten Museumsportale offerieren? Von welcher ästhetischen Intentionalität sind die Inszenierungen gestaltet? Und nicht zuletzt: Welche gesellschaftspolitischen Implikationen müssen bei der Analyse virtueller Museumsrundgänge Beachtung finden?[7]

Zur Scheinlosigkeit der Virtualität

Wer die Frage nach der gesellschaftspolitischen Bedeutung des »virtuellen Museums« in dem oben dargelegten Sinne stellt, kann sich zu einer simplen Beantwortung hinreißen lassen. Er könnte behaupten, dass die virtualisierte Wiedergabe der Museumsinnenräume die logische Folge einer breiten Virtualisierung unseres Lebens darstelle. Wo immer mehr digital erzeugte Bilder den Anspruch erheben, besser als die Wirklichkeit zu sein, dort müsse eben auch die Institution Museum als digitale Sensation Überbietungsleistungen erbringen. In dem Maße, wie etwa die sozialen Netzwerke vom Eigentlichen und Tatsächlichen ablenkten und den Einzelnen zerstreuten, so verleite auch die Verdopplung des Museums hinein in das Internet bloß zum schnellen Klick. Der Tod der wirklichen Welt, so die oft geäußerte Klage, falle in eins mit der Geburt einer visuellen Apokalypse. Der amerikanische Soziologe und Kunsttheoretiker Douglas Crimp fasst die offenbar generelle Machtergreifung der Bilder in einem erstmals 1977 veröffentlichten Aufsatz prägnant:

> »In einem immer größeren Ausmaß wird unsere Erfahrung durch Bilder bestimmt, Bilder in Zeitungen und Zeitschriften, im Fernsehen und im Kino. Neben diesen Bildern beginnt die unmittelbare Erfahrung sich zurückzuziehen, sie erscheint immer trivialer. Während es einst schien, als hätten Bilder die Funktion, Wirklichkeit zu interpretieren, scheint es jetzt, als hätten sie diese usurpiert«.[8]

Eine tiefer gehende, auch Hemmungen und Widerstände überwindende Auseinandersetzung sei unter diesen Voraussetzungen weitestgehend unmöglich. So gefasst, erscheint die Internetpräsentation des Museums als eine Form der Simulation, als eine Überwindung des wirklichen, echten, verbindlichen, leibhaftig begehbaren Museums durch ein hyperreales Gebilde.

Entschieden greift diese Auffassung in das Toposreservoire der postmodernen Kulturtheorie und reaktiviert Untergangsformeln, wie sie vor allem der französische Philosoph Jean Baudrillard entwarf. Allerdings, so wäre verkürzend entgegenzuhalten, ist heute längt bekannt, wo der blinde Fleck dieser emphatischen Virtualitätstheorien liegt: in der ebenso schematischen wie starren Gegenüberstellung von Virtualität und Realität. Virtuell, so Baudrillard, schien all das zu sein, was nicht real war. Virtuell bedeutete die Austreibung der Realität zugunsten einer Entkörperlichung der Wirklichkeit. Virtualität wurde gleichgesetzt mit Immaterialität. Und was als immateriell angesehen wurde, musste einer generellen Ort- und Zeitlosigkeit unterliegen. Das war der Grund, warum der Begriff der Virtualität zum Schimpfwort umgemünzt wurde: Was keinen Körper, keinen Ort und auch keine Zeit besaß, konnte nur aus dem Material des Scheins geschaffen worden sein. Kurzum, Virtualität wurde nicht nur von Baudrillard in eins gesetzt mit einer totalitär ausgebreiteten Täuschungsenergie, die hohe Verführungskräfte freisetze und an der Unterhöhlung des Wirklichen arbeite.

Und doch, so ließe sich entgegen halten, sind es die neuen Bilderwelten des Internets, die dazu veranlassen, die Virtualität in einem anders gelagerten Denkmodell zu fassen. Um es formelhaft zu bündeln: Als Gegenteil der Virtualität sollte nicht die Realität, sondern die Aktualität in den Blick geraten. Die Bilder des Internets sind virtuell, insofern sie als abrufbare Potenzialität in Datenspeichern schlummern und auf ihren Aufruf durch Anklicken warten. Sie sind damit auf Körper bedingungslos angewiesen. Allein der Begriff des Datenträgers illustriert die Materialverhaftung anschaulich, belegt er doch, dass Daten ohne physische Basis nicht existieren können. Die Virtualität braucht den Körper notwendigerweise, um sich realisieren zu können.

Gleichwohl deutet sich damit das entscheidende Kriterium an: Virtuelle Daten sind nicht aktuell. Erst im Augenblick ihres Erscheinens auf dem Bildschirm treten sie in den Zusammenhang der Jetztzeit ein, reklamieren Präsenz und werden so erfahrbar. Indem sich die Datensätze auf dem Monitor als Bilder oder Texte, Grafiken oder Animationen zu erkennen geben, werden sie aus ihrem virtuellen Potenzial herausgelöst, vom Datenträger auf die Trägermaterie des Bildschirms geladen und somit in ein aktuell bedeutsames Wirkungsgefüge überführt. Sie werden nicht in einen Raum ›jenseits‹ der Realität, sondern wie alle Güter ›in‹ den Raum der Realität eingeschrieben. Mit Blick auf den Kontext des vorliegenden Themas beschreibt die Historikerin und Kuratorin Kristiane Janeke das Ineinandergreifen der verschiedenen Erscheinungsweisen als räumlichen Ergänzungsprozess:

> »Der Cyberspace ergänzt als virtueller oder kybernetischer Raum, als digitale Infrastruktur, computergenerierter graphischer Raum oder auch als Raum ohne Ort unsere herkömmlichen, physischen und aktuelle basierten Raumvorstellungen. Hier wird bewusst eine Gegenüberstellung verschiedener Räume vermieden, da der Cyberspace nicht als ein losgelöster, eigener Raum verstanden wird. Er soll vielmehr die Vorstellung eines räumlichen Nebeneinanders anregen, da der reale und der elektronische Raum einander bedingen und aufeinander angewiesen sind.«[9]

Diese Begriffsschärfung mag helfen, die tatsächliche Bedeutung internetbasierter Museumspräsentationen bestimmen und aus bloß simulationstheoretischen Ansätzen herauslösen zu können. Demnach ist abzuleiten, dass die Übertragung der Museumsräume in Bewegbild-Flächen keineswegs zu einer Entkörperlichung oder gar Entwirklichung der Ursprungsräume führt. Es kommt also gerade nicht zu einem Überscheinen der Museumsrealität durch die Täuschungsabsicht einer Bildvirtualität, sondern lediglich zu einer Neubesetzung eines weiteren Präsentationsstandortes.

Der Blick von außen

Der virtuelle Rundgang des Historischen Grünen Gewölbes in Dresden empfängt den Besucher der Plattform mit dem Bild einer massiven, dunklen Holztür.[10] Ein Klick genügt, um die Tür zum Öffnen zu bewegen und folglich ein Eintreten in den Innenraum des Gewölbes anzudeuten. So scheint man Blick und Bewegung des Besuchers vor Ort zu adaptieren. In jedem Fall suggeriert die Inszenierung eine räumliche Tiefendimension und spekuliert auf die Wirkungsästhetik einer auf den Bildschirm transformierten Raumerfahrung. Die ungewöhnlich hohe, nahezu sämtliche Details wiedergebende Bildqualität verstärkt wesentlich den Eindruck einer plastischen Illusionswirkung.

Man mag die Übertragung einer musealen Raumkonfiguration auf den heimischen PC für die nette Spielerei eines Kulturmarketings halten, das in Ermangelung geeigneter Werbefelder nach neuen Aufmerksamkeitserzeugern Ausschau hält. Und dennoch wird nicht entgehen, dass der dadurch veränderte Präsentationsort ein neu ausgerichtetes Rezeptionsverhalten zur Folge hat. Laden Museumsräume vielfach zum individuell gewählten Rundgang ein und eröffnen zumeist die Möglichkeit, nach eigenen Interessen und Erkenntniszielen das Präsentierte anzueignen, so legen die dreidimensionalisierten Online-Darstellungen den Betrachterstandpunkt fest: In der Regel wird der Betrachter in die jeweilige Raummitte zentriert, von wo der Blick mittels einer Cursor-Navigation in einer 360°-Rundumansicht durch den Raum schweifen kann. In einigen Fällen stehen Zoom-Optionen zur Verfügung, die gewählte Raumausschnitte – wie etwa einzelne Kunstwerke – vergrößert darstellen. Aber auch solche technischen Erweiterungen täuschen wohl nicht darüber hinweg, dass der Besucher seiner individuellen Zugriffsmöglichkeiten weitestgehend enthoben wird. Wo ihn eine leibhaftige Raumbegehung in einen subjektiven Status versetzt, der ihm eine Kunstrezeption aus Selbstantrieb gestattet, so fixiert die dreidimensionalisierte Bildform den Betrachter zum ausführenden Gehilfe der Präsentation. Die begrenzten Bewegungs- und Justierungsangebote verhindern somit eine souveräne Besucherhaltung im Sinne individueller Bewegungsfreiheit. Es ist daher Einschätzungen zu widersprechen, die in solchen Präsentationsmodi Anreize zur Interaktion sehen wollen. Das Gegenteil, so legen es jedenfalls die Beispiele der großen Museumshäuser nahe, scheint der Fall zu sein: Die Selbstermächtigung des Besuchers zum interessengeleiteten Kunstrezipienten wird substituiert durch eine Festlegung auf eine weitestgehend vorbestimmte Handlungsagilität. Der Blick in den Raum ist ein durch das Medium vorgegebener.

Und doch wäre zu kurz gegriffen, an dieser veränderten Rezeptionsweise eine bloße Verfallsentwicklung der Kultur des Museumsbesuchs zu erkennen. Umgekehrt ließe sich argumentieren, dass der Raummittelpunkt, von dem aus sich der Betrachterblick drehen lässt, einen weitestgehend objektiven Standpunkt markiert. Die umliegenden Bilder erscheinen kaum hierarchisiert, vielmehr ruhen sie integriert in der Raumordnung, ohne sie zu dominieren. Dass zudem die meisten virtuellen Rundgänge die jeweiligen Museumsräume ohne leibhaftige Besucher zeigen und so den Blick des Nutzers auf das Wesentliche freigeben, kann sogar als Gewinnvorsprung gegenüber dem klassischen Museumsbesuch empfunden werden. Andererseits wirken gerade dadurch die Räume großer und hoch frequentierter Häuser seltsam steril, fehlt ihnen doch die Lebendigkeit der Kunstbetrachter. Verstärkt artikuliert sich so der Eindruck eines toten Museums, in dem die Werke wie Relikte der Vergangenheit eingelagert wurden. Die Repräsentationswirkung scheint hinter die Archivierungsästhetik zurückzutreten.

Man kann sich also fragen, warum die Inszenierungen der virtuellen Rundgänge nicht eingehender auf eine Belebung der Räume achten und prägnanter versuchen, das soziale Potenzial der Ausstellungsorte – ein Klima des Austauschs – zu betonen. Eine mögliche Antwort gibt das Graphikmuseum Pablo Picasso in Münster. Dessen virtueller Rundgang zeigt als einer der wenigen einige Besucher – sitzend im Foyer, Kataloge blätternd, vor Kunstwerken sinnierend, alle in lässiger Alltagskleidung.[11] Entgegen der Erwartung, dass sich an und mit ihnen eine Vitalisierung des Raumeindrucks entfalten könnte, lösen sie unmittelbar Befremden aus, erinnern sie doch eindrücklich an Duane Hansons hyperalltägliche Skulptur-Typen. Die in den Rundumansichten abgebildeten Kunstbetrachter, Katalogleser und Ticketkäufer werden sowohl durch den Blick von außen – durch den Blick des Plattform-Nutzers – als auch durch ihre zu körperlicher Starre arretierte Haltung jeder Lebendigkeit beraubt. Ihre situative Einbindung zerfällt zur Momentaufnahme und fixiert ihr Handeln zum herausgelösten, geradezu entkontextualisierten Augenblick. Durch die Möglichkeit, sie gemeinsam mit dem sie umgebenden Raum um eine Bildachse drehen zu lassen, kehrt sich ihre skulpturale Wirkung beinahe unverstellt hervor. Der Kunstbetrachter im Museum wird zum Kunstobjekt umgewertet. Die mediale Beschränkung, den aufgenommenen Raum lediglich in einem artifiziell-statischen Modell scheinbar wiedergeben zu können, erzeugt eine Bildwirkung der Entdynamisierung: Dem Blick von außen zeigen sich somit eingefrorene »role-models«, die kaum definitiver die Vorstellung vom Museum als Ort der Begegnung widerlegen könnten.

Kunst ohne Kontext?

So wird eine weitere Bedeutungsdimension der virtualisierten Museumspräsentationen angeschnitten. Denn ganz offensichtlich gliedert sich die dreidimensionalisierte Inszenierung einzelner Museumsräume in die Stilgeschichte des Panoramas ein. Das Museum als Ort der Kunstpräsentation wird somit selbst zu einem dem monumentalen Rundgemälde zumindest vergleichbaren Artefakt, lässt sich doch in beiden Fällen beobachten, wie der Betrachter in die Situation einer möglichst lückenlosen Bilderwelt versetzt werden soll. Faktisch jedoch ist er nicht mehr wie ehedem von einem Bildrund umgeben, vielmehr suggeriert die am Bildschirm ablaufende Darstellung eine externalisierte Betrachtung, die an den Innenraum angedockt scheint. Das Hier und Jetzt vor dem Bildschirm verschmilzt mit dem Dort des Gezeigten und sucht die ontologische Trennung zwischen Betrachter- und Bildkontext aufzuheben. Prägnant fasst die Kunsthistorikerin Claudia List die Wirkungsmechanik solcher Inszenierungsmodi, wenn sie schreibt: »Das Panorama bietet die Distanz zum Detail und hat dadurch das Ganze im Blick.«[12] Offenbar ist auch das Hauptmerkmal der virtuellen Rundgänge in ihrem Inszenierungsziel zu sehen, »das Ganze« dem Blick darbieten zu können. Die ästhetische Attraktivität liegt gerade im Anschein einer räumlichen Vollkommenheit, was dazu führt, dass in den meisten Fällen der Blick sowohl selbst auf den Boden als auch an die Decke möglich ist. Damit erfährt die Illusionswirkung eine zusätzliche Steigerung, wird sich der Betrachter doch in jedem Fall vergeblich nach Stativen oder anderen Kamera-Equipments ›umsehen‹. Der Bildherstellungsprozess wird kaschiert, um die unmittelbare Wirkung des in sich abgeschlossenen Bildraumes nicht zu beeinträchtigen.

Doch die panoramabedingte Fokussierung auf »das Ganze« führt unweigerlich zur Vernachlässigung der ausgestellten Kunstwerke. Tatsächlich vermeiden es die meisten 3D-Rundgänge konsequent, den Blick auf Details scharfstellen zu können. Hier mögen rechtliche Hürden im Weg stehen, und dennoch fordert diese überdeutliche Blickferne zur Kunst die Frage nach ihrer Funktion heraus: Welche Rolle also kommt ausgestellten Kunstwerken in derartigen Internetpräsentationen zu? Was kann die Kunst leisten – und was nicht –, wenn sie den Charakter eines unscharfen Bildpunkts annimmt?

Rasch ließe sich ein ernüchterndes Urteil fällen: Denn kaum einmal kommt die Kunst in den präsentierten Schauräumen über die Funktion eines visuellen Appetitanregers hinaus. Häufig fällt schwer, auch nur Thema oder Sujet der gezeigten Gemälde identifizieren zu können, und nur die trainierten Blicke der Profis vermögen auf Grundlage der 3D-Panoramen zumindest einige Künstler und Bildtitel zu ermitteln. Dem Laien hingegen bieten sich zumeist bunte Pixelfelder, die er evidenter Weise für das Ausgestellte hält, mit denen er jedoch nichts weiter anzufangen weiß.

Man kann diesen Umstand für eine lästige Begleiterscheinung solcher Präsentationen halten und ihn einer technischen Rückständigkeit anlasten. Gleichzeitig wird jedoch nicht entgehen, dass der Entzug visueller Eindeutigkeiten zu einer Erhöhung der Glaubenskraft führt. Wo Artefakte so gut wie nichts mehr von sich preisgeben, da die Betrachterdistanz zu ihnen ein genaues Studium verhindert, werden Qualitätsurteile erschwert bis unmöglich. Die Werke der Kunst vernebeln sich zu kunsthaften Dingen. Die Artefakte muten allein aufgrund ihres Kontextes, ihrer Hängung und räumlichen Positionierung nach künstlerischen Erzeugnissen an – und werden gleichzeitig einer genauen Prüfung ihrer künstlerischen Leistungsfähigkeit entzogen. Dem Betrachter vermittelt sich im Moment der Panoramabesichtigung nur eine bloße Ahnung von Kunst. So sehr ihn die Panoramainszenierung zu einem raumkonstitutiven Mittelpunkt festlegen will, so sehr entwirft sie ihn zur interpretatorischen Randfigur. Mögen sich noch heute viele Museen, präsentierte Sammlungen und Ausstellungsprojekte der Tradition einer »Schule des Sehens« verpflichtet fühlen, so widersprechen ihre virtuellen 3D-Auftritte meist entschieden: Aus der aufklärenden »Schule des Sehens« wird ein vieldeutiger Rundgang des Glaubens.

Einwendend ließe sich argumentieren, dass die Möglichkeit, durch Zoom-Funktionen einzelne Kunstwerke aus ihrem Raumgefüge hervortreten zu lassen, zu einer deutlich sichtbaren Entkontextualisierung der ausgestellten Kunst führt.[13] Folglich zerfällt der museale Präsentationsort zu einer Art Datenbank archivierter Werke. Die Spezifik der Präsentation, der Mehrwert des musealen Arrangements und die semantischen Gefüge des Ausstellungs- und Raumdesigns werden somit torpediert und können keine Interpretationskraft entfalten. Man könnte sogar fragen, ob sich die Zoom-Optionen nicht konträr der Inszenierungsidee entgegenstellen, immerhin liegt der Reiz der Panoramaästhetik gerade im suggerierten Raumeindruck und bezieht sich damit auf eine Form der Kunstvermittlung, die erst durch das Umfeld ihrer Erscheinung Deutungen, Gewichtungen und Ordnungen schafft. Was man also einerseits als Beförderung eines Kunstglaubens durch die überwiegende Entfernung der Werke vom Betrachterblick lesen kann, lässt sich andererseits als Autoritätssteigerung der Kunst durch ihre gezielte Befreiung aus räumlichen Zusammenhängen verstehen. In beiden Fällen wird deutlich, dass der Kunst ein etwas undefinierter Status zugesprochen wird, ja dass häufig unscharf bleibt, welche konkrete Funktion die Kunst in den jeweiligen Rauminszenierungen übernehmen soll. Statt über die dreidimensionalisierte Wiedergabe eine spezifische Vorstellung über die Aufgabe der Kunstwerke innerhalb der gezeigten Ausstellungen zu vermitteln, scheinen sich die Präsentationen nach wie vor in einem inszenatorischen Dilemma zu befinden: Man will die Kunst am Ort ihres Auftritts zeigen, und muss erkennen, dass die Inszenierungsmittel nur die Wahl zwischen einer Überbetonung des Ortes oder aber der Entortung der Kunst gestatten. Droht damit einerseits die Kunst zum einheitlichen dekorativen Schmuck abzukippen, wird ihr andererseits der Wirkungsradius einer absolut gesetzten – kontextlosen – Erscheinung zugesprochen. So wird deutlich, wie die Bildform der 3D-Rundgänge zwischen Unter- und Überforderung künstlerischer Potenziale changiert und kaum einmal zu programmatischer Eigenständigkeit gelangt.

Klarer und eindeutiger scheinen sich dagegen virtuelle Rundgänge positionieren zu können, die als Marketinginstrumente zum Imagegewinn eines Unternehmens beitragen sollen: »Entdecken Sie die Architektur des Audi Forum Ingolstadt und begeben Sie sich auf virtuelle Rundgänge durch die einzelnen Ebenen des museum mobile«[14], offeriert eine Internetankündigung und zeigt entsprechende Ausstellungsebenen. Tatsächlich wird die Präsentation als »Panoramaansicht« bezeichnet, was nicht nur die implizierte Bildtradition zitiert, sondern auch den Eindruck einer Erlebnisreise durch Geschichte und Produkt-Highlights des Automobilkonzerns verstärken soll. Folglich bedient man sich der Tradition musealer Sehschulen, um stilgeschichtliche Entwicklungslinien und ästhetische Meilensteine der eigenen Angebotspalette zur Aufführung bringen zu können. Und zudem scheint selbst die Architektur auf die Anforderungen der Ästhetik eines virtuellen Rundganges abgestimmt zu sein: Als Rundbau gibt das Ingolstädter Gebäude bereits die Bewegungsdynamik vor, so dass die visuelle Umsetzung an einer bereits angelegten Raumkonfiguration ansetzen kann. Dies beweist, wie wirkungsvoll die beiden Repräsentationsformen – Ausstellungsbau und virtueller Rundgang – miteinander harmonisieren können. Freilich geht es der Audi-Inszenierung um eine markengerechte Leistungsschau, um den Aufweis einer Firmenhistorie, die über Jahrzehnte ein Marktsegment ausprägen und besetzen konnte. Und dennoch schafft es Audi in diesem speziellen Fall, das »virtuelle Museum« als stilistisch durchkomponierte und ästhetisch schlüssige Plattform zur Verfügung zu stellen. Die ausgestellten Objekte wirken weder über- noch unterfordert, ganz im Gegenteil: Indem sie ohne Umschweife als Trophäen behauptet werden, können der architektonische Kontext und die visuelle Umsetzung als die Produktautorität stabilisierende Rahmen fungieren. Gleichwohl sollte eingeschränkt werden: Ein für das Storytelling einer Unternehmensgeschichte praktikables Selbstverständnis, das auf die entschiedene Heroisierung der Objekte abzielt, mag zwar einem Marketinginteresse dienlich sein, sollte jedoch nicht unreflektiert auf das virtuelle Kunstmuseum übertragen werden. Andernfalls käme es erneut zur Überfrachtung der Kunst und der an sie adressierten Hoffnungen. Gleichwohl treffen sich die Rundgänge des Grünen Gewölbes Dresden und des Audi museum mobile in der Bestimmung des Ortes als Stätte direkter Erfahrungen: »Existenzgrund und Rechtfertigung des Museums münden in der Nutzung seiner Sammlung durch Präsentation«, notiert Friedrich Waidacher im *Handbuch der Allgemeinen Museologie*, und weiter: »Nicht das Sammlungsobjekt selbst, sondern das Erlebnis, das es in uns hervorruft, ist Ziel aller musealen Arbeit«.[15] Die Erzeugung solcher Erlebnismomente bedeutet die Produktion von Kulturerfahrungen. In diesem Sinne erfüllt das »virtuelle Museum« mehr als nur den Zweck einer öffentlichkeitswirksamen Plattform – es könnte zum eigenständigen Kulturgut entwickelt werden.

Demokratisierung versus Hierarchisierung

Dass das »virtuelle Museum« im Sinne des onlinebasierten 3D-Rundgangs bisher nicht als vollwertiges Kulturgut beachtet wurde, mag erstaunen: Schließlich scheint sich in ihm eine neue Form der Kulturkommunikation auszubilden, die nicht nur ein mediales Spezifikum – die Beteiligung des Nutzers –, sondern auch ein ästhetisches Vokabular aufweisen kann, das es bisherigen musealen Präsentationen enthebt. Gleichwohl scheint sich die Bildform der panoramagerundeten Innenraum-Ansicht in eine längere Bildtradition einzuschreiben und dennoch – was die wissenschaftliche Reflexion betrifft – ein Schattendasein zu fristen. Dabei lassen sich neben den ästhetischen, inszenatorischen, medialen und rezeptionstheoretischen Dimensionen auch die gesellschaftspolitischen

Implikationen diskutieren. Um es in Anknüpfung an das oben Genannte antithetisch anzudenken: Begünstigt das »virtuelle Museum« eine Demokratisierung der Kunst im Sinne einer allgemeinen Zugänglichkeit – oder investiert es in eine Hierarchisierung der Kunst zum Zwecke ihrer singulären Autorisierung?

In einem ersten Schritt ließe sich anführen, dass die Übertragung einiger, zumal bedeutender Museumsräume zu einem Abbau an Hemmschwellen führe. Das Internet kennt keine Zugangsbeschränkungen, und wo viele vor einem Museumsbesuch noch immer einen Anflug von Ehrfurcht in sich aufkeimen fühlen, kann eine Vorabbesichtigung am heimischen PC durchaus zu einem gelasseneren Eintritt ermuntern. In diesem Sinne böte der 3D-Rundgang so etwas wie eine Willkommensgeste des Museums. Es wäre die entideologisierte Eintrittskarte, ein Legitimationsschein für den Nichtkenner. Kunst wäre nach dieser Perspektive in ein Präsentationsgefüge eingebunden, das als medialer Rahmen jenseits der Kategorien von Inklusion und Exklusion agiert. Kurzum, wer klickt, ist drin.

Dies bedeutet, dass der virtuelle Rundgang keine kategoriale Differenz gegenüber *flickr*- oder *YouTube*-Plattformen markiert. Die unmittelbare Einbindung der Panorama-Schau in das Feld digitaler Bilderwelten der Populärkultur führt somit zur Entsakralisierung der Kunst. Indem sie in direkte Konkurrenz zu Bildern der Amateurkultur treten, werden beide Systeme als gleichrangig gefasst. Bekanntlich verfügt das Internet als bloßes Bereitstellungsmedium über keine eigenen Bordmittel zur Aufmerksamkeitserzeugung, so dass alle dort auftretenden Akteure, Bilder und Texte aufgefordert sind, eigene Mittel zur Selbstbehauptung geltend zu machen. Man übertreibt nicht, wenn man feststellt, dass sich die 3D-Rundgänge der großen Kunstmuseen gegen die bekannten Bildportale behaupten müssen. Im Sinne des Eingangs skizzierten post-postmodernen Virtualitätsbegriffs sind sie potenzielle Datensätze, die sich durch eine möglichst überzeugende Selbstempfehlung zur Wahl stellen. Die Überzeugungsstärksten werden durch die bewusste Entscheidung des Benutzers auf Bildschirmen aktualisiert und damit in der Form ihres Auftritts legitimiert. Auf gemeinsamer Augenhöhe stehen sie in einem zwar relativen und dennoch kompetitiven Verhältnis zueinander. Durch ihre grundlegende Gleichwertigkeit entziehen sie sich ideologischer Generalisierung, ästhetischer Verabsolutierung und kulturpolitischer Hierarchisierung. Man mag hierfür die Wendung einer Demokratisierung der Kunst bemühen.

Nur unschwer ist zu übersehen, dass damit gleichwohl die andere Seite der Medaille angesprochen wird. So wäre beispielsweise zu diskutieren, ob die direkte Konkurrenzstellung eines Museums zu amateurästhetischen Bilderwelten letztendlich nicht wieder in die Etablierung einer neuen Hierarchisierung münden muss; dass also weniger eine Demokratisierung als vielmehr eine reaktivierte Autorisierung der Kunstpräsentation einsetzt. Schließlich wird, wie gezeigt, ein Museum angehalten sein, mit seinem Internetauftritt eine ›differentia specifica‹ gegenüber allen anderen, vorwiegend gegenüber den populären Bild- und Artikulationsformen des Internets herauszuarbeiten, um die eigene Positionierung kenntlich machen zu können.

Man könnte sogar so weit gehen und sagen, dass bereits die Wahl des Panoramas den entscheidenden Merkmalsunterschied liefern soll. Immerhin gehört es zum Wesen einer Panoramadarstellung, den Bildbeobachter von der Umwelt abzuschotten, ihn in eine vermeintlich autonome Stellung zu versetzen und Referenzbezüge zu einer außerhalb ihr liegenden Wirklichkeit aufzukündigen. Wer sich zum Mittelpunkt eines Panoramas macht, ist eingetreten in einen Weltinnenraum der Ästhetik. Folglich ließe sich die Rundumansicht der Museumsräume als ein Instrument der Hierarchisierungsbildung durch Abkapselung interpretieren. Indem man den Raum als einen um- und ausschließenden vermittelt, wird ihm ein heterotopischer Charakter verliehen. Die Suggestion einer gänzlichen Autonomie kann somit als Schutzwall vor den – oftmals etwas reflexartig und kulturkritisch imprägniert angemahnten – Bilderfluten der Privatkultur verstanden werden. Aus systemtheoretischer Perspektive führt dies zu der Einsicht, dass sich einzelne Systeme durch Abkehr voneinander zu stabilisieren beginnen. Erst wenn die hochkulturelle Präsentationsform von pop- und massenkulturellen merkmalsscharf unterschieden auftritt, kann sie als eigenständiges System Geltung beanspruchen.

Aber ist diese systemische Eigenständigkeit auch gleichzusetzen mit einer Kritikfähigkeit? Können virtuelle Präsentationsformen Einspruchsenergien für sich reklamieren? Führt die gewünschte Autonomisierung der musealen Raumpanoramen zu einer gestiegenen Interventionskraft? Zugespitzt gefragt: Hat das »virtuelle Museum« überhaupt ein Kritikpotenzial und wenn ja: auf welche Felder kann es sich beziehen?

Grundsätzlich wäre anzudenken, dass die oben angeführte visuelle Entschärfung der Kunstgegenstände nicht nur zu einer massiven Einschränkung der Erkenntnismöglichkeiten führt, sondern zudem inhaltliche Positionsbestimmungen unmöglich macht. Solange der virtuelle Museumsrundgang keine Aussage über die gezeigte Kunst gestattet, führt er inhaltliche Ambitionen ad absurdum. Er erschöpft sich im formalen Kurzereignis und bleibt ohne Substanz. Seine inszenatorische Strenge steht einer semantischen Beliebigkeit gegenüber.

So wird einer Kritik Tür und Tor geöffnet, die in den modernen Bilderwelten des Internets nichts weiter als ästhetisches Spektakel sehen will. Tatsächlich führt die oft anzutreffende Bedeutungsleere der dreidimensionalisierten Raumbegehungen dazu, dass die Präsentationen selbst zum Gegenstand einer Kulturkritik werden können. Wer davon ausgeht, dass sich die allermeisten massenästhetischen Produkte durch eine fehlende Inhaltstiefe auszeichnen und damit trotz greller Artikulationen Sinnbeliebigkeiten nicht verhehlen können, wird wohl ganz ähnliches für die museale Panoramaästhetik diagnostizieren müssen. Folglich wird ihr vermeintliches kritisches Potenzial durch eine Substanzkritik an ihnen ausgehebelt.

Umso deutlicher kehrt aber diese abschließende Überlegung eine kulturelle Unumgänglichkeit hervor: Wer das Museum als Ort der Identifikations- und Kritikbildung erfahren will, muss diesen Ort auch besuchen. Eine ins Bild übersetzte Raumerfahrung kann es nicht geben, zu groß ist die damit aufbrechende ontologische Differenz. Indem sich das »virtuelle Museum« auf seine Möglichkeiten besinnt und sich nicht zu einem Übertreffen der leibhaftigen Kunstpräsentation aufschwingt, indem es also eine inszenatorische, ästhetische und im Idealfall auch programmatische Eigenständigkeit anstrebt, kann es einen Beitrag zur kulturellen Bildung leisten. Da es sich stets aktualisierend auf Bildschirmen realisiert und somit begreifbar verkörpert, schafft es Anreize zur Kunstbegegnung im tatsächlichen Museumsbau. In diesem Sinne könnte es demokratischer seine Aufgabe kaum erfüllen.

Am 1. Februar 2011 startete das *Google Art Project*, eine Plattform, die virtuelle Rundgänge durch derzeit 17 bedeutende Museen anbietet.[16] Es ist der erste Versuch, die 3D-Raumpräsentation des Museums aus ihrem inszenatorischen Nischendasein zu befreien und einer weltweiten Öffentlichkeit zur Verfügung zu stellen. Was mit der

Street View-Unternehmung startete, zog nun in den musealen Innenraum ein: Gemälde können ähnlich wie Häuser und Plätze bis zu feinsten Details stufenlos vergrößert werden, ohne sie aus ihrem räumlichen Umfeld herauslösen zu müssen – nicht nur eine technische, sondern auch eine programmatische Neuerung, die der Kunst zwar auf den Leib rückt, diesen aber an Ort und Stelle seiner Ausstellung belässt. Viele sehen darin die kapitalistische Vereinnahmung der hohen Kunst, monieren ihren ideellen Ausverkauf oder mahnen eine Profanisierung der sakralen Räume an. Das mag einer bloßen Kritik als Erklärungsmodell reichen, ungleich entscheidender aber bleibt: Das Projekt führt die Dringlichkeit einer wissenschaftlich soliden Reflexion über die Kunstschau im 3D-Rundgang nachdrücklich vor Augen. Die Kulturwissenschaften sind jetzt herausgefordert – und sollten sie sich bloßen Virtualitätsdebatten ebenso wie kulturkritischen Reflexen enthalten können, lässt sich über derartige Inszenierungsformen ein neues Forschungsfeld betreten. Wer sie vernachlässigt, verpasst den Anschluss an eine brisante kulturelle Entwicklung.

---

1 Die bisher detailreichste und systematisch überzeugendste Studie legte der Informationswissenschaftler Werner Schweibenz vor. Schweibenz differenziert fünf Online-Präsentationsformen, die nach dem Schema einer »Zunahme der Virtualität« geordnet werden: »Broschürenmuseum«, »Inhaltsmuseum«, »Lernmuseum«, »Online-Museum«, »Gedächtnisinstitution«. Vgl. dazu: Werner Schweibenz: *Vom traditionellen zum virtuellen Museum. Die Erweiterung des Museums in den digitalen Raum des Internets*. Frankfurt a.M. 2008.

2 Vgl. dazu: http://www.dhm.de/lemo/ (02.03.2011).

3 Vgl. dazu: http://lebenswege.rlp.de/ (02.03.2011).

4 Aufgrund der schwierigen Rechtslage durch die generelle Bild-im-Bild-Struktur muss der Aufsatz auf Abbildungen der besprochenen Raumansichten verzichten. Alternativ verweisen Online-Links auf die entsprechenden Bildbeispiele.

5 Vgl. dazu: Kunsthalle Bremen: http://www.kunsthalle-bremen.de/front_content.php?idcat=106 (02.03.2011).

6 Vgl. dazu: Kunsthalle Karlsruhe: http://www.kunsthalle-karlsruhe.de/caw2_index.php?page_id=709&lang=de (02.03.2011).

7 Es muss darauf hingewiesen werden, dass die sogenannten 3D-Rundgänge bisher nicht Gegenstand wissenschaftlicher Reflexionen waren, so dass sich die hier angedachten Ansätze angehalten sehen, die wissenschaftliche Relevanz dieser Inszenierungsform herauszuarbeiten.

8 Douglas Crimp: »Pictures« In: *October*, 1979: *Art, theory, criticism, politics*, S. 77–88.

9 Kristiane Janeke: »(Ko-)Operation Kunst-Räume. Plädoyer für ein virtuelles *Beutekunst*-Museum« In: *Osteuropa*, Jg. 56, 2006, 1–2, S. 461.

10 Vgl. dazu: http://www.skd.museum/fileadmin/vrg/ani.html (02.03.2011).

11 Vgl. dazu: http://www.graphikmuseum-picasso-muenster.de/museum/das_museum_heute/virtueller_rundgang.html (02.03.2011).

12 Claudia List: »Römische Studien« In: *Weltkunst*, 1995, H. 23, S. 208.

13 Beispielsweise bietet der Rundgang des Grünen Gewölbes in Dresden dem Besucher die Möglichkeit, einzelne Kunstwerke vergrößert – gleichsam aus ihrem Kontext gelöst – darstellen zu lassen.

14 Vgl. dazu: http://www.audi.de/de/brand/de/erlebniswelt/audi_forum/audi_forum_ingolstadt/museum_mobile.html#source=http://www.audi.de/de/brand/de/erlebniswelt/audi_forum/audi_forum_ingolstadt/museum_mobile/rundgang.html&container=page (02.03.2011).

15 Friedrich Waidacher: *Handbuch der Allgemeinen Museologie*. Wien 1999, S. 418.
16 Vgl. dazu: http://www.googleartproject.com/ (02.03.2011).

Martin Papenbrock, Joachim Scharloth

Kunstausstellungen im Nationalsozialismus: Musteridentifizierung und Visualisierung

Visualisierung kunsthistorischer Daten: Konzept und Fallstudie

In der Kunstwissenschaft werden digitalisierte Datenbestände, seien es Bild- oder Textdatenbanken, vor allem zu dokumentarischen Zwecken angelegt. Ihr Sinn wird darin gesehen, große Mengen an Informationen verfügbar zu machen, sie abzubilden oder aufzulisten und der rechnergestützten Recherche oder der statistischen Untersuchung zur Verfügung zu stellen. Man kann diesen Gebrauch von Kunstdatenbanken als datenbasiert (data based) bezeichnen. Datenbanken auf der Basis vorgängiger Hypothesen zu befragen, birgt jedoch die Gefahr, in den Daten nur jene Strukturen zu finden, die mit der Theorie kompatibel sind und blind gegenüber Evidenzen zu sein, die quer zu ihr stehen. Das Gegenstück zur datenbasierten Vorgehensweise sind datengeleitete (data driven) Verfahren. Dabei handelt es sich um Verfahren, die induktiv Muster in Datenbeständen aufdecken und deren Algorithmen unabhängig von Hypothesen über mögliche Zusammenhänge in den Daten entwickelt wurden. Sie haben das Potenzial, in großen und komplexen Datenbeständen Auffälligkeiten und Muster sichtbar zu machen, die beim datenbasierten Verfahren gar nicht in den Blick geraten wären, und so gängige Kategorien und etablierte Theorien in Frage zu stellen. Die Möglichkeiten datengeleiteter Analysen sind von der Kunstgeschichte, anders als von den technischen Disziplinen, der Soziologie oder der Linguistik, bisher noch nicht in Anspruch genommen worden. Im Gegensatz zu datenbasierten Verfahren, deren Ergebnisse umso prägnanter sind, je präziser die Hypothesen formuliert wurden, produzieren datengeleitete Analysen als Ergebnisse selbst sehr große Datenmengen, die sich nur schwer einer Gesamtschau unterziehen lassen. Um sie interpretierbar zu machen, werden im Zuge dieser Verfahren Bilder (Visualisierungen) generiert, die es zu interpretieren gilt, zwar keine künstlerischen, sondern technische Bilder, Graphen und Diagramme, aber Bilder, aus denen sich Erkenntnisse ableiten und Zusammenhänge erschließen lassen.

Mit unserem Projekt *informARTics*,[1] einer interdisziplinären Kooperation zwischen Kunstgeschichte einerseits und Korpus- und Computerlinguistik andererseits, wollen wir die Möglichkeiten der datengeleiteten Analyse und der Visualisierung als Methode der Erkenntnisgewinnung sowie ihr Potenzial für die Analyse kunstwissenschaftlicher Datensammlungen exemplarisch erproben. Beispielgebend sind die technischen Disziplinen, wo vor allem in Mathematik, Informatik, Naturwissenschaften und *life-sciences* bei der Analyse komplex vernetzter Daten mit Visualisierungen gearbeitet wird, die in der Medizin den Namen »bildgebende Verfahren« tragen. Diese haben nicht nur illustrativen Charakter, sondern sind selbst Mittel der Erkenntnisgewinnung, insofern sie die Daten filtern, gewichten und in eine Form bringen, die vom Menschen erfassbar und interpretierbar ist. Visualisierungen sind insbesondere dann Mittel der Erkenntnisgewinnung, wenn andere Formen der Repräsentation wie Listen, Tabellen oder Texte zu umfangreich sind, um als Ganze erfasst und interpretiert werden zu können. Die Entwicklung von Methoden zur Visualisierung ist daher in den genannten Disziplinen integraler Bestandteil des Forschungsprozesses. Auch im Bereich der Sozialwissenschaften fassen Visualisierungen über den Bereich der Illustration statistischer Informationen hinaus mehr und mehr Fuß, etwa im Bereich der Netzwerkanalyse.[2] In den Kultur- und Geisteswissenschaften steckt die Entwicklung von durch Visualisierung geleiteten Methoden dagegen noch in den Kinderschuhen. Und dies, obwohl seit der Begründung der *digital humanities* und der Computerphilologie große digitale Textarchive sowie kultur- und kunstwissenschaftliche Datenbanken entstanden sind.

In einer ersten Fallstudie möchten wir anhand von Ausstellungskatalogen zur Gegenwartskunst aus der NS-Zeit untersuchen, ob sich mittels der Ausstellungsaktivitäten Gruppen von Künstlern identifizieren lassen, deren Werke besonders häufig miteinander ausgestellt wurden. Da es sich um insgesamt 378 Ausstellungskataloge handelt, in denen 10.014 Künstler verzeichnet sind, ist diese Aufgabe mit nicht-maschinellen Methoden nicht zu bewältigen. Zudem interessiert uns die Frage, ob sich in unterschiedlichen Phasen unterschiedliche Gruppen identifizieren lassen. Um den einschneidenden ausstellungspolitischen Ereignissen des Jahres 1937, der Ausstellung *Entartete Kunst* und der erstmals ausgerichteten *Großen Deutschen Kunstausstellung* in München, Rechnung zu tragen, werden wir den Untersuchungszeitraum in zwei Phasen unterteilen, die wir vergleichend analysieren wollen: die Jahre bis einschließlich 1937 und die Jahre ab 1938.

Die Neustrukturierung des staatlichen Kunstbetriebs, die bereits 1933 einsetzte, die Einrichtung von Kontrollinstanzen wie der Reichskulturkammer und der Reichskammer der bildenden Künste, deren Mitgliedschaft für alle ausstellenden Künstler verbindlich war, die Gleichschaltung der Kunstvereine und die Genehmigungspflicht für sämtliche Kunstausstellungen waren Zentralisierungsmaßnahmen, die eine politische Steuerung der Gegenwartskunst ermöglichen und eine Homogenisierung des künstlerischen Schaffens im Sinne ihrer politischen Verwertbarkeit herbeiführen sollte. Mit der Analyse der Ausstellungskataloge möchten wir prüfen, ob dieses kunstpolitische Ziel erreicht wurde. Wir wollen fragen, ob es in den Ausstellungen typische Konfigurationen von Künstlern gegeben hat, was diese Künstler, die häufig miteinander ausgestellt wurden, untereinander verbindet und ob sich nach den Münchner Großereignissen des Jahres 1937 Veränderungen in den Gruppen häufig miteinander ausgestellter Künstler zeigen. Uns interessiert die Frage, ob die datengeleitete Analyse regionale Kunstszenen abbildet oder eine überregionale, nationale Szene sichtbar macht, wie sie von der nationalsozialistischen Kunstpolitik intendiert war. Darüber hinaus wird zu fragen sein, welche Rolle die prominenten Künstler in den Ausstellungen spielten, die »Staatskünstler«, die mit großen öffentlichen Aufträgen bedacht wurden und wichtige Positionen in den staatlichen Behörden (Kunstkammer) und Institutionen (Akademien, Hochschulen) bekleideten, ob sie in den Ausstellungen eine eigene Gruppe bildeten oder verschiedenen Szenen angehörten. Auch die Frage nach der Präsenz der modernen Künstler, die als »entartet« diffamiert und zum Teil mit Arbeits- und Ausstellungsverbot belegt wurden, wird bei der Analyse eine Rolle spielen.

Die Forschung geht von einer hohen Wirksamkeit der kunstpolitischen Maßnahmen des Nationalsozialismus aus, insbesondere im Bereich des Ausstellungswesens.[3] Die Propaganda-Schau *Entartete Kunst* gehört schon seit Jahrzehnten zu den bestdokumentierten Kunstausstellungen des 20. Jahrhunderts,[4] und die Dokumentation der *Großen Deutschen Kunstausstellungen* ist inzwischen ebenfalls sehr weit fortgeschritten.[5] Die wissenschaftliche Monumentalisierung der beiden ausstellungspolitischen Großprojekte hat dazu geführt, dass sie inzwischen als Prototypen des nationalsozialistischen Ausstellungswesens wahrgenommen werden. Da wir im Bereich der staatlich akzeptierten und geförderten Ausstellungen aber nicht nur die seit 1937 jährlich stattfindenden *Großen Deutschen Kunstausstellungen*, sondern sämtliche Gruppenausstellungen deutscher Gegenwartskunst, zu denen Kataloge erhalten sind, in den Blick nehmen, wird sich die Bedeutung der Münchner Jahresausstellungen im Ergebnis zwangsläufig relativieren und das Bild differenzierter werden. Ob und bis zu welchem Grad man tatsächlich von einer normierenden Wirkung der kunstpolitischen Maßnahmen und entsprechenden Effekten der jährlichen *Großen Deutschen Kunstausstellung* sprechen kann, soll die Untersuchung zeigen. Wir versprechen uns Ergebnisse, die nicht nur Rückschlüsse auf die Wirksamkeit der staatlichen Ausstellungspolitik, sondern der zentralistischen Kunstpolitik des Nationalsozialismus insgesamt erlauben.

Daten und Datenaufbereitung

Die Daten wurden im Rahmen des Projekts *Ausstellungsgeschichte des 20. Jahrhunderts* erhoben, das von 1995 bis 1997 im Fach Kunstgeschichte an der Universität Osnabrück durchgeführt wurde. Dieses Projekt war Teil des Projektverbundes *EDV-gestützte Dokumentation in Forschung und Lehre ausgewählter kunstgeschichtlicher Universitätsinstitute*, der vom Bildarchiv Foto Marburg initiiert und geleitet wurde und an dem neben dem Fach Kunstgeschichte der Universität Osnabrück auch die kunstgeschichtlichen Institute der Universitäten Berlin (FU), Bochum, Bonn, Frankfurt, Freiburg, Göttingen und Leipzig mit selbständigen Projekten beteiligt waren. Es ging darum, den Einsatz standardisierter Verfahren in der kunstgeschichtlichen Forschung und Lehre zu fördern und seine Möglichkeiten und Grenzen zu erproben. Die erhobenen Daten sollten in die DISKUS-Datenbank von Foto Marburg einfließen.[6]

Das Osnabrücker Projekt wurde von Jutta Held, Martin Papenbrock und Gabriele Saure geleitet. Ziele des Projekts waren die bibliografische Erfassung, Auswertung und Kommentierung von Ausstellungskatalogen zur Kunst der 1930er und 1940er Jahre in Deutschland und die Herausgabe entsprechender kommentierter Bibliografien. In einem Teilprojekt, das von Martin Papenbrock geleitet und von Anette Sohn bearbeitet wurde, wurden Kataloge zu Gruppenausstellungen von Gegenwartskunst in der NS-Zeit erfasst und ausgewertet. Im Rahmen dieses Teilprojekts konnten 378 Ausstellungskataloge ermittelt und aufgenommen werden. Die kommentierte Bibliografie, die die Kataloge auflistet und dokumentiert, ist bis heute das umfangreichste Nachschlagewerk zum Ausstellungswesen im Nationalsozialismus.[7]

	1	2	3	4	5	6	7	8	9	10	11	12	13	14	15	16	17
Abeking, H.	0	0	0	0	0	0	0	0	0	0	0	0	0	0	0	0	0
Abel, A.	1	0	1	0	0	0	0	0	0	0	0	0	0	1	1	0	0
Abel, K.	0	0	0	0	0	0	0	0	0	0	0	0	0	0	0	0	0
Abel, W.	0	0	0	0	0	0	0	0	0	0	0	0	0	0	0	0	0
Abelen, P.	0	0	0	0	0	0	0	0	0	0	0	0	0	0	0	0	0
Abramowski, E.	0	0	0	0	0	0	0	0	0	0	0	0	0	0	0	0	0
Abt, K.	0	0	0	0	0	0	0	0	1	1	0	0	0	0	0	0	0
Achenbach, A.	0	0	0	0	0	0	0	0	0	0	0	0	0	0	0	0	0
Achenbach, H.	0	0	0	0	0	0	0	0	0	0	0	0	0	0	0	0	0
Achenbach, M.	0	0	0	0	0	0	0	0	0	0	0	0	0	0	0	0	0
Achenbach-Junemann, H.	0	0	0	0	0	0	0	0	0	0	0	0	0	0	0	0	0
Achepol, E.	0	0	0	0	0	0	0	0	0	0	0	0	0	0	0	0	0

Abb. 1: Ausschnitt Datenmatrix

Die erhobenen Daten zu den Ausstellungskatalogen liegen sowohl in Buchform als auch in Form einer Datenbank vor, die neben den Namen jener Künstler, deren Werke ausgestellt wurden, auch Angaben zum Ort und Termin der Ausstellungen sowie bibliografische Informationen zu den erfassten Ausstellungskatalogen enthält. Für die Analysen wurde die Datenbank in ein XML-Format transformiert, die Schreibvarianten der Künstlernamen, die in der Datenbank exakt in der Form verzeichnet waren, in der sie in den Katalogen erschienen, vereinheitlicht und eine Datenmatrix (Abb. 1) erstellt. Objekte der Datenmatrix sind die Namen der Künstler, die Variablen (Merkmale) die Ausstellungen. Die Elemente der Matrix haben die Merkmalsausprägungen 1 (Teilnahme an der Ausstellung) oder 0 (keine Teilnahme an der Ausstellung). Da die Analyse darauf zielte, Künstlergruppen in zwei unterschiedlichen Phasen zu identifizieren, wurden für jede Phase je eine XML-Datei und Datenmatrix erstellt.

Methoden der Mustererkennung: Clusteranalyse und Kollokationsanalyse

Bei der Analyse der Daten benutzen wir Methoden, die teils dem klassischen Data-Mining, teils der Korpus- und Computerlinguistik entlehnt sind. »Data Mining« ist der Oberbegriff für statistische Methoden, die dafür geeignet sind, Wissen aus großen Datenbeständen zu extrahieren. Unter Wissen verstehen mit Data Mining befasste Informatiker »interessante Muster« und bestimmen interessante Muster als solche, »die allgemein gültig sind, nicht trivial, neu, nützlich und verständlich«.[8] Zur Bestimmung »interessanter Muster« – das zeigt die Definition – sind also maschinelle Verfahren alleine nicht ausreichend; die Ergebnisse bedürfen der Evaluation und Interpretation durch Expertinnen und Experten, mit deren Hilfe die verwendeten Methoden für die gewählte Fragestellung optimiert werden können.

Typische Analysemethoden des Data Mining sind Korrelation, Regression, Prognose, Klassifikation und Clusteranalyse. Viele der Methoden verwenden Visualisierungsverfahren, um die entdeckten Muster lesbar zu machen. In der Korpus- und Computerlinguistik werden Verfahren der Mustererkennung dafür eingesetzt, um sprachliche Regularitäten zu identifizieren, semantische Einheiten oder Relationen zu finden und Sprachwandelprozesse zu analysieren oder gar zu prognostizieren. Da unsere Fragestellung darauf zielt, Künstler auf der Basis ihrer (gemeinsamen) Beteiligung an Ausstellungen zu gruppieren, haben wir uns dafür entschieden, je eine Methode zur Identifizierung von Gruppen ähnlicher Objekte des klassischen Data Mining und der Korpuslinguistik auf die Daten anzuwenden: zum einen die hierarchische Clusteranalyse und zum anderen die linguistische Kollokationsanalyse. Da die Clusteranalyse zu den in der empirischen Sozialforschung etablierten Verfahren gehört, wird unser Vorgehen hier nur skizziert. Etwas ausführlicher werden wir die Analyseschritte bei der Kollokationsanalyse und ihrer Adaption für unsere Daten und Fragestellung darstellen.

Kollokationsanalyse: Kollokationsnetze als gerichtete Graphen

Der Begriff der Kollokation ist in der Linguistik durchaus umstritten.[9] Einig sind sich jedoch die meisten Definitionen darin, dass es sich bei Kollokationen um rekurrente Kookkurenzen von mindestens zwei lexikalischen Einheiten in einer begrenzten Menge sprachlicher Daten handelt. Typische Beispiele für Kollokationen sind »Weg« und »einschlagen« oder »Geschichte« und »erzählen«, die in sprachlichen Daten jeweils überzufällig häufig miteinander auftreten. Je nach Erkenntnisinteresse und Anwendungsgebiet der Kollokationsanalysen werden weitere Bestimmungen als konstitutive Bestandteile des Kollokationsbegriffs formuliert: etwa im Hinblick auf die Art der Relation zwischen den Wörtern oder im Hinblick auf die Menge der Sprachdaten, in denen die lexikalischen Einheiten gemeinsam vorkommen.

Die Grundlage für die Berechnung von Kollokationen ist die Bestimmung von Kollokatoren. Kollokatoren sind Wörter, die gemeinsam mit einem bestimmten Wort (im Folgenden als »Basis« bezeichnet) auftreten. Je nach linguistischem Erkenntnisinteresse legt man ein Fenster von n Wörtern links und m Wörtern rechts der Basis fest und wertet dieses Fenster bei jedem Auftreten der Basis im Korpus aus. So erhält man eine Liste von Wörtern, die gemeinsam mit der gesuchten Basis auftreten, sowie ihrer Frequenzen. Die Liste der Kollokatoren alleine ist jedoch noch nicht aussagekräftig. Um zu überprüfen, ob eine Basis und ein Kollokator überzufällig häufig miteinander auftreten, muss untersucht werden, ob der Kollokator in anderen Kontexten nicht ähnlich häufig auftritt wie im Kontext der Basis. Hierfür teilt man das Korpus in zwei Teilkorpora. Das erste Teilkorpus besteht aus allen Basen und den dazugehörigen Textfenstern, also von den n Wörtern links und m Wörtern rechts der Basis. Das zweite Teilkorpus besteht aus allen restlichen Wörtern. Nun zählt man die Frequenzen des Kollokatorwortes im zweiten Korpus und berechnet, wie häufig es in beiden Korpora relativ zur Wortzahl des jeweiligen Korpus vorkommt. Zur Beantwortung der Frage, ob das gemeinsame Auftreten von Kollokator und Basis als zufällig oder überzufällig gelten kann, setzt man die relativen Frequenzen miteinander in Beziehung: Als statistische Verfahren werden unterschiedliche Signifikanztests verwendet.[10] Je nach Wahl der Parameter (Korpus, Fenstergröße, Grenzwerte, Signifikanztest) erhält man unterschiedliche Ergebnisse.

Das beschriebene korpuslinguistische Verfahren lässt sich – wenn auch mit einigen Anpassungen – für die Bearbeitung unserer Fragestellung fruchtbar machen. Da es in unserem Projekt darum geht, Künstler in Gruppen einzuteilen, die häufig gemeinsam in Ausstellungen vertreten waren, ist das Konstrukt der Kollokation, verstanden als ein überzufälliges gemeinsames Auftreten zweier Phänomene, ein geeigneter Anknüpfungspunkt. Jedoch unterscheiden sich sprachliche Daten von den Daten in unserem Projekt in einem wichtigen Punkt: (1) Während sprachliche Daten linear in Texten

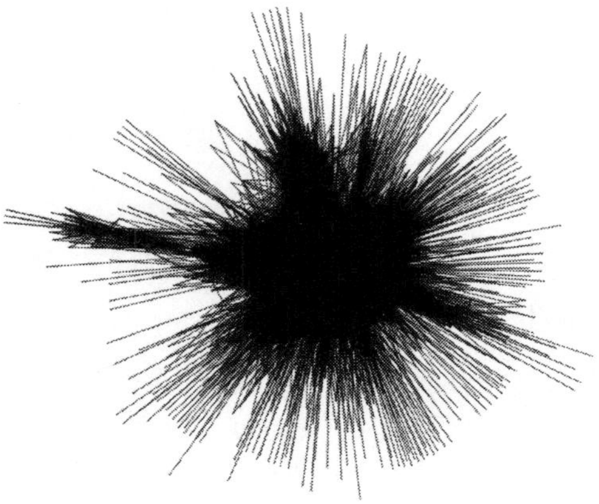

Abb. 2: Graph mit allen signifikanten Verbindungen für den gesamten Zeitraum

repräsentiert sind und vor diesem Hintergrund die Wahl einer Wortspanne links und rechts der Basis plausibel wird, bilden die aus einem Ausstellungskatalog extrahierten Künstlernamen für diese Ausstellung eine ungeordnete Menge. (2) In dieser Menge kann jeder Name genau einmal vertreten sein, ganz gleich wie groß die Ausstellung war, während es bei sprachlichen Daten möglich ist, dass ein Kollokator mehrmals im gleichen Fenster auftritt und die Wahrscheinlichkeit dafür wächst, je größer das Fenster gewählt wird.

Ausgehend von diesen Unterschieden in der Datenstruktur waren bei der Anwendung eines kollokationsanalytischen Verfahrens auf unsere Fragestellung folgende Anpassungen nötig: (1) Die Größe des Fensters zur Bestimmung von Kollokatoren liegt nicht fest, sondern entspricht jeweils der Menge der in der jeweiligen Ausstellung vertretenen Künstler. (2) Als Basis für die Berechnung der Typizität des gemeinsamen Auftretens von Künstlern wurde nicht die Anzahl der Token in den beiden Teilkorpora gewählt, sondern die Anzahl der Ausstellungen mit bzw. ohne gemeinsames Auftreten. Als statistisches Verfahren haben wir den Vierfelder-Chi2-Test benutzt.

Bei der Analyse sind wir bei beiden phasenspezifischen Teilkorpora wie folgt vorgegangen: Zunächst wurde für jeden Künstler, der im Korpus mindestens sieben Mal vorkam, ein Kollokationsprofil erstellt. Nur Kollokatoren, die mindestens drei Mal auftraten, wurden auf ihre Signifikanz geprüft. Da dieses Verfahren nur Informationen über die Typizität des gemeinsamen Ausstellens von je zwei Künstlern liefert, uns aber an der Gruppierung der Künstler gelegen war, haben wir in einem zweiten Schritt Kollokationsnetze gebildet. Hierfür wurden aus allen künstlerspezifischen Kollokationslisten die n signifikantesten Verbindungen herausgefiltert.

Während sich Informationen über die Kollokationen zu einer einzigen Basis leicht als Liste oder Tabelle überblicken lassen, ist die Analyse von Kollokationsnetzen, also Informationen über die Kollokationen mehrerer Basen, die selbst Kollokationen anderer Basen sein können, bei einer nennenswerten Menge an Verbindungen ohne Visualisierung nicht mehr möglich. Basis-Kollokationen-Verbindungen und Kollokationsnetze lassen sich aber beispielsweise als gerichtete Graphen visualisieren, eine Darstellungsform, der wir uns in unserem Projekt ebenfalls bedienen. Graphen sind – einfach gesprochen – eine Menge von Punkten (»Knoten«/»vertices«/»nodes«), zwischen denen Linien (»Kanten«/»edges«) verlaufen. In unserem Projekt repräsentieren die Punkte Namen von Künstlern, die Kanten signifikante Verbindungen zwischen der Ausstellungstätigkeit zweier Künstler. Die Richtung des Graphen zeigt an, ob Künstler A für

Künstler B, Künstler B für Künstler A oder beide füreinander signifikante Kollokatoren sind.

Es gibt freilich unzählige Möglichkeiten, einen Graphen mit mehreren Knoten und Kanten zu zeichnen.[11] Insbesondere für komplexe Netze haben Informatiker und Mathematiker verschiedene Algorithmen entwickelt, die automatisiert das Layout eines Graphen erzeugen. Da über die Struktur der Graphen in unserem Projekt nichts vorgängig bekannt ist, wir beispielsweise keine Hierarchien oder Verwandtschaften voraussetzen können, bietet sich die Verwendung einer Layout-Methode an, die prinzipiell für alle Arten von Graphen geeignet ist. Die Wahl fiel auf die forced-based-Methode (Kräftediagramm), die einen Graphen als ein physikalisches System modelliert, das von Kräften (forces) zwischen den Knoten gebildet wird.[12] Weil wir teilweise Graphen mit mehr als 10.000 Kanten setzen mussten, haben wir auf einen Force-directed-Algorithmus zurückgegriffen, der sehr große Graphen in hoher Geschwindigkeit layoutet und über einen speziellen Algorithmus zur Verhinderung des Überschreibens von Knoten verfügt: den Scalable Force Directed Placement-Agorithmus.[13]

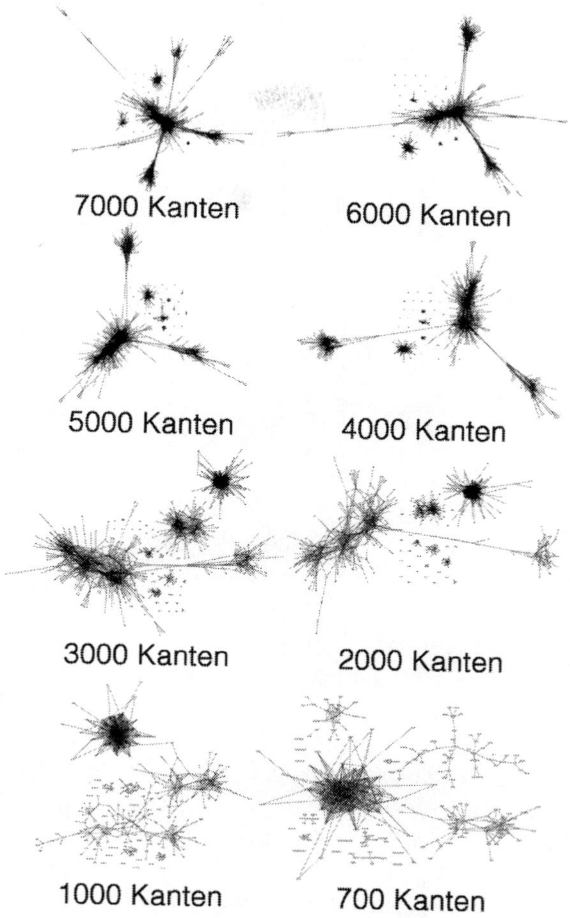

Abb. 3: Schrittweise Reduzierung der Anzahl der Kanten

Die Implementierung von Algorithmen zur Sicherung der Lesbarkeit der Graphen hat zur Folge, dass nicht alle Aspekte eines Graphen als Visualisierung relevanter Informationen gelesen werden können. So sind beispielsweise die Kantenlängen und die Winkel zwischen zwei Kanten nicht bedeutungstragend. Der Algorithmus sorgt jedoch dafür, dass zwei oder mehr Knoten, die mit einer gleichen oder sehr ähnlichen Menge anderer Knoten verbunden sind, in relativer Nähe zueinander dargestellt werden. Verdichtungsbereiche im Graphen lassen also auf eine Gruppe von Knoten mit ähnlichen Vernetzungsmerkmalen schließen. Für die Auswertung der Graphen vor dem Hintergrund unserer Fragestellung ist dies insofern relevant, als Verdichtungsbereiche als

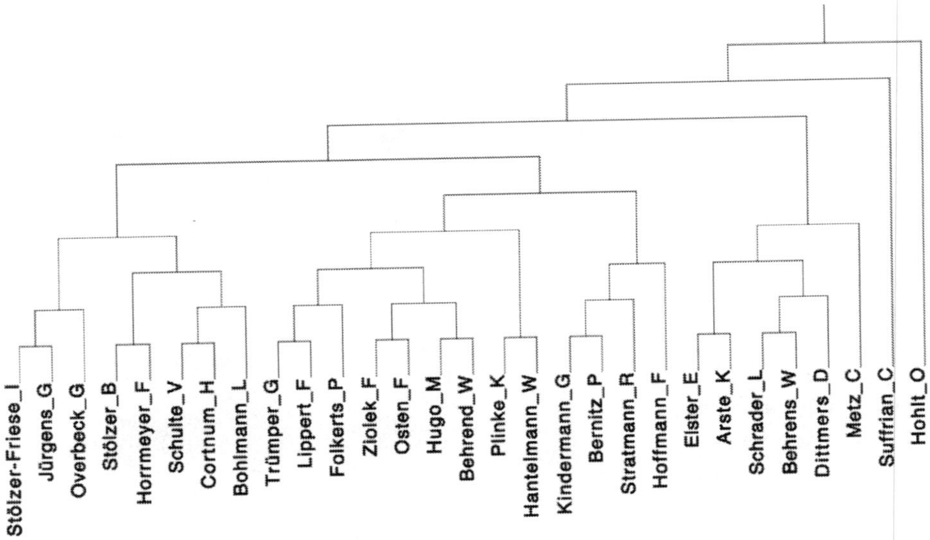

Abb. 4: Ausschnitt aus dem Dendrogramm aus Phase 2

Indikatoren für Gruppierungen gelesen werden können, denn sie verweisen auf eine Menge von Künstlern, die mit einer jeweils ähnlichen Menge an Künstlern signifikant häufig gemeinsam ausgestellt haben.

Die Kollokationsanalyse wurde mittels eines selbst geschriebenen Perl-Scripts durchgeführt, ebenso wie die Überführung der Einzelergebnisse in ein Kollokationsnetz. Das Setzen des Graphen erfolgte mit Hilfe des GraphViz-Software-Pakets, in das der sfdp-Algorithmus implementiert ist.[14] Ein Graph (Abb. 2), der sämtliche signifikante Verbindungen auf einem Signifikanzniveau von $p < 0.05$ in der Phase 2 enthält, ist jedoch trotz sfdp-Algorithmus unübersichtlich und kaum lesbar, da die Verdichtungsbereiche zu stark in einander übergehen. Er hat 2.246 Knoten (Künstlernamen) und 15.749 Kanten (signifikante Verbindungen). Um die Darstellung luzider zu machen, haben wir uns dafür entschieden, die Anzahl der Kanten zu begrenzen und zwar nach dem Kriterium der Höhe des Chi2-Wertes. Wir haben die Anzahl der Kanten Schritt für Schritt reduziert (Abb. 3), indem wir nur noch jene Verbindungen mit den 7000, 6000, 5000 etc. höchsten Chi2-Werten berücksichtigt haben. Durch die Filterung nach dem Kriterium des Chi2-Wertes ergeben sich Graphen, in denen die Verdichtungsbereiche unterschiedlich stark von einander abgegrenzt auftreten. Je kleiner man die Anzahl der Kanten wählt, desto mehr werden die Verdichtungsbereiche auf ihre Kerne begrenzt oder verschwinden. Auf diese Weise ist es möglich, unterschiedliche Festigkeitsstufen sowie zentrale und periphere Regionen von Verdichtungsbereichen zu identifizieren. Die Analyse von als Graphen visualisierten Kollokationsnetzen ermöglicht eine grobe Gruppierung der Daten. Differenziertere Ergebnisse sind mittels Clusteranalysen möglich.

Clusteranalyse: Klassenbildung als Dendrogramm

Die Clusteranalyse gehört zu den strukturentdeckenden Verfahren der multivariaten Statistik. Sie dient dazu, die Objekte eines unklassifizierten Merkmalsdatensatzes in Gruppen einzuteilen, die in sich möglichst homogen sind und sich von den anderen Gruppen möglichst stark unterscheiden.[15] Sie ist daher eine geeignete Methode für unsere Fragestellung. Wir haben auf der Basis der Datenmatrix eine hierarchische Clusteranalyse (»averagelinkage«) mit dem Statistikprogramm R durchgeführt.[16] Die Ergebnisse von Clusteranalysen können auf unterschiedliche Weise visualisiert werden. Die am häufigsten verwendete Methode der Visualisierung der Ergebnisse hierarchischer Clusteranalysen ist das Dendrogramm. Dendrogramme sind Baumgraphen, die die Zerlegung einer Datenmenge in immer kleinere Teilmengen darstellen. Die äußersten Enden des Graphen (»Blätter«) bestehen aus Clustern, die je ein einzelnes Objekt der Datenmenge umfassen; die »Wurzel« aus einem Cluster, das sämtliche Objekte der Datenmenge umfasst. Ein Knoten eines Dendrogramms repräsentiert die Vereinigung aller seiner Kindknoten. Die Länge der Kanten zwischen zwei Knoten bildet die Distanz zwischen den beiden Mengen ab.[17] Zwar können mit R auch Graphen gezeichnet werden; jedoch sind keine Algorithmen zur Verhinderung von Überschneidungen von Knoten und Kanten implementiert, was dazu führt, dass große Graphen unlesbar werden. Um das Dendrogramm mit seinen 10.014 Blättern dennoch lesbar zu machen, haben wir auf eine Graphen-Software zurückgegriffen, die für die Visualisierung biomedizinischer Daten, insbesondere der Genomanalyse entwickelt wurde: die Visualisierungssoftware Dendroscope.[18] Die mittels Dendroscope gesetzten Dendrogramme können als Hilfsmittel für die Identifizierung von Gruppen benutzt werden, wobei das Mindestabstandsmaß je nach Erkenntnisinteresse variiert werden kann. So können, je nachdem, wie fein die Analysen ausfallen sollen, alle der im Dendrogrammausschnitt in Abbildung 4 enthaltenen Künstlernamen als Angehörige einer einzigen Gruppe oder von fünf unterschiedlichen Gruppen aufgefasst werden.

Datenanalyse: Interpretation und Ergebnisse

Für unser spezifisches Datenmaterial – die Kataloge von Gruppenausstellungen zur Gegenwartskunst in der NS-Zeit – ermöglichen es die Kollokations- und die Clusteranalyse, Gruppen von Künstlern zu identifizieren, deren Werke häufig und typischerweise miteinander ausgestellt wurden. Aus der Häufigkeit und Typizität gemeinsamer Ausstellungspräsenz – das ist die Prämisse unserer Interpretation – lassen sich Rückschlüsse auf die Wirksamkeit der nationalsozialistischen Kunst- und Ausstellungspolitik ziehen. Wenn wir zum Beispiel sehen, dass die mit Staatsaufträgen bedachten Künstler und die als »entartet« diffamierten modernen Künstler jeweils eigene Gruppen bilden, wenn wir lokale, regionale oder überregionale Gruppenbildungen erkennen und bei einer zeitlich differenzierten Betrachtung Veränderungen feststellen können, so kann dies im Hinblick auf normierende und segregierende Tendenzen und Effekte der staatlichen Kunst- und Ausstellungspolitik durchaus signifikant sein. Die kunstpolitische Signifikanz der Gruppenbildungen und ihrer Veränderungen vorausgesetzt, geht es bei der Analyse vor allem darum, die Gruppen zu bestimmen und zu qualifizieren.

Die Kollokationsanalyse und die Clusteranalyse bieten in ihren visualisierten Formen, den Kollokationsnetzen und den Dendrogrammen, unterschiedliche Ansatzpunkte für eine Interpretation. Die Kollokationsnetze mit ihren Verdichtungen, aber auch mit ihrer auffälligen zentripetalen Gestalt, die auf ein signifikantes Verhältnis von Kern und Randbereich schließen lässt, sind – bei einer Datenmenge von mehreren Tausend Künstlernamen – übersichtlicher als die Dendrogramme und daher vor allem geeignet, mit einem ersten Blick grundlegende Muster und Gruppenbildungen zu erkennen. Die Dendrogramme dagegen definieren die Gruppen präziser und eignen sich deshalb insbesondere zur Überprüfung und Verifizierung der Interpretation der Kollokationsnetze. Es wurden also in einem ersten Schritt die Kollokationsnetze nach visuellen Auffälligkeiten überprüft, das heißt die Verdichtungen in den Blick genommen, das Verhältnis der Verdichtungen zueinander sowie das Verhältnis von Zentrum und Peripherie analysiert und in einem zweiten Schritt dann die Befunde anhand der Dendrogramme überprüft.

Um die auffälligen Verdichtungen genauer in den Blick zu nehmen, wurden die entsprechenden Stellen in den Kollokationsnetzen so weit vergrößert, bis die Knoten, das heißt die einzelnen Künstlernamen samt ihrer unmittelbaren Umgebung lesbar wurden. Dann ging es darum, zu ermitteln, was die Künstler der verdichteten Bereiche über ihre gemeinsame Ausstellungstätigkeit bzw. ihre gemeinsamen Kollokatoren hinaus miteinander verbindet. Eine Schwierigkeit bestand darin, dass über die meisten der mehr als 10.000 Künstler, die in der NS-Zeit ausgestellt haben, kaum etwas bekannt ist. Nur von einem Bruchteil dieser Künstler kennen wir grundlegende biografische Daten wie Geburtsdatum und Geburtsort, Daten zur künstlerischen Ausbildung und zum künstlerischen Werdegang, zum Tätigkeitsort und zu Gruppen-, Verbands- und Institutionszugehörigkeiten.[19] Gruppendefinitionen konnten deshalb nur über die bekannten Künstler erfolgen. Sie waren die Ankerpunkte bei der Interpretation der Kollokationsnetze. Es ging also darum, die Verdichtungen in den Netzen zunächst näher zu bestimmen und voneinander abzugrenzen, wobei die Graphen mit reduzierter Kantenzahl hilfreich waren, und die identifizierten Gruppen dann durch das Auffinden bekannter, das heißt in der Regel oft ausgestellter Künstler näher zu qualifizieren. Bei der Auswahl dieser Künstler half die quantitative Analyse, die bei der ursprünglichen Erhebung der Daten vorgenommen worden war.[20] Untersucht wurden nicht nur die Verdichtungen nach bekannten Künstlernamen, sondern umgekehrt auch die Liste der bekannten, oft ausgestellten Künstler nach ihrer Position im Kollokationsnetz. Stichprobenartig wurden auch die Positionen der als »entartet« diffamierten Künstler im Netz überprüft.

Neben den Verdichtungen galt es, das Verhältnis von Zentrum und Peripherie im Blick zu behalten. Die Nähe eines Künstlers oder einer Gruppe zum Zentrum eines Kollokationsnetzes ist Ausdruck häufiger Verbindungen zu anderen Künstlern und Künstlergruppen. Ein Künstler, der zentrumsnah, aber außerhalb der verdichteten Bereiche positioniert ist, hat häufig und breit ausgestellt. Eine Verdichtung im Zentrum bedeutet, dass diese Gruppe häufiger ausgestellt hat, als die Gruppen an der Peripherie. Es ist also durchaus möglich, von der zentralen oder peripheren Position der Künstler und Künstlergruppen in den Kollokationsnetzen auf eine im übertragenen Sinne zentrale oder periphere Rolle im Ausstellungsbetrieb rückzuschließen.

Die Interpretation der Kollokationsnetze und der Dendrogramme wurde jeweils für den gesamten Zeitraum (1933–1945) sowie für die Zeiträume 1933–1937 (Phase 1) und

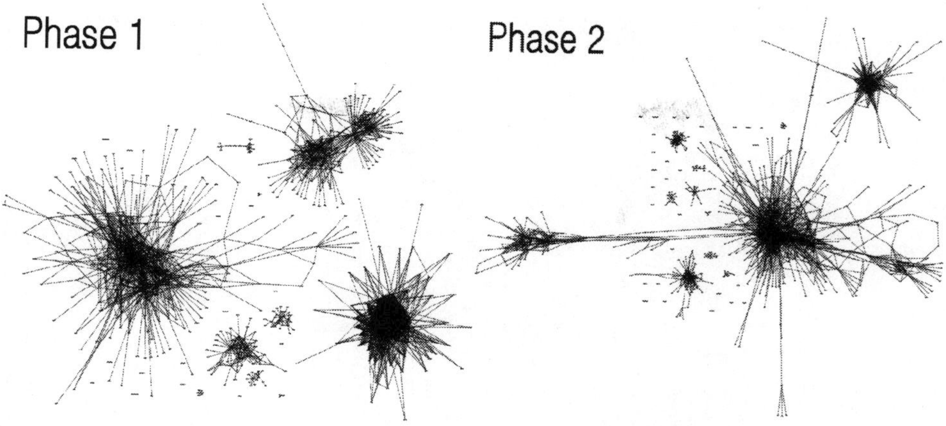

Abb. 5: Phasenspezifische Kollokationsnetze mit je 3000 Kanten

1938–1945 (Phase 2) vorgenommen. Auf diese Weise konnte einmal das Ausstellungswesen zur Gegenwartskunst in der NS-Zeit insgesamt in den Blick genommen und zum anderen mögliche Veränderungen, die sich als Folge der nationalsozialistischen Kunst- und Ausstellungspolitik, insbesondere der beiden großen Ausstellungsereignisse von 1937, einstellten, erfasst und interpretiert werden.

Bei der Analyse des Kollokationsnetzes für den gesamten Zeitraum von 1933 bis 1945 (vgl. Abb. 2) zeigte sich, dass die erkennbaren, großen Verdichtungen im Zentrum, die sich im Zentrum überlagern, in der Regel regionale Kunstszenen abbilden. Das heißt, die Verdichtungen enthalten jeweils die Namen von Künstlern, die einer gemeinsamen Region zuzuordnen sind. Identifizierbar waren zum Beispiel die Städte bzw. die Regionen Berlin, das Rheinland, München oder Hannover. Offenbar wurden die Künstler typischerweise zusammen mit anderen Künstlern aus ihrer Stadt oder ihrer Region ausgestellt. Dieser Befund überrascht nicht, ist aber ein Beleg für eine tendenziell regionale Orientierung des Ausstellungswesens im Nationalsozialismus, wenn man den gesamten Zeitraum von 1933 bis 1945 zugrunde legt.

Das Bild ändert sich, wenn man die Zeiträume 1933 bis 1937 (Phase 1) und 1938 bis 1945 (Phase 2) einzeln betrachtet und insbesondere die kantenreduzierten Graphen (Abb. 5) in den Blick nimmt. In der ersten Phase ordnen sich die Verdichtungen an der Peripherie an und weisen kaum Verbindungen untereinander auf, das heißt die regionale Orientierung des Ausstellungswesens war offenbar in den ersten Jahren des Nationalsozialismus ausgeprägter, das Ausstellungswesen eher dezentral als zentralistisch strukturiert. Das Kollokationsnetz zur Phase 2 zeigt dagegen eine starke Verdichtung, von der Verbindungen zu kleineren Verdichtungen an den Rändern bestehen. Hier zeigen sich die Effekte der auf Vereinheitlichung ausgerichteten, nationalsozialistischen Kunst- und Ausstellungspolitik sehr deutlich. Die starke Verdichtung im Zentrum des Graphen kann als ein Indikator für eine Homogenisierung des Ausstellungswesens, für eine Auflösung der regionalen Strukturen und damit für eine tendenziell vereinheitlichende, das heißt nationale Entwicklung gelesen werden.

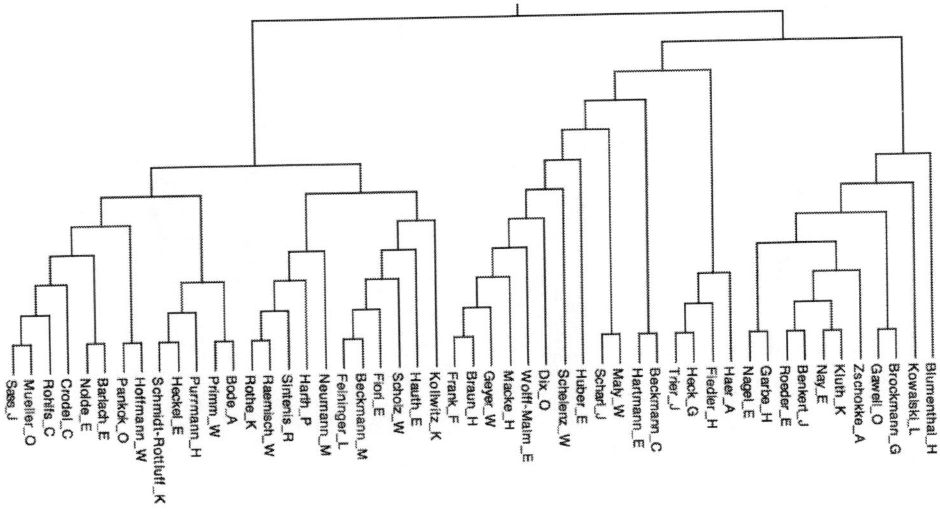

Abb. 6: Ausschnitt Dendrogramm Phase 1 mit Cluster »entartete Künstler«

Neben den unterschiedlichen Graden der Verdichtung ist die Position der Verdichtungen, insbesondere ihre Lage zum Zentrum des jeweiligen Netzes, ein wichtiges Element des visuellen Befundes. So ist es auffällig, dass im nicht-reduzierten Kollokationsnetz der ersten Phase (o. Abb.) die Verdichtungen, die die künstlerischen Szenen Berlins und des Rheinlandes abbilden, näher zum Zentrum stehen als die Szenen der Dresdner, der Hannoveraner oder auch der Münchner Künstler. Dies kann als ein Hinweis darauf interpretiert werden, dass die Bemühungen der nationalsozialistischen Kunstpolitik, München als neues künstlerisches Zentrum zu etablieren und Berlin, das künstlerische Zentrum der Weimarer Zeit, in dieser Funktion abzulösen, bis 1937 noch nicht gegriffen hatten. Interpretiert man das Kollokationsnetz der zweiten Phase richtig, verloren die Kunstzentren nach 1937 ihre regionale Prägung. Dies gilt nicht zuletzt für München.

Bei den Interpretationen der Kollokationsnetze, die ja nicht mehr als das gemeinsame Auftreten von Künstlern in Ausstellungen auf der Basis der erhaltenen Kataloge abbilden, ist immer zu berücksichtigen, dass die Ausstellungskataloge, die die Datenbasis bilden, nur einen Teil der tatsächlich stattgefundenen Ausstellungen repräsentieren. Hochrechnungen der Ausstellungsankündigungen aus dem Mitteilungsblatt der Reichskammer der bildenden Künste zeigen, dass nur zu jeder zehnten Ausstellung auch ein Katalog erschienen ist.[21] Die erfassten Ausstellungskataloge repräsentieren also nur ein Zehntel aller Gruppenausstellungen zur Gegenwartskunst, die in den Jahren 1933 bis 1945 in Deutschland stattgefunden haben, allerdings wohl das hinsichtlich ihrer orientierenden Funktion bedeutendste und öffentlichkeitswirksamste Zehntel. Stellt man die Ausstellungen ohne Katalog mit in Rechnung, so war das Ausstellungswesen insgesamt und über den gesamten Zeitraum von 1933 bis 1945 betrachtet vermutlich wesentlich

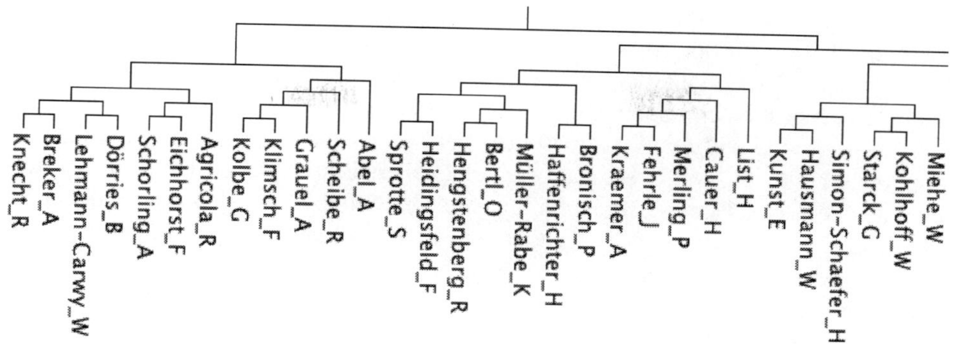

Abb. 7: Ausschnitt Dendrogramm Phase 2 mit Cluster Breker/Kolbe/Scheibe

provinzieller und auch dezentraler strukturiert, als es die auf der Basis der Kataloge erstellten Kollokationsnetze den Anschein haben.

Bis 1937 konnten viele der öffentlich diffamierten und ihrer Ämter enthobenen modernen Künstler, wenn sie nicht jüdischer Herkunft oder politisch auffällig waren, trotz Arbeitsverbot weiter ausstellen, wenn auch in weitaus geringerem Umfang als zuvor. Im Kollokationsnetz der ersten Phase besetzen diese Künstler – meist prominente Mitglieder des früheren Deutschen Künstlerbundes wie Ernst Barlach, Käthe Kollwitz oder Max Beckmann – einen Bereich in der Nähe des Zentrums, der nicht den Grad der Verdichtung einer regionalen Szene erreicht, aber dennoch auf eine eigene Gruppe schließen lässt. Das Dendrogramm bestätigt die Clusterbildung (vgl. Abb. 6). Die prominenten Staatskünstler bilden in dieser Phase noch kein eigenes Cluster aus, sondern sind noch Teil regionaler Gruppen.

Dies ändert sich nach 1937. Insbesondere die prominenten, mit Staatsaufträgen bedachten Bildhauer wie Arno Breker, Georg Kolbe, Richard Scheibe, Fritz Klimsch, Anton Grauel und Richard Knecht bilden nun in den Ausstellungen eine typische Gruppe, wie insbesondere der Blick auf das Dendrogramm der zweiten Phase zeigt, in dem diese Künstler ein eigenes Cluster bilden (vgl. Abb. 7). Dies unterstreicht die programmatische Rolle, die insbesondere den Monumental-Bildhauern seitens der staatlichen Kunstpolitik zugewiesen wurde. Sie bestand darin, stilbildend auf die künstlerische Entwicklung einzuwirken und eine nationale künstlerische Identität herzustellen.

Fazit

Die Ergebnisse der Kollokations- und Clusteranalyse bestätigen, differenzieren und ergänzen die bisherigen Annahmen zur Ausstellungspolitik im Nationalsozialismus. Die Kollokationsnetze und Dendrogramme bilden die Auswirkungen der kunstpolitischen Maßnahmen, insbesondere des Jahres 1937, deutlich ab. Sie dokumentieren den Wandel von einem dezentralen zu einem stärker zentral orientierten Ausstellungswesen und geben Hinweise auf die Bedeutung und die Funktion einzelner Künstlergruppen in diesem Prozess.

Um die Validität und Prägnanz der Analyse noch zu erhöhen, wäre es notwendig, eine biografische Datenbank zu den Künstlern im Nationalsozialismus zu erarbeiten, die eine genauere Bestimmung der in den Kollokationsnetzen und Dendrogrammen sichtbaren Künstlergruppen ermöglicht. Eine solche Datenbank, die detaillierte Informationen zur Biografie und zum künstlerischen Werdegang, aber auch zu Verbindungen und Mitgliedschaften in politischen und institutionellen Einrichtungen enthielte, erlaubte eine differenzierte Identifizierung der abgebildeten Gruppen, als sie bisher möglich ist, eine Identifizierung der Künstlergruppen, die weit über die Bestimmung ihrer regionalen Tätigkeitsfelder und ihrer Akzeptanz innerhalb des Kunstbetriebs hinausginge. Es wäre zum Beispiel möglich, nach dem Einfluss von Akademien und Schulen, der Partei(en), der Kunstvereine oder der Kirchen auf die Gruppenbildung der Künstler zu fragen.

Denkbar ist darüber hinaus, die Datenbasis zu erweitern, und zwar einmal um die Kunstausstellungen, die seit Kriegsbeginn in den von Deutschland besetzten Gebieten durchgeführt wurden,[22] und zum anderen durch die Ausstellungen moderner Kunst, das heißt die Ausstellungen »Entarteter Kunst« in Deutschland einerseits und die Kunstausstellungen geflüchteter Künstler in den Exilländern andererseits.[23] Mit diesen Erweiterungen wären alle Ausstellungen deutscher Gegenwartskunst in den Jahren 1933 bis 1945 erfasst, ein wichtiges Kapitel der Ausstellungsgeschichte des 20. Jahrhunderts in größtmöglichem Umfang und dabei kunst- und ausstellungspolitisch differenziert dokumentiert, und es wäre möglich, die Unterschiede, aber auch die Verbindungen zwischen den verschiedenen Feldern des Ausstellungswesens aufzuzeigen.

Die datengeleitete Analyse, wie wir sie hier vorgestellt und erprobt haben, bietet für die Kunstwissenschaft eine Vielzahl neuer Erkenntnismöglichkeiten, die weit über die Auswertung von Katalogen, weit über das Feld der Ausstellungsgeschichte hinausreichen. Wenn man bedenkt, dass nicht nur bio-bibliografische, sondern auch kunstwerkbezogene Daten (Titel, Datierung, Ort, Technik, Stil, Ikonografie usw.) einer Kollokations- und Clusteranalyse unterzogen werden können, lässt sich erahnen, welche Perspektiven diese Analysemethode für die Kunstgeschichte eröffnen kann.

---

1 http://www.informartics.com/.

2 Vgl. Ulrik Brandes, Linton C. Freeman, Dorothea Wagner: »Social Networks« In: Roberto Tamassia (Hg.): *Handbook of Graph Drawing and Visualization*. Boca Raton/London (im Druck).

3 Vgl. Hildegard Brenner: *Die Kunstpolitik des Nationalsozialismus*. Reinbek bei Hamburg 1963, S. 112–114; Reinhard Merker: *Die bildenden Künste im Nationalsozialismus. Kulturideologie, Kulturpolitik, Kulturproduktion*. Köln 1983, S. 163–168; Mario-Andreas von Lüttichau: »›Deutsche Kunst‹ und ›Entartete Kunst‹: Die Münchner Ausstellungen 1937« In: Klaus-Peter Schuster (Hg.): *Nationalsozialismus und »Entartete Kunst«. Die »Kunststadt« München 1937*. München 1987, S. 83–118; Peter Adam: *Kunst im Dritten Reich*. Hamburg 1992, S. 92–119; Ines Schlenker: »Die ›Große Deutsche Kunstausstellung‹ und ihre Auswirkungen auf den nationalsozialistischen Kunstbetrieb« In: Hans-Jörg Czech, Nikola Doll (Hg.): *Kunst und Propaganda. Im Streit der Nationen 1930–1945*. Dresden 2007, S. 258–267.

4 Vgl. Mario-Andreas von Lüttichau: »Rekonstruktion der Ausstellung ›Entartete Kunst‹« In: Schuster 1987 (wie Anm. 3), S. 120–181; Stephanie Barron (Hg.): *»Entartete Kunst«. Das*

Schicksal der Avantgarde im Nazi-Deutschland. Berlin 1992; Christoph Zuschlag: *»Entartete Kunst«. Ausstellungsstrategien im Nazi-Deutschland*. Worms 1995. – Hinzuweisen ist vor allem auch auf die Arbeit der *Forschungsstelle »Entartete Kunst«*, die am Kunsthistorischen Institut der Freien Universität Berlin und am Kunsthistorischen Seminar der Universität Hamburg betrieben wird. Vgl. das Beschlagnahmeinventar »Entartete Kunst« auf http://www.geschkult.fu-berlin.de/e/db_entart_kunst/datenbank/index.html.

5 Vgl. Ines Schlenker: *Hitler's Salon. The »Große Deutsche Kunstausstellung« at the Haus der Deutschen Kunst in Munich 1937–1944*. Oxford et al. 2007; Schlenker 2007 (wie Anm. 3); Robert Thoms: *Große Deutsche Kunstausstellung München 1937–1944. Verzeichnis der Künstler in zwei Bänden*. Bd. 1: *Maler und Graphiker*. Berlin 2010, Bd. 2: *Bildhauer* (im Druck) sowie das Projekt *GDK-online* des Zentralinstituts für Kunstgeschichte in München und der Kunstbibliothek der Staatlichen Museen zu Berlin/Preußischer Kulturbesitz auf http://www.arthistoricum.net/ressourcen/monographien/gdk/.

6 Vgl. Thomas Brandt: »Sieben Jahre DISKUS (Digitales Informationssystem für Kunst- und Sozialgeschichte). Ein Arbeitsbericht« (http://www.edvtage.de/vortrag.php?kapitel=1999_05).

7 Vgl. Martin Papenbrock, Gabriele Saure (Hg.): *Kunst des frühen 20. Jahrhunderts in deutschen Ausstellungen*. 2 Bde. Teil 1: *Ausstellungen deutscher Gegenwartskunst in der NS-Zeit. Eine kommentierte Bibliographie*. Weimar 2000 (= Schriften der Guernica-Gesellschaft 10).

8 Vgl. Thomas A. Runkler: *Data Mining. Methoden und Algorithmen intelligenter Datenanalyse*. Wiesbaden 2010, S. 2.

9 Vgl. Stefan Evert: »Corpora and Collocations« In: Anke Lüdeling, Merja Kytö (Hg.): *Corpus Linguistics: An International Handbook*. Vol. 2. 2009 (= Handbooks of linguistics and communicationscience; 29.2), S. 1212–1248, hier S. 1212 f.

10 Für eine weiterführende Darstellung in Frage kommender statistischer Verfahren vgl. Evert 2009 (wie Anm. 9), S. 1224–1236.

11 Eine Übersicht bieten neben den Standardwerken: Michael Kaufmann, Dorothea Wagner (Hg.): *Drawing Graphs. Methods and Models*. Berlin, Heidelberg, New York et al. 2001; Tamassia (im Druck) (wie Anm. 2).

12 Vgl. Rudolf Fleischer, Colin Hirsch: »Graph Drawing and Its Applications« In: Kaufmann/Wagner 2001 (wie Anm. 11), S. 1–22, hier S. 20.

13 Vgl. Yi Fan Hu: »Efficient and high qualityforce-directedgraphdrawing« In: *The Mathematica Journal*, 10/2005, S. 37–71.

14 http://www.graphviz.org; John Ellson, Emden R. Gansner, Eleftherlos Koutsofios, Stephen C. North, Gordon Woodhull: »Graphviz and Dynagraph – Static and Dynamic Graph Drawing Tools« In: Michael Jünger, Petra Mutzel (Hg.): *Graph Drawing Software*. Berlin 2003, S. 127–148.

15 Vgl. Runkler 2010 (wie Anm. 8), S. 105.

16 R statisticspackage: www.r-project.org/; Ross Ihaka, Robert Gentleman: »R: A Language for Data Analysis and Graphics« In: *Journal of Computational and Graphical Statistics*, 1996, 5.3, S. 299–314.

17 Zu den Layout-Prinzipien von hierarchischen Graphen vgl. Ralf Brockenauer, Sabine Cornelsen: »Drawing Clusters and Hierarchies« In: Kaufmann/Wagner 2001 (wie Anm. 11), S. 193–227, hier S. 212.

18 http://www.ab.informatik.uni-tuebingen.de/data/software/dendroscope/; Daniel H. Huson, Daniel C. Richter, Christian Rausch, Tobias Dezulian, Markus Franz, Regula Rupp: »Dendroscope – An interactive viewer for large phylogenetic trees« In: *BMC Bioinformatics*, 2007, 8, S. 460.

19 Ein kritisches Lexikon der Künstler im Nationalsozialismus gibt es bis heute nicht. Die meisten Informationen enthält Mortimer G. Davidson: *Kunst in Deutschland 1933–1945. Eine wissenschaftliche Enzyklopädie der Kunst im Dritten Reich.* 4 Bde. Tübingen 1988–1995.

20 Vgl. Papenbrock/Saure 2000 (wie Anm. 7), S. 43.

21 Vgl. ebd., S. 368–378.

22 Vgl. dazu Otto Thomae: *Die Propaganda-Maschinerie. Bildende Kunst und Öffentlichkeitsarbeit im Dritten Reich.* Berlin 1978, S. 37–76.

23 Vgl. Zuschlag 1995 (wie Anm. 4) und Cordula Frowein: »Ausstellungsaktivitäten der Exilkünstler« In: *Kunst im Exil in Großbritannien 1933–1945.* Berlin 1986, S. 35–48; Ausst.-Kat. *Stationen der Moderne. Die bedeutenden Kunstausstellungen des 20. Jahrhunderts in Deutschland.* Berlin 1989.

Norbert Schneider

Zu Max Raphaels Konzept einer historischen Kunstsoziologie

Als man in Westdeutschland im Gefolge von 1968 auch in der Kunstwissenschaft daran ging, nach der Kritik an verhärteten Strukturen ihrer Institutionen auch die Revision der Methoden und Forschungsgegenstände in Angriff zu nehmen, mit denen die neu angestrebten Curricula gefüllt werden sollten, war da nicht viel, woran man anschließen konnte. Nach der Ära des Faschismus hatte sich die Kunstgeschichte, um nicht mehr in eine Allianz mit der Politik zu geraten, in einen faktografischen Positivismus oder einen werkzentrierten Immanentismus geflüchtet. Dass aber auch dieser Rückzug ins vermeintlich Apolitische nicht davor gefeit war, mindestens in der Interpretationsmetaphorik – vor allem in den Werkbeschreibungen – das politisch Unbewusste projektiv einströmen zu lassen, konnte Martin Warnke 1970 in einem Referat auf dem 12. Deutschen Kunsthistorikertag eindrucksvoll belegen, als er die sich in den Interpretationen austobenden Macht- und Herrschaftsphantasien der älteren Kunsthistoriker dekuvrierte.[1] War mit dieser Aufdeckung des sprachlich Unbewussten ein Tabu über Denk- und Schreibweisen verhängt worden, die nicht mehr aufgegriffen und fortgesetzt werden konnten, so bot sich aus den 1950er und 1960er Jahren außer den Schriften Arnold Hausers nur wenig Anschlussfähiges an. Man musste schon zeitlich weit zurückgehen: zu den Debatten der 1920er und 1930er Jahre, etwa zu Lukács und Lu Märten, zu Brecht und Benjamin, wenn man nicht gar Erkenntnisse bei Franz Mehring suchte. Die meisten dieser Texte handelten freilich mehr Probleme der Literatur als der bildenden Künste ab. Aber sie enthielten (damals!) ungeheure Anregungspotenziale (namentlich der Kunstwerk-Aufsatz von Benjamin, dessen Studien, zum Beispiel zur Passagen-Architektur, überdies die Tore für neue Forschungsfelder aufstießen), aber spezifisch für eine kritische Kunstwissenschaft ausgearbeitete Modelle waren das nicht.[2] In der Not griff manch einer zu Wilhelm Hausensteins frühen Werken.[3] Diese waren jedoch unübersehbar vom expressionistischen Schreibstil geprägt und entsprechend verfuhr Hausenstein bei seinen Kunstanalysen weniger analytisch als aphoristisch-sprunghaft und assoziativ.

Derlei rhapsodischer Duktus war aber gerade am Ende der 1960er Jahre verpönt. In diesem Jahrzehnt fand bekanntlich der erste große Modernisierungsprozess nach dem Zweiten Weltkrieg statt (im Ostblock sprach man von einer »wissenschaftlich-technischen Revolution«),[4] der auch die Geisteswissenschaften erfasste, in denen nach Existentialismus und traumaverarbeitender Innerlichkeit nun zunehmend auch das Postulat einer neuen Rationalität aufkam.[5] Diese Forderung war, trotz mancher scharfen ideologischen Auseinandersetzung, allen intellektuellen Lagern gemeinsam, vom Neopositivismus und Kritischen Rationalismus auf der einen bis hin zu den diversen neomarxistischen Strömungen auf der anderen Seite des Spektrums.[6] Allenthalben standen

Forderungen nach *reliability* und Validität im Raum;[7] in den Geisteswissenschaften schienen für deren Einlösung vor allem die Modelle der Semiologie und strukturalen Linguistik zu bürgen.[8]

Um 1972 kamen in einem kleinen Zirkel Manuskripte, genauer: Transkripte, aus dem Nachlass eines Kunsthistorikers und Kunstkritikers in Umlauf, von dem man bis dahin wenig gehört hatte: Max Raphael. Seine Schriften schienen diesem Anspruch auf strenge Wissenschaft zu genügen. Es muss um 1973 gewesen sein, als mir Martin Warnke ein Konvolut von unveröffentlichten Texten Raphaels mit der Bitte zukommen ließ, davon eine Edition vorzubereiten. Er hatte sie vom Nachlassverwalter Claude Schaefer (Professor für Kunstgeschichte in Tours) erhalten, der neben der Ethnologin Ilse Hirschfeld der einzige »Schüler« Raphaels war.[9]

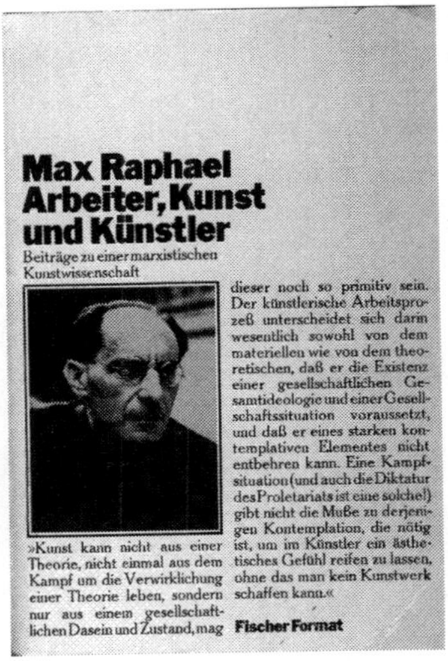

Abb. 1: Umschlag von Max Raphael: Arbeiter, Kunst und Künstler. *Frankfurt a.M. 1975*

Dass es Max Raphael in Deutschland neu zu entdecken galt, hatte sich auch bei den großen Verlagen herumgesprochen. So traten an mich heran der Rowohlt-Verlag mit seinem Lektor Jürgen Manthey und der S. Fischer-Verlag, vertreten durch Hans-Jürgen Schmitt. In England, bei Routledge & Kegan Paul, waren von Raphael bereits 1968 die *Demands of Art* herausgekommen, eine von Norbert Guterman besorgte Übersetzung seiner Schriften: *Wie will ein Kunstwerk gesehen sein* und *Empirische Kunstwissenschaft.*[10] John Berger hat das Buch in der Zeitschrift *New Society* (No.237, 2.1.1969) rezensiert und ihm damit im englischsprachigen Raum zu größerer Beachtung verholfen, freilich mit seiner Auslegung auch bewirkt, dass Raphael zeitweise fälschlich in den Ruf eines Trotzkisten gelangte.

Ich hatte nun die Aufgabe übernommen, Raphaels Buch *Arbeiter, Kunst und Künstler* editorisch zu betreuen (Abb. 1). Das Manuskript stammte aus den Jahren 1936 bis 1939, geschrieben hatte es Raphael im Pariser Exil. Über die intellektuelle Sozialisation Raphaels war wenig bekannt. Es lag von ihm lediglich ein kurz gefasstes Curriculum vitae vor, ein knappes, zum Teil auch stark ergänzungsbedürftiges Datengerüst, das von Claude Schaefer erstellt worden war und bis in die späteren Werkausgaben immer wieder zugrunde gelegt wurde. Zum ideologischen und theoretischen Umfeld war darin nichts Näheres ausgeführt. Auf dieses geistige Milieu möchte ich in diesem Beitrag nun näher eingehen.

Raphael, auf den, wie er später schrieb, neben der Mutter mit ihrem »stillen würdigen Leiden« der Rabbiner des Ortes einen lebenslang nachhaltigen Eindruck hinterlassen hatte,[11] stammte aus Schönlanke, einem kleinen Ort in Westpreußen (jetzt zu Polen gehörig) mit damals 4300 Einwohnern (davon 494 Juden). Es waren eher ärmliche Verhältnisse, in denen der 1889 Geborene aufwuchs. Immerhin konnte er nach dem Umzug nach Berlin im Jahre 1900 das Gymnasium besuchen und danach, ab 1907, das Studium in München aufnehmen. Anfangs belegte er das Fach Rechtswissenschaft, und so war er früh schon mit der dieser Disziplin damals noch angegliederten Nationalökonomie in Berührung gekommen, und zwar bei dem als »Kathedersozialist« geltenden Lujo Brentano,[12] einem der Hauptvertreter der Historischen Schule und Gründungsmitglied des *Vereins für Socialpolitik*, der es sich zum Ziel gesetzt hatte, in der damals heiß diskutierten »Sozialen Frage«[13] volkswirtschaftliche Theorien zu entwickeln, die dem Laissez faire-Prinzip des Manchesterkapitalismus eine kritische Position entgegensetzten. Zugleich waren sie wirtschaftspolitische Strategie-Entwürfe zur Vorbeugung sozialer Unruhen und Programme für die Hebung des Bildungsniveaus der unteren Schichten. Bekanntlich gehörte auch Max Weber zu diesem Kreis, wie auch Gustav von Schmoller, dessen Vorlesungen Raphael folgerichtig nach seinem Wechsel in Berlin besuchte. Bei dieser Studienorientierung lag es für Raphael nahe, in Berlin auch in die Vorlesungen Georg Simmels zu gehen, der damals wegen seines mitreißenden Vortragstils große Hörerscharen an sich zog. Ideell war Simmel durchaus den Kathedersozialisten zuzurechnen, was vor allem seine *Philosophie des Geldes* belegt, in der die prägende Kraft des Geldes als eines Mittels der Komplexitätsvereinfachung von Tauschbeziehungen herausgestellt wird.[14] Dass diese allen sozialen Verästelungen nachgehende Studie von Marx' Analyse des Tauschwerts angeregt ist, kann nicht bezweifelt werden. Schon lange vor dem *Kapital* hatte Marx in der Frühschrift *Zur Judenfrage* geschrieben:

> »Das Geld erniedrigt alle Götter des Menschen – und verwandelt sie in eine Ware. Das Geld ist der allgemeine, für sich selbst konstituierte *Wert* aller Dinge. Es hat daher die ganze Welt, die Menschenwelt wie die Natur, ihres eigentümlichen Wertes beraubt. Das Geld ist das dem Menschen entfremdete Wesen seiner Arbeit und seines Daseins, und dies fremde Wesen beherrscht ihn, und er betet es an.«[15]

Simmel ist – wie Brentano, Sombart, Schmoller, Max Weber – für marxistische oder dem Sozialismus nahestehende Intellektuelle ungeheuer anregend gewesen. Das gilt für Lukács, Bloch, Korsch, Kracauer, Tucholsky, Benjamin und eben auch Raphael. Benjamin berief sich auf ihn noch im *Passagen*-Werk, besonders im Hinblick auf das »Motiv der Spur, des Typs, der Einfühlung in die Warenseele«, sah sich aber nach Intervention von Wiesengrund [= Adorno] (1939) genötigt, den Stellenwert eines für ihn eigentlich wichtigen Simmel-Zitats abzuschwächen.[16] Auch Lukács' berühmte Kritik der Verdinglichung ist ohne Simmels *Philosophie des Geldes* nicht zu denken, wenngleich sie natürlich primär von Marx' Analyse des Warenfetischismus ausgeht.[17]

Folgt man Claude Schaefer, so hat Simmel »das Talent seines Schülers« Raphael erkannt.[18] Nur in welchem Zusammenhang er sich so geäußert haben soll, erfährt man leider nicht. Aber es ist gar keine Frage, dass sich Raphael etwa in *Arbeiter, Kunst und Künstler*, und zwar in seinem Kapitel »Versuch einer Theorie der Kunst des liberalen Konkurrenzkapitalismus«[19], neben Sombart auch auf Simmel bezogen hat. Das Problem der »Vermittlung«, im Sinne einer Transformation gesellschaftlicher Strukturen in Bewusstseinsvorgänge (»die Kette der Vermittlungen zwischen Sein und Bewusstsein«[20]), das Raphael in vielen seiner Schriften erörtert hat, dürfte er ebenfalls von Simmel übernommen haben.

Eine andere nachhaltige Prägung erfuhr Raphael durch die Vorlesungen Heinrich Wölfflins, der seit 1901 in Berlin lehrte und 1912 nach München berufen wurde. Was Raphael vor allem von Wölfflin übernommen hat, ist das Paradigma des Formalismus oder besser: der Formorientierung, wobei »Form« für ihn immer »schöpferische Form«

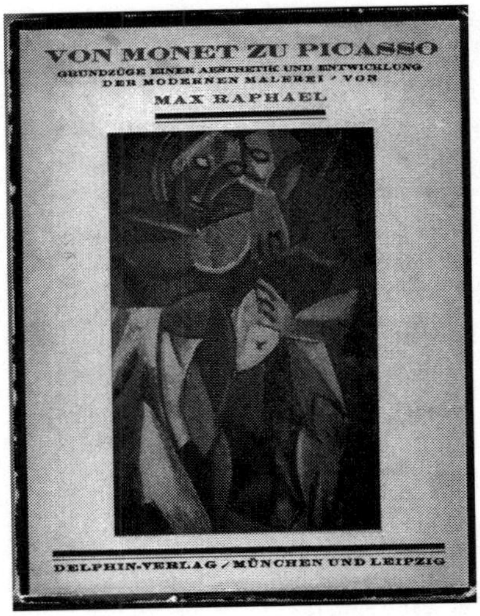

Abb. 2: Umschlag von Max Raphael: Von Monet zu Picasso. *München/Leipzig 1923*

bedeutete.[21] Raphael wollte bei Wölfflin über Picasso promovieren, wurde von diesem aber abgewiesen, vermutlich wegen des für Wölfflin, der sich vorwiegend mit »klassischer Kunst«[22] befasste, unerhört modernen Gegenstandes. Diese nicht angenommene Doktorarbeit war Raphaels Buch *Von Monet zu Picasso*, das er 1913 veröffentlichte (Abb. 2).[23] Vielleicht lag es auch ein wenig an der durch die Ablehnung widerfahrenen Kränkung, dass Raphael später eine zunehmend ablehnende Haltung gegenüber Wölfflin einnahm und dessen generalisierende Begriffspaare sowie ihre grobschlächtige Übertragung auf Epochen und Stile einer scharfsinnigen Kritik unterzog.[24]

Am Beispiel des Entwicklungsganges vom Impressionismus zum Kubismus (mit Picasso als Protagonist) wollte Raphael gleich ein universelles Problem lösen, und zwar die »Sphinxfrage des Schöpferischen«. Nicht interessierte ihn: »Was ist Kunst und wie wirkt Kunst? «, sondern: »Wie wird Kunst, welches ist der Sinn ihres Werdens?«[25]. Unübersehbar ist bei diesem Frühwerk, wie sehr er von Henri Bergsons Schriften enthusiasmiert war, auf die er denn auch wiederholt verweist.[26] Weitere wichtige Gewährsleute waren für ihn neben dem Bildhauer Adolf von Hildebrand die Philosophen Hermann Cohen, Hugo Münsterberg und William James – also Repräsentanten des Neukantianismus einerseits,[27] dem es um die Logik des reinen Denkens, also um dessen Formen, ging, und Vertreter einer Bewusstseinsphilosophie andererseits,[28] die nicht mehr die klassische Theorie psychischer »Vermögen« zugrundelegten, sondern von der Aktualitätstheorie ausgingen, wonach der psychische Inhalt ein ganzheitlicher mentaler Vorgang ist. Mithin befasste sich diese Theorie vorrangig mit Empfindungskomplexen als akausalen Gebilden. James' »stream of consciousness«[29] kam übrigens Bergsons Vorstellung vom Leben in der reinen, schöpferischen Zeit (als Geistesleben) sehr nahe. Unter dem Pseudonym A. R. Schönlank hatte Raphael schon 1911 diverse Schriften Bergsons in der Zeitschrift *Nord und Süd* voller Zustimmung rezensiert und Bergson darin mit einem Künstler verglichen.

Von Monet zu Picasso erlebte mehrere Auflagen und stellte neben Albert Gleizes' und Jean Metzingers Schrift *Du Cubisme* (1912) einen der ersten wichtigen zeitgenössischen Versuche einer apologetischen Interpretation des damals scharf attackierten Kubismus dar.[30] Wie sehr sich Raphael hier den Intuitionismus angeeignet hatte, wird aus einer hymnischen Passage zu Picasso deutlich:

> »Picasso kam mit dem Siegerschritt des spanischen Mystikers. Durchglüht von inneren Feuern, zittert seine vornehme, aller Brutalität und Gemeinheit fremde Seele wie ein angeschlagenes, dünnes Glas, und klingt neue Sensibilität psychischer Erregung. Er stellt die Flammen mystischer Innerlichkeit vor Harlekine, saltimbaques, seltsame Lebensalter menschlicher Jugend, vor Ausgeworfenes, Armes, Mittelloses. Es

handelt sich da nicht um soziales Sentiment und soziales Pathos, sondern um ein religiöses Leben.«[31]

Es ist festzuhalten, dass Raphael diese mystisch-religiöse Komponente bis zum Schluss beibehalten hat, trotz der Hinwendung zum Marxismus, die erst im Verlauf der 1920er Jahre einsetzte. Noch 1921 hielt er Distanz zu allem Politischen: er beklagte, dass seine Zeit Demokratie als Ersatz für Religion suche.[32] Und es hielt sich bei ihm weiterhin deren Konterpart und Korrektiv in seinem Denken: das Bedürfnis nach klarer, rationaler Erkenntnis. So begann er seit 1921, sich mit Mathematik und Physik zu befassen. Rückblickend beschrieb er später diese Phase als eine Zeit, in der er sich darum bemühte, die »letzten Grundlagen exakter Wissenschaft in ihrer Problematik« zu untersuchen. Das war aber alles aus seiner Sicht nur Vorarbeit für eine Erkenntnis des Schöpferischen bzw. der künstlerischen Phantasie.

Raphael hat über diese Thematik Vorträge an der Berliner Volkshochschule gehalten. Mit dieser Lehrtätigkeit konnte er in bescheidenem Umfang seinen Lebensunterhalt bestreiten. Die Eindringlichkeit seiner Analysen, die den Hörern einiges abverlangten, vor allem der Prozess der schrittweisen Prüfung aller Argumente, hinterließ bei ihnen einen großen Eindruck. Der Architekturhistoriker Julius Posener (1904–1996), Schüler Hans Poelzigs und Erich Mendelsohns, später Präsident des Deutschen Werkbundes, hat mir 1977 in einem Gespräch als Augen- und Ohrenzeuge bestätigt, welche Wirkungen Raphaels intensive Anstrengungen bei der Suche nach letzten Wahrheiten bei seinem Publikum hinterließen.

Die Essenz der mathematisch-naturwissenschaftlichen Studien Raphaels ging schließlich in sein Buch *Zur Erkenntnistheorie der konkreten Dialektik* ein, das zwei Jahre nach seiner Emigration nach Paris, nämlich 1934, in den Éditions Excelsior (Quai de la Tournelle), auf Deutsch erschien.[33] Es darf zweifellos zu den bedeutendsten Versuchen einer marxistischen Epistemologie gerechnet werden. Wegen der Exilsituation konnte es aber kaum noch eine Wirkung entfalten (und die ist aus diesem Grund bis heute ausgeblieben). Gelesen wurde es vermutlich nur von wenigen nach Frankreich emigrierten Intellektuellen wie Walter Benjamin, von dem man zumindest weiß, dass er einiges aus Raphaels *Proudhon Marx Picasso. Trois études sur la sociologie de l'art*, 1933 ebenfalls bei Excelsior erschienen, exzerpiert hat.[34]

Da Raphael sich von seiner früheren mystischen Apostrophierung des Schöpferischen befreien wollte, stattdessen für die geistigen Schaffensprozesse eine tiefere Begründung suchte, begab er sich an die mikroskopierende Analyse der Bewusstseinsvorgänge, und dies besonders unter Einbeziehung des dialektischen Materialismus. Das hat dann manchmal scholastisch zergliedernde Züge angenommen, und die vormals hymnische Sprache weicht in solchen Texten oft über lange Strecken einer trockenen, geradezu hölzernen Diktion.

Im Gegensatz zu Hauser, der in seiner *Social History of Art* (1953) vorwiegend makrohistorisch verfuhr und sich mit Stilen, Weltanschauungen usw. befasste,[35] hat sich Raphael stets auf das einzelne Kunstwerk konzentriert, schon aus dem Grunde, weil seiner Meinung nach nur hier der schöpferische Prozess nachvollzogen werden könne. Seine Bestimmung des Künstlerischen stand konträr zur Hegel-Tradition in der marxistischen Ästhetik und Kunstsoziologie, die das Ästhetische mehr vom Allgemeinen her bestimmen wollte. Ein Gegenpol zu dieser Position war das auf größtmögliche

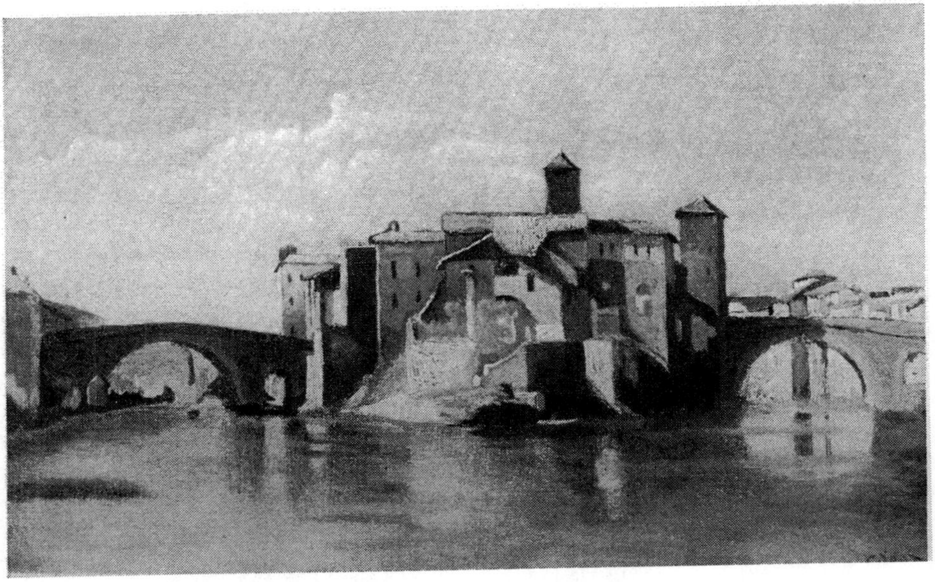

Abb. 3: Jean-Baptiste Camille Corot (?): Die Insel San Bartolommeo, *Rom. 1826–28. Boston, Museum of Fine Arts*

Deskription Wert legende Paradigma der Phänomenologie, die mit Husserls *Logischen Untersuchungen* (1900) erstmals programmatisch auf den Plan getreten war.[36] Über sie bildete sich eine gegenläufige Tendenz heraus, welche auch die materialistische Ästhetik nachhaltig verändern sollte. Ein prominentes Beispiel für die phänomenologische Ästhetik war Roman Ingardens Buch *Das literarische Kunstwerk* (1931), das die Tiefenschichten des Kunstwerks ontologisch zu bestimmen suchte.[37] In den 1930er Jahren hat sich dieses Paradigma einer Bestimmung von Kunst über das Einzelwerk bei vielen Autoren dann vollends durchgesetzt. Es ist bezeichnend, dass fast zeitgleich zwei Denker, deren politische Gegensätzlichkeit nicht größer hätte sein können, »Kunstwerk«-Aufsätze verfassten: Martin Heidegger[38] und Walter Benjamin. Aber auch diese Texte suchten das Kunstwerk allgemein zu bestimmen, sei es in ontologischer Begründung oder im Rahmen der Erörterung einer historisch-politischen Perspektive. Raphael dagegen bemühte sich um Konkretion, und dazu diente ihm als Verfahren eine höchst minutiöse Beschreibungstechnik. Das umfangreichste Beispiel dürfte seine Analyse des Bildes *Römische Landschaft* (1826–28) von Corot sein (Abb. 3).[39]

Beschreibung ist bei Raphael – im Unterschied zur antik-mittelalterlichen Ekphrasis,[40] die mehr eine rhetorische Übung darstellte – gedacht als ein Verfahren der Rekonstruktion des Schaffensprozesses.[41] Ihn interessiert, wie das reale Sehfeld eines Malers in ein Bildfeld umgesetzt wird: Was spielt sich dabei in seinem Kopf ab? Wie werden die verarbeiteten Wahrnehmungen und Empfindungen in die ästhetische Produktion transformiert? Bei dieser – darauf beharrt Raphael nun marxistisch – müsse man sich klarmachen, dass sie ihrerseits durch historisch vorfindliche Produktionsmittel und eine relativ autonome Ideologie der Kunst präformiert ist. Einmal aus der gesellschaftlichen Arbeitsteilung hervorgegangen, bilde die Ideologie dann eigene Gesetze und ein eigenes System aus, das aber dennoch – dem äußeren Schein zum Trotz – immer mit den allgemeinen Produktions- und gesellschaftlichen Verhältnissen dialektisch verbunden bleibt. Insofern kommt man, Raphael zufolge, nicht umhin, die gleichsam osmotische Durchdringung von allgemeinen gesellschaftlichen Strukturen und den noch so esoterischsten ästhetischen Strukturen des Kunstwerks analytisch aufzuweisen.

Raphael arbeitet dem Vulgärmaterialismus mit seiner unmittelbaren ökonomistischen Erklärung ideologischer – also auch: künstlerischer – Strukturen strikt entgegen und betont die relative Eigenbewegung der ideologischen »Gebiete«, die sogar auf die »ökonomische Basis« zurückwirken können. Er beruft sich dabei auf die berühmten Stellen bei Friedrich Engels in dessen Briefen an Joseph Bloch, Conrad Schmidt, Franz Mehring und Walter Borgius. An letzteren hatte Engels geschrieben:

> »Die politische, rechtliche, religiöse, literarische, künstlerische etc. Entwicklung beruht auf der ökonomischen. Aber sie alle reagieren auch aufeinander und auf die ökonomische Basis. Es ist nicht, dass die ökonomische Lage Ursache, allein aktiv ist und alles andere nur passive Wirkung. Sondern es ist Wechselwirkung auf Grundlage der in letzter Instanz stets sich durchsetzenden ökonomischen Notwendigkeit.«[42]

Zwar ist hier noch die Stockwerk-Metapher von Basis und Überbau zu finden, aber dieses vertikale Verhältnis wird von Engels tendenziell bereits horizontalisiert.[43] Das nimmt Raphael auf und versucht, daraus eine Theorie der wechselseitigen Durchdringung zu entwickeln. Lange vor Althusser, der seinerseits zweifellos von Gramsci angeregt ist, hat Raphael eine Reformulierung des Basis/Überbau-Modells vorgenommen, paradoxerweise im Anschluss an Engels, der mit seiner Begründung des Dialektischen Materialismus immer als geheimer Verursacher eines platten Marxismus galt. Übrigens versuchte zeitlich parallel auch Karl Korsch in seinem Buch *Karl Marx* (1938) dieses Widerspiegelungsmodell durch einen praxistischen Ansatz zu revidieren.

Man kann sich nun fragen, ob oder in welchem Maße Raphael dieses Projekt der wechselseitigen Approximation von künstlerischen und politisch-ökonomischen Strukturen gelungen ist. Die Probleme, die ich bereits 1975 (im Nachwort zu *Arbeiter, Kunst und Künstler*) bei seinem Konzept sah,[44] finde ich auch heute, nach erneuter Lektüre seiner Schriften, nicht ausgeräumt. Das betrifft weniger das grundsätzliche Explikationsmodell als einige Punkte der methodischen Durchführung gerade des kunstwissenschaftlichen Teils, also die Analyse des Kunstwerks von seiner optischen Seite her. Raphael nähert sich dem Bild von einer Psychologie des kinästhetischen Verhaltens her und führt dann Begriffe wie »Blicklinie«, »Trefflinie«, »Führungslinie« usw. ein, nach denen das Werk visuell strukturiert sei. Schließlich spricht er von »harmonischer Systematisierung« des Ganzen, was, obwohl es genetisch gemeint ist, doch an Muster der Gestaltpsychologie erinnert (etwa an deren Konstrukt der angeblich angeborenen »schönen Form«).[45]

In vielem erinnert Raphaels strukturanalytisches Verfahren an das von Carl von Lorck[46], der neben Willi Drost[47] in den 1920er Jahren die geometrisierende Forminterpretation eingeführt hat (mit dem Entdecken von im Bild vermeintlich vorhandenen Diagonalen, Ovalen, Kreisen usw.), die noch heute, nicht zuletzt aus Gründen der Bequemlichkeit bei ihrer Handhabung, in der Kunstpädagogik sehr beliebt ist. Ob Raphael von Lorcks und Drosts Schriften gekannt hat, lässt sich nicht feststellen. Wohl aber hat er (so in seinen architektursoziologischen Untersuchungen) auf Paul Frankl rekurriert, der in seinem *System der Kunstwissenschaft*, freilich auf entschieden höherem Niveau als die beiden genannten Autoren, ziemlich ähnlich argumentierte.[48] Frankl hatte bereits versucht, Zusammenhänge zwischen sozialökonomischer Entwicklung und Kunstentwicklung herzustellen, bot dafür aber keine kausale Erklärung an, vielmehr führte er einen alles vereinheitlichenden »Zeitgeist« ein. Das für Raphael wichtige kinästhetische Prinzip fand sich bei ihm schon 1914.[49] Eine Nähe Raphaels zu Frankl kann man auch darin erkennen, dass letzterer auch typologische Hauptbegriffe als Kategorien für die Analyse zugrunde legte (wie Raumform, Körperform, Bildform, Zweckform usw.).

Die Suche nach Typen war überhaupt charakteristisch für zahlreiche geisteswissenschaftliche Systematisierungsversuche in den 1920er Jahren. Auf der gleichen Linie lag das Klassifizieren von »Gestalten«, »Schichten« usw., das ebenfalls darauf hinauslief, eine Komplexität von Sachverhalten auf eine einigende Formel zu bringen, die eine fast unverrückbar feststehende Gegebenheit, eine Invariante, benennen sollte. Der Urvater des Typenmodells war zweifellos Wilhelm Dilthey mit seiner Weltanschauungstheorie.[50] Ihm eiferten Philosophen, Psychologen, Kulturmorphologen, Theologen und Pädagogen wie Jaspers, Nohl, Rothacker, Spranger, Spengler, Leisegang, Plessner, Troeltsch, Kretschmer nach,[51] und schließlich muss hier natürlich auch Max Weber[52] mit seinem Begriff des Idealtypus genannt werden. Auch Sombart legte eine Typologie vor, nämlich die des kapitalistischen Unternehmertums. Sie alle machten sich auf die Suche nach solchen für ihre Disziplin oder ihr Sachgebiet charakteristischen Typen (und hofften durch die apodiktisch vorgetragene Abweichung ihrer Typenbestimmung von der anderer Autoren die Meinungsführerschaft im akademischen Raum zu erlangen).

Es konnte kaum ausbleiben, dass von diesem Typologisierungsdrang auch die Kunstgeschichte affiziert war, und so findet er sich eben auch bei marxistischen Autoren wie Raphael und Hauser. Raphael bringt die Typenbildung in Verbindung mit dem Prozess der Herausbildung einer relativen Autonomie der Kunst, die die – schon genannte – »harmonische Systematisierung« – begünstige. Raphael, der – wie dargelegt – sein Interesse dem Kunstwerk zuwandte, versuchte naheliegenderweise »*Werk*typen« herauszupräparieren:

> »Alle großen Kunstwerke zeigen einen bestimmten Werktypus, mag dieser nun ein geschlossener oder ein offener sein (das erstere z.B. bei Cézanne, das letztere bei den Impressionisten wie Monet und Degas), ein quasiorganischer (Cézanne), ein schematischer (Hodler), ein dekorativer (Gauguin), ein konstruktiver (Seurat).«[53]

Dass diese Unterscheidungen und Prädikationen reichlich willkürlich waren, liegt auf der Hand. Ihnen haftet auch ein mechanistisches Moment an, das sich bei Raphael auch bei seiner Unterscheidung von Epochen manifestiert, die sich – ähnlich wie die Produktionsweisen, denen sie korreliert werden – zwar irgendwie prozesshaft herausgebildet haben, dann aber bei ihm zu Entitäten oder Hypostasen erstarren.

Obwohl Raphael theoretisch die Anwendung der dialektischen Methode postulierte und sie auch sehr gut erklären konnte, ist er doch in praxi nie recht aus der Zergliederungsmechanistik herausgekommen. Und so hat er auch nicht wirklich überzeugend das Vermittlungsproblem lösen können. Wenn nach einer schier endlosen Immanenzanalyse des Kunstwerks, etwa Corots *Römischer Landschaft* (Abb. 3), diese Erkenntnisse an die politische Ökonomie, hier also des liberalen Konkurrenzkapitalismus, angedockt werden, dann wird damit das Werk völlig überdeterminiert. Raphael geriet damit mit marxistischen Kategorien in dieselbe Generalisierungstendenz, die er zu Recht an Wölfflins »Grundbegriffen« tadelte, bei denen ein Werk beispielsweise stellvertretend für eine ganze Epoche steht und dabei die höchst komplizierte Vielfalt der historisch gleichzeitigen Artikulationsformen, die voneinander oft erheblich abweichen, ausgeblendet bleibt.

So bewundernswert Raphaels titanenhafter Versuch war (er sah sich selbst als einen Forscher, der »das Unmögliche will«), alle Probleme der Kunstwissenschaft marxistisch zu lösen, so wird man doch feststellen müssen, dass, abgesehen von wertvollen Einsichten in manche seiner Beobachtungen oder Erklärungsmodelle, eine Anschließbarkeit seiner Theorie an heutige Problemstellungen kaum noch gegeben ist. Die Gründe für diese Obsoleszenz sind, wie mir scheint, in den Bedingungen seiner marginalisierten Situation bereits in den 1920er Jahren zu suchen. Aus ärmlich-kleinbürgerlichen Verhältnissen kommend, hat Raphael immer am Rande des Existenzminimums gelebt und geriet so in eine Isolation von größeren Diskussionszusammenhängen und Debattenzirkeln. Im New Yorker Exil stieß ihn die Art mancher Emigranten, die dort glaubten, ihre alte Rolle weiterspielen zu können, ab. Auch die »Leute«, die »weder meine Gesinnung haben noch mir sympathisch sind« – gemeint waren Mitglieder des Instituts für Sozialforschung, bei denen er, wie Benjamin, um Unterstützung nachgesucht hatte (ca. August 1941, vorher schon 1939) – halfen ihm nicht, weder mit einem Stipendium noch mit einer Finanzierung der Übersetzung der *Erkenntnistheorie* oder der Veröffentlichung von *Arbeit, Kunst und Künstler*. Auch auf Meyer Schapiro, mit dem er Freundschaft geschlossen hatte und den er wegen seiner Intelligenz schätzte, konnte er letztlich nicht zählen. Der wich immer auf andere Themen aus, wenn Raphael ihn schüchtern nach Unterstützungsmöglichkeiten fragte. Schließlich überkamen Raphael ihm gegenüber Minderwertigkeitsgefühle: »Neben Meyer Schapiro fühle ich ganz besonders deutlich, daß mir jeder Charme fehlt, jede Spielfähigkeit, jede Elastizität.«[54] Und so gab Raphael auch diesen Kontakt auf. Sein Mangel an Kommunikation und Partizipation nahm zum Ende seines Lebens noch extrem zu. Die bittere Armut der letzten Jahre, die er bis zu seinem Freitod (1952) in New York zubrachte, förderte noch die Vereinsamung und die Reduzierung der kunstwissenschaftlichen Arbeit auf die manchmal zwanghafte Züge annehmende Zwiesprache mit dem Einzelwerk.

Walter Benjamin, der sich ja auch in den 1930er Jahren in einer ähnlichen Lage befand, hat sich aber immerhin noch kraft seiner großbürgerlich-kosmopolitischen Sozialisation die Fähigkeit erhalten können, durch ausgedehntere Lektüren, eine umfangreiche Korrespondenz und den Kontakt zu vielen Dialogpartnern eine intellektuelle Beweglichkeit und dialektische Geschmeidigkeit in Gang zu halten, was sein facettenreiches Werk bis heute attraktiv sein lässt. Bei aller Melancholie Benjamins, die er selbst im *Trauerspiel*-Buch als »Acedia«[55] beschrieb und die ihn wie kaum jemand sonst dazu befähigte, das Katastrophische der Geschichte, den »Leidschatz der Menschheit« (Aby Warburg)[56] mit medusischem Blick zu sehen, konnte er immer noch – als Zeichen bewahrter Soziabilität – Witz und Heiterkeit aufblitzen lassen. Derlei sucht man bei Raphael vergeblich. Die grübelnde Schwermut des selbst zur fensterlosen Monade Gewordenen vermochte die Kraft zum Überleben nur noch aus einer Quelle zu gewinnen, der Raphael sich immer schon anvertraut hatte: der Aneignung des Kunstwerks als Kondensat des Schöpferischen.

Der Text geht auf das Manuskript eines Referats zurück, das der Verfasser am 11. Dezember 2009 in einer englischen Fassung am Institut National d'Histoire de l'Art in Paris gehalten hat (Colloque »L'histoire sociale de l'art«, organisiert von Philippe Bordes und Andrew Hemingway).

1 Martin Warnke: »Weltanschauliche Motive in der kunstgeschichtlichen Populärliteratur« In: Ders. (Hg.): *Das Kunstwerk zwischen Wissenschaft und Weltanschauung*. Gütersloh 1970, S. 88–103.

2 Walter Benjamin: »Das Kunstwerk im Zeitalter seiner technischen Reproduzierbarkeit« (1935) In: Ders.: *Gesammelte Schriften* Bd. 1, *Werkausgabe* Bd. 2. Hg. von Rolf Tiedemann und Hermann Schweppenhäuser. Frankfurt a.M. 1980, S. 431–469 (zuerst auf Französisch erschienen unter dem Titel »L'œuvre d'art à l'époque de sa reproduction mécanisée« In: *Zeitschrift für Sozialforschung* 5, 1936, 1, S. 40–66, gekürzte Fassung); Walter Benjamin: »Das Passagen-Werk« In: Ders.: *Gesammelte Schriften*. Unter Mitwirkung von Theodor W. Adorno. Hg. von Rolf Tiedemann. Frankfurt a.M. 1982, S. 655–1354. – Vgl. außerdem Thomas Neumann: *Sozialgeschichte der Photographie*. Neuwied 1966; Johann Friedrich Geist: *Passagen. Ein Bautyp des 19. Jahrhundrets*. München 1969.

3 Vgl. Wilhelm Hausenstein: *Der nackte Mensch in der Kunst aller Zeiten*. München 1911 (zahlreiche Auflagen); Ders.: *Bild und Gemeinschaft. Entwurf einer Soziologie der Kunst*. München 1920. Vorausgegangen war von Hausenstein: »Versuch einer Soziologie der bildenden Kunst« In: *Archiv für Sozialwissenschaft und Sozialpolitik* 36, 1913, S. 758–794.

4 Beschleunigt wurde dieser Modernisierungprozess im Westen nach dem sogenannten Sputnikschock von 1957, es setzte eine technologische Aufholjagd ein. So wurde im Westen die jenseits des »Eisernen Vorhangs« bereits weit vorangeschrittene Kybernetik (als Wissenschaft vom Funktionieren komplizierter dynamischer Systeme) rezipiert. Sie bot über das Verfahren der Aufnahme, Speicherung, Übertragung und Verarbeitung von Informationen zur Realisierung von Steuerungs- und Regelungsprozessen hinaus auch Modelle an, die sich analog auf die Analyse geisteswissenschaftlicher Gegenstandsbereiche anwenden ließen. Im Osten wie im Westen wurde im Bereich der Produktivkräfte intensiv daran gearbeitet, einen Übergang von mechanisierten Produktionssystemen zu solchen der Automatisierung herbeizuführen. Das sollte dann auch Auswirkungen auf die Produktions- und gesellschaftlichen Verhältnisse haben. In den 1970er Jahren setzte erstmals eine Flexibilisierung der Arbeitsorganisation ein; es kamen dann Forderungen nach Demokratisierung aller Lebensbereiche auf. Allerdings waren diese Ansätze des Postfordismus noch sehr schwach und rudimentär entwickelt. Die zweite, nun deutlicher in seinem Zeichen stehende Modernisierungswelle, in produktionstechnischer Hinsicht eine Ablösung des Kybernetikmodells durch hochgradige Digitalisierung, setzte in den 1990er Jahren ein.

5 Vgl. Schriften wie die von Hans Egon Holthusen: *Der unbehauste Mensch*. München 1951 (zahlreiche Auflagen bis Mitte der 1960er Jahre) oder von Otto Friedrich Bollnow: *Neue Geborgenheit*. Stuttgart/Köln 1955.

6 Vgl. als Hauptvertreter des Kritischen Rationalismus Hans Albert: *Kritische Vernunft und menschliche Praxis*. Stuttgart 1977 u.ö. (Aufsatzsammlung). – Albert hatte sich auch geäußert in: Theodor W. Adorno u.a. (Hg.): *Der Positivismusstreit in der deutschen Soziologie*. Neuwied 1969 (= Soziologische Texte, Bd. 58), S. 193 ff. (Die Mythen der totalen Vernunft). – Vgl. ferner auch Hans Albert: »Aspekte eines neuen Kritizismus« In: Willy Hochkeppel (Hg.): *Soziologie zwischen Theorie und Empirie*. München 1970, S. 73 ff.

7 Diese Forderungen gingen besonders von den empirischen Sozialwissenschaften aus. Vgl. Renate Mayntz, Kurt Holm u.a.: *Einführung in die Methoden der empirischen Soziologie*. 2., erw. Aufl. Opladen 1971 (1. Aufl. 1969).

8 Als Beispiele für diese Tendenzen und Paradigmen können folgende Publikationen genannt werden: Roland Barthes: *Elemente der Semiologie*. Frankfurt a.M. 1979 (zuerst frz. 1964); Umberto Eco: *Einführung in die Semiotik*. München 1972 (ital. unter dem Titel *La struttura assente*. Mailand 1971); Noam Chomsky: *Aspects of the theory of syntax*. Cambridge, Mass. 1967, Pierre Bourdieu: *Zur Soziologie der symbolischen Formen*. Frankfurt a.M. 1970; Jens Ihwe (Hg.): *Literaturwissenschaft und Linguistik*. Frankfurt a.M. 1971, 4 Bde.

9 Claude Schaefer (1913–2010) emigrierte 1933 nach Paris, ging dann ins Exil in Montevideo, von dort aus nach Montreal. Nach dem Krieg kehrte er nach Paris zurück. Er lehrte zuletzt an der Université de Lille III und galt als einer der besten Kenner des Werks von Jean Fouquet.

10 Max Raphael: *The Demands of Art*. Princeton 1968 (Übersetzung aus dem Deutschen von Norbert Guterman).

11 Zit. nach Claude Schaefer: »Zu Leben und Werk von Max Raphael« In: Max Raphael: *Theorie des geistigen Schaffens auf marxistischer Grundlage*. Frankfurt a.M. 1974, S. 187 ff., hier S. 188.

12 Vgl. u.a. von Lujo Brentano: *Die christlich-soziale Bewegung in England*. Leipzig 1883; Ders.: *Die Arbeiterversicherung gemäss der heutigen Wirtschaftsordnung*. Leipzig 1879; Ders.: *Die Arbeitergilden der Gegenwart*. 2 Bde. Leipzig 1871 und 1872.

13 Vgl. Ludwig Stein: *Die sociale Frage im Lichte der Philosophie*. Stuttgart 1897, 2. Aufl. 1903 u.ö., S. 13 ff. (»Der gegenwärtige Stand der Sociologie und die ›sociale Frage‹«); Theobald Ziegler: *Die soziale Frage eine sittliche Frage*. Stuttgart 1891, 6. Aufl. 1897, bes. Kap. 3, S. 56 ff. (»Zum sozialen Frieden«).

14 Georg Simmel: *Philosophie des Geldes*. Leipzig 1900, bes. S. 229 ff. (»Das psychologische Auswachsen der Mittel zu Zwecken; das Geld als extremstes Beispiel«).

15 Karl Marx: »Zur Judenfrage« In: Karl Marx, Friedrich Engels: *Werke* (MEW). 13. Aufl. Berlin 1981, Bd. 1, S. 374–375.

16 Walter Benjamin: »Brief an Theodor W. Adorno aus Paris am 6.8.1939« In: Ders.: *Gesammelte Briefe*. Bd 6. 1938–1940. Hg. von Christoph Güdde, Henri Lonitz. Frankfurt a.M. 2000, S. 315 ff., hier S. 316. Zuvor schon Brief an Adorno aus Paris vom 23.2.1939, ebd., S. 224 ff., bes. S. 227.

17 Georg Lukács: *Geschichte und Klassenbewusstsein. Studien über marxistische Dialektik* (1923). Neuwied 1964 (= Sammlung Luchterhand, 11), S. 257 ff. – Siehe auch Georges Labica: Artikel »Verdinglichung« In: *Kritisches Wörterbuch des Marxismus*. Hg. von Georges Labica, Gérard Bensussan. Herausgeber der deutschen Ausgabe: Wolfgang Fritz Haug. Bd. 8, Hamburg 1989, S. 1366–1369. – Marx zum Warenfetischismus: »Das Geheimnisvolle der Warenform besteht also einfach darin, daß sie den Menschen die gesellschaftlichen Charaktere ihrer eignen Arbeit als gegenständliche Charaktere der Arbeitsprodukte selbst, als gesellschaftliche Natureigenschaften dieser Dinge zurückspiegelt, daher auch das gesellschaftliche Verhältnis der Produzenten zur Gesamtarbeit als ein außer ihnen existierendes gesellschaftliches Verhältnis von Gegenständen. Durch dies Quidproquo werden die Arbeitsprodukte Waren, sinnlich übersinnliche oder gesellschaftliche Dinge. So stellt sich der Lichteindruck eines Dings auf den Sehnerv nicht als subjektiver Reiz des Sehnervs selbst, sondern als gegenständliche Form eines Dings außerhalb des Auges dar. Aber beim Sehen wird wirklich Licht von einem Ding, dem äußeren Gegenstand, auf ein andres Ding, das Auge, geworfen. Es ist ein physisches Verhältnis zwischen physischen Dingen. Dagegen hat die Warenform und das

Wertverhältnis der Arbeitsprodukte, worin sie sich darstellt, mit ihrer physischen Natur und den daraus entspringenden dinglichen Beziehungen absolut nichts zu schaffen. Es ist nur das bestimmte gesellschaftliche Verhältnis der Menschen selbst, welches hier für sie die phantasmagorische Form eines Verhältnisses von Dingen annimmt. Um daher eine Analogie zu finden, müssen wir in die Nebelregion der religiösen Welt flüchten. Hier scheinen die Produkte des menschlichen Kopfes mit eignem Leben begabte, untereinander und mit den Menschen in Verhältnis stehende selbständige Gestalten. So in der Warenwelt die Produkte der menschlichen Hand. Dies nenne ich den Fetischismus, der den Arbeitsprodukten anklebt, sobald sie als Waren produziert werden, und der daher von der Warenproduktion unzertrennlich ist.« Karl Marx, Friedrich Engels: *Werke*. Berlin 1968, Bd. 23, S. 85 f. (Karl Marx: *Das Kapital*, 1. Bd.).

18 Schaefer 1974 (wie Anm. 11), S. 188.

19 Max Raphael: *Arbeiter, Kunst und Künstler*. Frankfurt a.M. 1975, S. 123 ff.

20 Max Raphael: *Erkenntnistheorie der konkreten Dialektik*. Paris 1934, S. 122.

21 Früh schon hatte sich Wölfflin zur Formfrage geäußert in: *Prolegomena zu einer Psychologie der Architektur*. München 1886.

22 Vgl. Heinrich Wölfflin: *Die klassische Kunst. Eine Einführung in die italienische Renaissance*. München 1899.

23 Max Raphael: *Von Monet zu Picasso*. München 1913. – Das Buch erschien im Delphin-Verlag, der für die neuen Kunsttendenzen aufgeschlossen war. So kam ein Jahr zuvor als Veröffentlichung der Neuen Künstlervereinigung von Otto Fischer *Das neue Bild*, heraus; zeitgleich mit Raphaels Buch publizierte der Verlag von Fritz Burger die Schrift *Cézanne und Hodler*.

24 Bekanntlich: Linear – malerisch, Fläche – Tiefe, Geschlossen – Offen, Vielheit – Einheit, Klarheit – Unklarheit (*Kunstgeschichtliche Grundbegriffe. Das Problem der Stilentwicklung in der neueren Kunst*. München 1915, S. 20 ff., 80 ff., 123 ff., 167 ff., 210 ff.).

25 Raphael 1913 (wie Anm. 23), S. 9.

26 Henri Bergson: *L'évolution créatrice*. Paris 1907. – Vgl. auch die zeitgenössische Studie von Horace Meyer Kallen: *William James and Henri Bergson. A Study in Contrasting Theories of Life*. Chicago 1914, bes. S. 52 ff. (über die Methode der Intuition und die Entdeckungen des Pragmatismus). – Raphael war Bergson als Student in Paris begegnet. Vgl. Hans-Dietrich Sander: *Marxistische Ideologie und allgemeine Kunsttheorie*. Tübingen 1970, S. 201.

27 Adolf von Hildebrand: *Das Problem der Form in der bildenden Kunst* (1893). 6. Aufl. Straßburg 1908 (zur Flächen- und Tiefenvorstellung, S. 40 ff.; zur Reliefauffassung, S. 58 ff.; zur Form als Funktionsausdruck, S. 76 ff.).

28 Hermann Cohen: *Ästhetik des reinen Gefühls*. 2 Bde. Berlin 1912, Bd. 1, S. 21 ff. (zur Imagination und Intuition). – Hugo Münsterberg: *Philosophie der Werte. Grundzüge einer Weltanschauung*. Leipzig 1908.

29 William James: *Psychology*. New York 1892, Kap. XI, S. 151 ff.

30 Albert Gleizes, Jean Metzinger: *Du Cubisme*. Paris ca. 1912 (44 S.).

31 Raphael 1913 (wie Anm. 23), S. 113.

32 Vgl. Sander 1970 (wie Anm. 26), S. 194. – Siehe auch Max Raphael: *Lebens-Erinnerungen. Briefe, Tagebücher, Skizzen, Essays*. Hg. von Hans-Jürgen Heinrichs. Frankfurt a.M. 1985, S. 190 ff.

33 Max Raphael: *Zur Erkenntnistheorie der konkreten Dialektik*. Paris 1934. Später erschienen als fotomechanischer Reprint (1972) im Verlag Neue Kritik, Frankfurt a.M., sowie unter dem Titel *Theorie des geistigen Schaffens auf marxistischer Grundlage*. Frankfurt a.M. 1974 im S. Fischer-Verlag.

34 Walter Benjamin: »Brief an Max Horkheimer vom 3.8.1938« In: Ders. 2000 (wie Anm. 16), Bd. 6, S. 146 ff., S. 154 (Kommentar der Herausgeber).

35 Deutsch unter dem Titel *Sozialgeschichte der Kunst und Literatur*. München 1953, zunächst in zwei Bänden, in späteren Auflagen als einbändige Ausgabe.

36 Edmund Husserl: *Logische Untersuchungen*. Bd. 1: *Prolegomena zur reinen Logik*. Halle 1900; Bd. 2: *Untersuchungen zur Phänomenologie und Theorie der Erkenntnis*. Halle 1901.

37 Vgl. zu Ingarden: Norbert Schneider: *Geschichte der Ästhetik von der Aufklärung bis zur Postmoderne*. 5. Aufl. Stuttgart 2010, S. 149 ff.

38 Martin Heidegger: *Der Ursprung des Kunstwerks* (1935/36). Stuttgart 1965 u.ö.

39 Abgedruckt in: Raphael 1975 (wie Anm. 19), S. 51 ff.

40 Zur Ekphrasis vgl. Gottfried Boehm, Helmut Pfotenhauer (Hg.): *Beschreibungskunst, Kunstbeschreibung. Ekphrasis von der Antike bis zur Gegenwart*. München 1995; W. J. Thomas Mitchell: *Picture Theory: Essays on Verbal and Visual Representation*. Chicago 1994.

41 Letztlich geht dieses Symmetrie-Modell auf Dilthey zurück, der den hermeneutischen Akt reziprok zu dem des künstlerischen Schaffens sah. Vgl. Wilhelm Dilthey: »Der Aufbau der geschichtlichen Welt in den Geisteswissenschaften« In: Ders.: *Gesammelte Schriften*, Bd. 7, Göttingen 2006.

42 Zit. nach: Max Raphael: *Marx - Picasso. Die Renaissance des Mythos in der bürgerlichen Gesellschaft*. Hg. von Klaus Binder. Frankfurt a.M. 1989, S. 17 (gekürzte Fassung von: Max Raphael: *Proudhon - Marx - Picasso*. Paris 1933).

43 Zum Verhältnis von Basis und Überbau vgl. das klassische Zitat von Marx im Vorwort von *Zur Kritik der politischen Ökonomie*: »In der gesellschaftlichen Produktion ihres Lebens gehen die Menschen bestimmte, notwendige, von ihrem Willen unabhängige Verhältnisse ein, Produktionsverhältnisse, die einer bestimmten Entwicklungsstufe ihrer materiellen Produktivkräfte entsprechen. Die Gesamtheit dieser Produktionsverhältnisse bildet die ökonomische Struktur der Gesellschaft, die reale Basis, worauf sich ein juristischer und politischer Überbau erhebt und welcher bestimmte gesellschaftliche Bewußtseinsformen entsprechen. Die Produktionsweise des materiellen Lebens bedingt den sozialen, politischen und geistigen Lebensprozeß überhaupt. Es ist nicht das Bewußtsein der Menschen, das ihr Sein, sondern umgekehrt ihr gesellschaftliches Sein, das ihr Bewußtsein bestimmt.« Marx/Engels 1968 (wie Anm. 17), Bd. 13, S. 8 f.

44 Norbert Schneider: »Zu Max Raphaels Konzept einer Kunstwissenschaft auf schaffenstheoretischer Grundlage« In: Raphael 1975 (wie Anm. 19), S. 258–274.

45 Vgl. Wolfgang Metzger: *Psychologie. Die Entwicklung ihrer Grundannahmen seit der Einführung des Experiments*. Darmstadt 1954; Wolfgang Köhler: *Gestalt Psychology*. New York 1928; Kurt Koffka: *Principles of Gestalt Psychology*. London 1935. – Vgl. auch Peter Hofstätter: *Psychologie*. Frankfurt a.M. 1957 u.ö., S. 142 ff.

46 Carl von Lorck: *Grundstrukturen des Kunstwerks. Entwurf einer Physiognomik der bildenden Kunst nebst Beiträgen zur Erklärung der Perspektive und Raumdarstellung*. Wildpark-Potsdam 1926.

47 Willi Drost: *Die Lehre vom Rhythmus in der heutigen Ästhetik der bildenden Künste*. Diss. Leipzig 1919; Ders.: *Form als Symbol. Strukturen des Kunstwerks und ihre Deutung*. Siegen 2003.

48 Paul Frankl: *System der Kunstwissenschaft*. Brünn 1938.

49 Paul Frankl: *Die Entwicklungsphasen der neuen Baukunst*. Leipzig 1914, S. 1 ff. (»Heinrich Wölfflin in Ehrfurcht gewidmet«, Einleitung: »Problem und Methode«). – Zur Bedeutung der Forschungen Frankls für Raphael siehe Jutta Held: »Max Raphaels kritische Bestimmung

spätkapitalistischer und sozialistischer Architektur« In: Max Raphael: *Für eine demokratische Architektur. Kunstsoziologische Schriften.* Frankfurt a.M. 1976, S. 132–157 (= Nachwort), bes. S. 134.

50 Wilhelm Dilthey: *Einleitung in die Geisteswissenschaft. Versuch einer Grundlegung.* Leipzig 1883; Ders.: *Die Typen der Weltanschauung und ihre Ausbildung in den metaphysischen Systemen.* Berlin 1911; Ders.: *Das Erlebnis und die Dichtung. Vier Aufsätze.* Leipzig 1907, 2. Aufl.

51 Karl Jaspers: *Allgemeine Psychopathologie. Leitfaden für Studierende, Ärzte und Psychologen.* Berlin 1913; Ders.: *Psychologie der Weltanschauungen.* Berlin 1919, S. 177 ff.; Eduard Spranger: »Die psychologisch-historische Typenbildung« (1905) In: Ders.: *Gesammelte Schriften.* Bd. 6: *Kulturphilosophie und Kulturkritik.* Tübingen 1969, S. 104–119; Ernst Troeltsch: »Die Soziallehren der christlichen Kirchen und Gruppen« (1912) In: Ders.: *Gesammelte Schriften.* Bd. 1, Tübingen 1912, S. 417–994; Ernst Kretschmer: *Körperbau und Charakter.* Berlin 1921; Ders.: »Der Typus als erkenntnis-theoretisches Problem« In: *Studium Generale* 4, 1951, S. 399–401.

52 Max Weber: *Gesammelte Aufsätze zur Wissenschaftslehre.* Tübingen 1922, passim.

53 Raphael 1989 (wie Anm. 42), S. 19.

54 Raphael 1985 (wie Anm. 32), S. 363.

55 Walter Benjamin: *Urspung des deutschen Trauerspiels.* Hg. von Rolf Tiedemann. Frankfurt a.M. 1990 (= suhrkamp taschenbuch wissenschaft, 225), Kapitel »Acedia und Untreue«. – Zur »Acedia« als »Trägheit des Herzens« hat sich Benjamin auch in seinen Geschichtsthesen (»Über den Begriff der Geschichte«) geäußert.

56 Vgl. Martin Warnke: »Der Leidschatz der Menschheit wird humaner Besitz« In: Werner Hofmann, Georg Syamken, Martin Warnke: *Die Menschenrechte des Auges. Über Aby Warburg.* Frankfurt a.M. 1980, S. 113–186.

»Museum und Politik« – Kommentierte Bibliografie

Baur, Joachim: *Die Musealisierung der Migration. Einwanderungsmuseen und die Inszenierung der multikulturellen Nation*. Bielefeld 2009. 404 Seiten.

Anhand mehrerer Fallbeispiele aus den USA, Kanada und Australien untersucht der wissenschaftliche Mitarbeiter am Zeitgeschichtlichen Forum Leipzig und an der Universität Tübingen den Diskurs um die Einwanderermuseen, die auch in Europa zunehmend anzutreffen sind. Der Prozess der Institutionalisierung des Verhältnisses zwischen Migration und Museum liegt im Fokus dieser Studie. Diese neue Art der Institution wird als Produktionsstätte von Bedeutung und Erinnerungskultur verstanden, die mehr und mehr Eingang in die deutsche Museumslandschaft findet, die, laut Baur, bisher eher ein Verständnis von temporärer Einwanderungskultur besaß.

Buddensieg, Andrea; Weibel, Peter (Hg.): *Contemporary Art and the Museum. A Global Perspective*. Ostfildern 2007. 256 Seiten.

Der englischsprachige Sammelband umfasst Aufsätze und Essays von Rasheed Araeen, Claude Ardouin, Hans Belting, Rustom Bharucha, Andrea Buddensieg, John Clark, Karen Cordero Reimann, Mamadou Diawara, Serge Gruzinski, Salma Khadra Jayyusi, Bogumil Jewsiewicki, Beral Madra, John Onians und Peter Weibel. Thematischer Schwerpunkt ist die Diskussion um den Einfluss der Globalisierung auf die zeitgenössische Kunst und damit auch auf die Institution Museum. Besondere Aufmerksamkeit liegt hierbei auf den nicht-westlich-orientierten Ländern. Es wird herausgestellt, inwiefern auch politisch-ökonomische Interessen eine Rolle bei der Repräsentation von Kultur in Museen spielen können. Vorangegangen sind diesem Band zwei internationale Konferenzen, die in Kooperation mit dem *International Research Center for Cultural Studies* (IFK) in Wien im Jahr 2006 veranstaltet wurden. Internationale Fachleute aus verschiedenen Bereichen nahmen daran teil, um die Position der Institution Museum in verschiedenen Ländern der Welt zu kommunizieren und zu vergleichen und diese gegebenenfalls auch zu verändern. Die Ergebnisse dieser Konferenzen wurden in den Texten dieses Bandes zusammengetragen.

Belting, Hans; Buddensieg, Andrea (Hg.): *The Global Art World. Audiences, Markets, and Museums*. Ostfildern 2009. 408 Seiten.

Diese englischsprachige Publikation, die als Fortsetzungsband des Sammelbandes *Contemporary Art and the Museum. A Global Perspective* (2007) publiziert wurde, umfasst Aufsätze von Emanoel Araújo, Claude Ardouin, Savaş Arslan, Louisa Avgita, Joaquín Barriendos, Hans Belting, Andrea Buddensieg, Karen Cordero Reiman, T.J. Demos, Thomas Fillitz, Miguel A. Hernández-Navarro, Oscar Ho Hing-kay, Ángel Kalenberg, Ramon Lerma, Justo Pastor Mellado, Masaaki Morishita, Jack Persekian, Colin Richards, Rafael Sámano Roo, Laymert Garcia dos Santos, Mirjam Shatanawi, Eugene Tan und Peter Weibel. Wie auch schon dem Vorgängerband gingen dieser Publikation internationale Konferenzen des Projektes *Global Art and the Museum*

(GAM) voraus. Ziel dieser Konferenzen, dieser Publikation und des GAM ist es, die Einflüsse der Globalisierung in den letzten zwanzig Jahren auf die Kunstwelt aufzuzeigen. Hierbei stehen besonders Fragen nach den post-kolonialen Einflüssen westlicher Kunst und westlicher Museen auf die Kunst und Kultur in nicht-westlichen Ländern im Vordergrund.

Dröge, Kurt; Hoffmann, Detlef (Hg.): *Museum revisited. Transdisziplinäre Perspektiven auf eine Institution im Wandel.* Bielefeld 2010. 381 Seiten.

Die Herausgeber wollen mit den gesammelten und überarbeiteten Masterarbeiten des Studienganges *Museum und Ausstellung* der Universität zu Oldenburg einen Beitrag zum Diskurs der Bedeutung von Museen liefern. Grundannahme ist hierbei eine zunehmende Veränderung des Selbstverständnisses der Museen, die sich in einer Entwicklung vom konservativen, wissenschaftlichen Musentempel zum innovativen, kulturbildenden Medium innerhalb der Gesellschaft befinden. Welche Probleme dieser Wandel auslöst und in welcher Weise die alten Strukturen der Museen verändert werden können, wird in den Beiträgen dieses Sammelbandes erörtert und diskutiert.

Eissenhauer, Michael (Hg.): *Museen gestalten Zukunft – Perspektiven im 21. Jahrhundert* (= Museumskunde, Bd. 71,2). Kassel 2006. 101 Seiten.

Anlässlich der Jahrestagung des Deutschen Museumsbundes, die im Mai 2006 in Kooperation mit der Kulturstiftung der Länder stattfand, wurden die Perspektiven der Museen im 21. Jahrhundert diskutiert. Fragen nach der gesellschaftlichen Bedeutung und der Funktion der Museen sind vor allem angesichts des gesellschaftlichen Wandels (demografisch und kulturell) nicht von der Hand zu weisen. Provokant gibt der Herausgeber bereits im Vorwort die Frage an den Leser weiter: Inwieweit dürfen die öffentlichen Träger der Museen deren Sammlungsobjekte veräußern, um ihre Defizite im Haushalt auszugleichen? Demgegenüber stehen die traditionellen Aufgaben der Museen mit ihrem gesamtgesellschaftlichen Bildungsauftrag.

Hartz, Nikola: *Betriebswirtschaftliche Steuerung in Museen. Eine Untersuchung anhand der Berliner Landesmuseen.* Weimar 2009. 74 Seiten.

Diese betriebswirtschaftliche Untersuchung versteht sich als Wegweiser für eine spezialisierte Kosten- und Leistungsrechnung, die die Grundlage für eine verbesserte Steuerung in Museen und somit für einen verbesserten Finanzhaushalt bieten soll. Zur leichteren Vermittlung wird beispielhaft eine Kosten- und Leistungsrechnung anhand des Deutschen Technik Museums in Berlin dargestellt. Die Autorin betont hierbei, dass die Finanzierungsperspektive nicht im Mittelpunkt der musealen Arbeit stehen darf, sondern die klassischen Museumsaufgaben im Sinne des ICOM (sammeln, bewahren, ausstellen, erforschen und dokumentieren).

te Heesen, Anke; Michels, Anette (Hg.): *auf/zu. Der Schrank in den Wissenschaften.* Berlin 2007. 146 Seiten.

Der Sammelband erschien parallel zur gleichnamigen Ausstellung, die 2007/2008 an der Universität Tübingen stattfand, und umfasst neben den Beiträgen der Herausgeberinnen auch Beiträge von Julia Bertschik, Charlotte Brives, Frank Dürr, Oliver Elbs, Julica Hiller-Norouzi, Candida Höfer, Anna Keblowska, Markus Krajewski, Bruno

Latour und Matthias Winzen. Gegenstand und Anlass der Ausstellung und des Sammelbandes ist die Annahme, dass Schränke unsere Wahrnehmung beeinflussen. Differenziert werden dabei funktionale Hierarchien sogenannter Zeigemöbel, Schließmöbel, Ordnungsmöbel, Repräsentationsmöbel, die nicht zuletzt für Wahrnehmungsgewohnheiten im Ausstellungswesen eine wichtige Rolle spielen.

Jaschke, Beatrice; Martinz-Turek, Charlotte; Sternfeld, Nora (Hg.): *Wer spricht? Autorität und Autorschaft in Ausstellungen* (= Ausstellungstheorie & Praxis, Bd. 1). Wien 2005. 219 Seiten.

Dieser Sammelband entstand im Rahmen einer Workshopreihe im Winter 2003/2004, die Fragen nach Autorität und AutorInnenschaft in Museen und Ausstellungen zum Inhalt hatte. Genauer beschäftigt sich der Band mit der Konstruktion von Sprache im Ausstellungswesen, deren Wahrnehmung und auch deren Suggestion, die oftmals nicht angesprochen oder bewusst wahrgenommen wird. Desweiteren werden in den drei Teilen dieses Bandes (»Reflexion«, »Präsentationen« und »Institutionen«) durch Beiträge unter anderem von Martina Böse, Andreas Hoffer, Renate Höllwart, Oliver Marchart und Rahel Puffert die Möglichkeiten und Grenzen einer emanzipatorischen Vermittlungspraxis vorgestellt.

Kazeem, Belinda; Martinz-Turek, Charlotte; Sternfeld, Nora (Hg.): *Das Unbehagen im Museum. Postkoloniale Museologien* (= Ausstellungstheorie & Praxis, Bd. 3). Wien 2009. 236 Seiten.

Die dritte Publikation der Reihe *Ausstellungstheorie & Praxis* versammelt Beiträge u.a. von Belinda Kazeem, Brigitta Kuster, Nikola Lauré al-Samarai, Charlotte Martinz-Turek und Nora Sternfeld. Untersucht wird das Selbstverständnis von Museen vor dem Hintergrund der *Postcolonial Studies*. Es sollen Handlungsräume aufgezeigt werden, die sich durch die Kritik an westlichen Museen ergeben.

Kirchberg, Volker: *Gesellschaftliche Funktionen von Museen. Makro-, meso- und mikro-soziologische Perspektiven.* Wiesbaden 2005. 397 Seiten.

Als Stichwort für eine praxisorientierte Marktforschung für Museen, der in dieser Publikation nachgegangen werden soll, ist hier die Methode der Besucherevaluation zu nennen. Fragen nach gesellschaftlichen Gruppen, die als Zielgruppen für ein Museum in Frage kommen oder Fragen nach spezifischen, gesellschaftlichen Strukturen und Funktionen, auf die ein Museum Einfluss haben kann, werden untersucht. Die Wichtigkeit dieser Art von Marktforschung findet unter den deutschen Museen, auch vor dem Hintergrund der non-profit Struktur, immer mehr Beachtung. Ausgehend von einer empirischen Untersuchung des sogenannten Museumsbooms will Kirchberg Antworten auf soziologische Fragen nach der gesellschaftlichen Funktion von Museen in der sich wandelnden Gesellschaft finden.

Korff, Gottfried (Hg.): *Museumsdinge. deponieren – exponieren.* Köln/Weimar/Wien 2007. 2. überarb. Aufl. 404 Seiten.

Der Kulturwissenschaftler und Ausstellungsmacher Gottfried Korff diskutiert in diesem Sammelband, der sowohl eigene Aufsätze als auch Beiträge von GastautorInnen umfasst, die Sammlungs- und Ausstellungspraktiken von Museen und die gesellschaftliche Funktion des Museums als Repräsentant, aber auch als Konstrukteur von Kultur. Im Vorwort zur Erstauflage dieses Bandes erklärt Korff, dass es einer Auseinandersetzung der »Mensch-Ding-Beziehung« auf historischer und soziologischer Ebene bedarf, die natürlich im Museum stattfindet, aber nur selten kritisch, hinsichtlich der Expositionspraktiken, analysiert wird. Die Beiträge dieses Bandes sollen theoretisch die Grundidee des Museums erörtern und praktische Verweise in die Museumsarbeit geben.

Kudorfer, Susanne; Kunz-Ott, Hannelore; Weber, Traudel (Hg.): *Kulturelle Bildung im Museum. Aneignungsprozesse. Vermittlungsformen. Praxisbeispiele.* Bielefeld 2009. 205 Seiten.

Die Fragen nach museumspädagogischen Praktiken, die die Vermittlung von kulturellen Inhalten und Erfahrungen verbessern, stehen im Vordergrund dieses Tagungsbandes der Fachtagung *Bildung – Was sonst?! Aneignungsprozesse und Vermittlungsformen in Museen*, die im November 2008 in München stattfand. Aber auch die Probleme, die sich angesichts begrenzter Ressourcen wie beispielsweise Zeit und finanzieller Mittel für die MuseumsmitarbeiterInnen ergeben, werden dargestellt und sollen durch konstruktive Anregungen positiv beeinflusst werden.

Muttenthaler, Roswitha; Wonisch, Regina: *Gesten des Zeigens. Zur Repräsentation von Gender und Race in Ausstellungen.* Bielefeld 2006. 264 Seiten.

Die Visualisierungspraktiken von ›gender‹, ›race‹ und ›class‹ in Ausstellungen sind der zentrale Ausgangspunkt der Untersuchungen in diesem Band. Am Beispiel von drei Wiener Museen (das Museum für Völkerkunde, das Kunsthistorische Museum und das Naturhistorische Museum) werden Inhalte, die spezifische Anordnung der Exponate, Texte, Ausstellungsarchitektur, Lichtführung und Raumgestaltung auf latente Suggestionen hin untersucht, die als symptomatisch für die wissenschaftliche und gesellschaftspolitische Verortung von kultureller Hierarchisierung zu verstehen sind. Zudem versuchen die Autorinnen, neue Analyseinstrumentarien, die sie auch durch Zusammenarbeit mit Vertretern der Semiotik, Literaturwissenschaft und Psychoanalyse in einem Workshop mit dem Titel *Grammatiken des Ausstellens* erarbeitet haben, in ihre Untersuchung mit einfließen zu lassen.

Segelken, Barbara: *Bilder des Staates. Kammer, Kasten und Tafel als Visualisierungen staatlicher Zusammenhänge.* Berlin 2010. 243 Seiten.

Die überarbeitete Dissertation von Barbara Segelken beschäftigt sich mit den historischen Wissens- und Ordnungssystemen, die ihre Anwendung bereits in den Kunstkammern Europas im 16. Jahrhundert hatten und auch heute noch Gegenstand der Museumsforschung sind. Diese Ordnungssysteme und Sammlungspraktiken generieren subversive Botschaften, die oft unter politischen Einflüssen oder repräsentativen Ansprüchen bewusst durchgeführt wurden oder unbewusst durch Kontextualisierung entstanden. Aber auch der wissenschaftliche Anspruch an die Kunstkammern, sich die Welt in einem Mikrokosmos begreiflich zu machen, spielt bei den Ordnungs- und Inszenierungsstrategien eine große Rolle. Untersucht werden die Zusammenhänge zwischen Kunstkammer und der Ordnung des Staatswesens und wie sich die politischen Einflüsse in den Sammlungspraktiken widerspiegeln.

Sommer-Sieghart, Monika; Martinz-Turek, Charlotte (Hg.): *Storyline. Narration im Museum* (= Ausstellungstheorie & Praxis, Bd. 2). Wien 2009. 253 Seiten.

Die Dekontextualisierung von sogenannten authentischen Objekten, die in eine Sammlung aufgenommen werden, schafft Platz für neue Bedeutungszuschreibungen, die sich durch den neuen Kontext der Ausstellung, ergeben. Dieses Faktum dient den AutorInnen als Ausgangspunkt für ihre Überlegungen, die sich in die noch recht junge Disziplin der *Museum Studies* verorten lassen. Der Begriff *Storyline*, der für gewöhnlich seine Anwendung in der zeitgenössischen Dramaturgie findet, wird hier als Bezeichnung für die narrativen Kontexte einer Ausstellung benutzt. Eben dieser narrative Charakter, der in jeder Ausstellung zu finden ist, ist es, der die Aufmerksamkeit des Rezipienten vom Objekt, für sich genommen, ablenkt. Entstehen durch die Inszenierung von Ausstellungen unterschiedliche Hierarchien in der Wahrnehmung? Die Analysen in diesem Band wollen dieser Frage nachgehen und die Museen zu einer selbstkritischeren Reflexion animieren, die dem Kanonisieren von Kunst, Natur- und Technikgeschichte und dem Bedienen einfacher Erwartungshaltungen des Publikums entgegenwirken sollen.

Lisa Minor

Autorinnen und Autoren

BUKET ALTINOBA. Geb. 1980, Studium: Kunstgeschichte, Multimedia in den Geistes- und Sozialwissenschaften, Angewandte Kulturwissenschaften an der Universität Karlsruhe (TH). Stipendiatin des Graduiertenkollegs *Bild-Körper-Medium. Eine anthropologische Perspektive* an der HfG Karlsruhe mit dem Dissertationsprojekt *Zeitgenössische Kunst zwischen Orient und Okzident. Eine Begegnung mit Künstlern aus Istanbul im 21. Jahrhundert*. Veröffentlichungen: »Techniken der Kalligraphie und ihre (trans-) kreatorische Dynamik in der Gegenwartskunst der Türkei« In: Martin Schulz, Beat Wyss (Hg.): *Techniken des Bildes* (2010), »Aspects of Art Globalization: The presentation of the 6th Video-Program (Düşleri düşlemek…and Dreams are Dreams of the Istanbul Modern Museum)« In: Linda Baez-Rubin (Hg.): *The Itineraries of the Image: practices, uses and function* (2011).

SUSANNE ASCHE, Dr. phil. Geb. 1955, Studium: Deutsch, Geschichte und Sozialkunde für das Lehramt am Gymnasium in Marburg. U.a. Lehrbeauftragte der Universitäten Hamburg und Karlsruhe, Historikerin am Stadtarchiv Karlsruhe, Leiterin des Pfinzgaumuseums, stellvertretende Leiterin des Instituts für Stadtgeschichte, Leiterin des Fachbereichs Kultur Offenburg. Derzeit Leiterin des Kulturamtes Karlsruhe. Veröffentlichungen (Auswahl): *Karlsruher Frauen 1715–1945: Eine Stadtgeschichte* (1992), *Fabrik im Museum - Industrie und Gewerbe in Durlach* (2003), *Die Straße der Demokratie* (2007), *Schutzbürgerin, Bürgerin, Politikerin - Jüdische Frauen in der Residenz- und Landeshauptstadt Karlsruhe* (2009).

KLAUS VON BEYME, Prof. Dr. phil. Geb. 1934, Studium: Politikwissenschaft, Geschichte, Kunstgeschichte und Soziologie in Heidelberg, Bonn, München, Paris und Moskau. U.a. Research Fellow am Russian Research Center der Harvard University, Professor (zeitweilig Rektor) an der Universität Tübingen, Professur an der Frankfurter Universität, Leiter des Instituts für politische Wissenschaft an der Universität Heidelberg, diverse Gastprofessuren, Präsident der International Political Science Association. Auszeichnungen (Auswahl): Ehrenprofessorwürde der Staatlichen Lomonossow-Universität in Moskau, Ehrenmitgliedschaft der Universität Berlin, Universitätsmedaille der Universität Heidelberg, Ehrendoktorwürde der Universität Bern, Schader-Preis (2008). Veröffentlichungen (Auswahl): *Die Kunst der Macht und die Gegenmacht der Kunst* (1998), *Das Zeitalter der Avantgarden. Kunst und Gesellschaft 1905–1955* (2005), *Die Faszination des Exotischen: Exotismus, Rassismus und Sexismus in der Kunst* (2008), *Geschichte der politischen Theorien in Deutschland 1300–2000* (2009).

ANNA GREVE, Dr. phil. Geb. 1973, Studium: Kunstgeschichte und Politikwissenschaft an der Universität Osnabrück. Stipendiatin des Graduiertenkollegs *Reiseliteratur und Kulturanthropologie* an der Universität Paderborn. Post-Doc-Stipendium der Herzog August Bibliothek Wolfenbüttel. 2003–2007 zunächst Volontärin, dann wissenschaftliche Mitarbeiterin bei den Staatlichen Kunstsammlungen Dresden. Seit 2007 wissenschaftliche Mitarbeiterin am Fachgebiet Kunstgeschichte des Karlsruher Instituts für

Technologie (KIT) mit dem Habilitationsprojekt *Kritische Weißseinsforschung und europäische Kunstgeschichte*. Veröffentlichungen (Auswahl): *Die Konstruktion Amerikas* (2004), *Der Nationalsozialismus als europäische Vergangenheit* (2004), *Der Blick auf Dresden. Die Frauenkirche und das Werden der Dresdner Stadtsilhouette* (2005, zusammen mit Gilbert Lupfer und Peter Plaßmeyer), *From Caspar David Friedrich to Gerhard Richter. German Paintings from Dresden* (2006, zusammen mit Jon L. Seydl), *Äthiopien und Deutschland* (2006, zusammen mit Kerstin Volker-Saad).

DANIEL HORNUFF, Dr. phil. Geb. 1981, Studium: Theaterwissenschaft, Germanistik und Komparatistik in Leipzig sowie Kunstwissenschaft, Medientheorie und Philosophie in Karlsruhe. Seit November 2010 Assistent an der HfG Karlsruhe sowie Habilitationsstipendiat der Gerda Henkel Stiftung. Lehraufträge an der Universität München, UdK Berlin, Universität für angewandte Kunst Wien, Mozarteum Salzburg und Universität Tübingen. Veröffentlichung: *Im Tribunal der Bilder. Politische Interventionen durch Theater und Musikvideo* (2010).

BELINDA KAZEEM. Geb. 1980, Studium der Internationalen Entwicklung an der Universität Wien. Kulturarbeiterin, Autorin, Mitglied der Recherchegruppe zu Schwarzer österreichischer Geschichte und Gegenwart. Derzeit schreibt sie an ihrer Diplomarbeit zu bell hooks' Pädagogiken. Sie arbeitet zur Vergangenheit, Zukunft und Gegenwart von Dekolonisierung. Veröffentlichungen (Auswahl): »Keine Atempause. Über Sauerstoff und antirassistischen Widerstand« In: Konrad Becker, Martin Wassermair (Hg.): *Kampfzonen in Kunst und Medien. Texte zur Zukunft der Kulturpolitik* (2008), »Talking back. bell hooks und Schwarze feministische Ermächtigung« (2011, mit Johanna Schaffer) In: Alexandra Karentzos, Julia Reuter (Hg.): *Schlüsselwerke der Postcolonial Studies* (2011), *Das Unbehagen im Museum. Postkoloniale Museologien* (2009, mit Charlotte Martinz-Turek und Nora Sternfeld).

NICOLA LAURÉ AL-SAMARAI. Geb. 1969, Studium: Geschichte und Kulturwissenschaften. Freie Autorin und Lektorin. Arbeit zu Fragen marginalisierter Erinnerungs- und Kulturpolitik, Auto/Biografien und Postkolonialität. Publikation einer quellenkritischen Studie zu Frauenbiografien in der mittelalterlichen arabischen Historiografie (2001) sowie von Beiträgen über Schwarze deutsche Selbstrepräsentation. Mitarbeit in den Ausstellungsprojekten *I-Whiteness: Historical Sounding Gallery* (2004, mit Keith Piper und Tina M. Camp) und *Homestory Deutschland. Schwarze Biografien in Geschichte und Gegenwart* (2005/06). Veröffentlichungen (Auswahl): »Inspirited Topography: »Über/Lebensräume, Heim-Suchungen und die Verortung der Erfahrung in Schwarzen deutschen Kultur- und Wissenstraditionen« In: Maureen Maisha Eggers, Grada Kilomba, Peggy Piesche, Susan Arndt (Hg.): *Kritische Weißseinsforschung in Deutschland* (2005), *Re/visionen. Postkoloniale Perspektiven von People of Color auf Rassismus, Kulturpolitik und Widerstand in Deutschland* (2007, mit Kien Nghi Ha und Sheila Mysorekar).

GILBERT LUPFER, Prof. Dr. phil. Geb. 1955, Studium: Kunstgeschichte, Geschichte, Romanistik, Kultursoziologie, empirische Kulturwissenschaft an der Universität Tübingen und der FU Berlin. U.a. wissenschaftlicher Mitarbeiter beim Kulturamt Esslingen, wissenschaftlicher Assistent am Lehrstuhl für Kunstgeschichte an der TU Dresden, anschließend Privatdozent, dann außerplanmäßiger Professor. Diverse kuratorische Projekte für die Staatlichen Kunstsammlungen Dresden, Vorstand des Forschungsprojektes *Kunsttransfer – Die deutsch-russischen Kulturbeziehungen seit dem 17. Jahrhundert*. Seit 2008 wissenschaftlicher Leiter des Recherche-, Erfassungs- und Inventarisierungsprojektes *Daphne*. Veröffentlichungen (Auswahl): *Architekturführer Dresden* (1997), *Der Blick auf Dresden. Die Frauenkirche und das Werden der Dresdner Stadtsilhouette* (2005, mit Anna Greve und Peter Plaßmeyer), *Architekturführer Stuttgart* (2006), *Zukunft seit 1560. Von der Kunstkammer zu den Staatlichen Kunstsammlungen Dresden* (2010, mit Karin Kolb und Martin Roth).

ANKE MÜHRENBERG, Dr. phil. Geb. 1971, Studium: Geschichte, Volkskunde/Europäische Ethnologie und Osteuropäische Geschichte in Kiel. Von 1996 bis 2001 war sie an verschiedenen Museen und im Fernseharchiv des Norddeutschen Rundfunks tätig. Seit 2001 arbeitet sie in der Abteilung Stadtarchiv & Historische Museen des Kulturamtes der Stadt Karlsruhe, hierzu gehört auch das Pfinzgaumuseum, das sie seit 2005 leitet. Veröffentlichungen (Auswahl): *Kleine Geschichte Durlachs* (2009), *Durlacher Geschichte(n). Der 5. April 1945 – Zeitzeugen berichten* (2009), *Rintheim. Streifzüge durch die Ortsgeschichte* (2010).

SYLVESTER OKWUNODU OGBECHIE is Associate Professor of Art History at the University of California Santa Barbara, Department of the History of Art and Architecture. He is specialized in Classical, Modern, and Contemporary African and African Diaspora Arts; Visual Culture, and Knowledge Systems Theory. He is the Founder and Director of Aachron Knowledge Systems, which includes the publishing imprint *Aachron Editions and Critical Interventions: journal of African Art history and visual culture*. He has served on the board of the principal journals of contemporary African arts and also those of many major international museums. His publications include: *Ben Enwonwu: The Making of an African Modernist* (2008), *Making History. The Femi Akinsanya African Art Collection* (2011) and the blog AACHRONYM.

MARTIN PAPENBROCK, PD Dr. phil. Geb. 1963, Studium: Kunstgeschichte und Literaturwissenschaft an der Universität Osnabrück. U.a. Post-Doc-Stipendium und Habilitationsstipendium der Deutschen Forschungsgemeinschaft, Lehraufträge an den Universitäten Münster und Osnabrück, wissenschaftlicher Mitarbeiter an der Universität Karlsruhe, dort seit 2010 Lehrstuhlvertretung. Veröffentlichungen (Auswahl): *Funktionen christlicher Ikonographie in der deutschen Kunst der Jahre 1945–1949* (1991), *»Entartete Kunst«, Exilkunst, Widerstandskunst in westdeutschen Ausstellungen nach 1945* (1996), *Kunst des frühen 20. Jahrhunderts in deutschen Ausstellungen* (2000, 2 Bde., mit Gabriele Saure), *Landschaften des Exils. Gillis van Coninxloo und die Frankenthaler Maler* (2001), *Kunst und Politik. Jahrbuch der Guernica-Gesellschaft* (Herausgeberschaft 2001, 2003, 2006, 2010).

PEGGY PIESCHE. Geb. 1968, Studium: Deutsch und Russisch in Erfurt und Smolensk, Magister in Neuerer Deutscher Literatur, Geschichte und Philosophie an der Universität Tübingen, Stipendiatin des Graduiertenkollegs *Reiseliteratur und Kulturanthropologie* an der Universität Paderborn. U.a. DAAD-Lektorin an der Universität Utrecht in den Niederlanden, Lehraufträge an den Universitäten Leiden, Bochum, Bonn und Berlin. Mitarbeiterin des Projekts *Black European Studies* an der Universität Mainz. Zuletzt am Vassar College, derzeit am Hamilton College, New York. Veröffentlichungen (Auswahl): *AufBrüche. Kulturelle Produktionen von Migrantinnen Schwarzen und jüdischen Frauen in Deutschland* (1999), *Mythen, Masken und Subjekte. Kritische Weißseinsforschung in Deutschland* (2005, zusammen mit Maureen Maisha Eggers, Groda Kolimba und Susan Arndt).

PETER PRETSCH, Dr. phil. Geb. 1954, Studium: Neuere und Neueste Geschichte, Mediävistik und Kunstgeschichte in Karlsruhe, seit 1982 Leiter des zum Kulturamt der Stadt Karlsruhe gehörenden Stadtmuseums Karlsruhe, Mitarbeit bzw. Veröffentlichungen zur Stadt- und Regionalgeschichte (Auswahl): *»Geöffnetes Narrenturney«. Geschichte der Karlsruher Fastnacht* (= Veröffentlichungen des Karlsruher Stadtarchivs, Bd. 16, 1995), *Vom Gulden zum Euro. 175 Jahre Münzstätte Karlsruhe* (= Häuser- und Baugeschichte, Schriftenreihe des Stadtarchivs Karlsruhe, Bd. 39, 2002), *Eine Afrikareise im Auftrag des Stadtgründers. Das Tagebuch des Karlsruher Hofgärtners Christian Thran 1731-1733* (= Veröffentlichungen des Karlsruher Stadtarchivs, Bd. 30, 2008, zusammen mit Volker Steck).

JOACHIM SCHARLOTH, Prof. Dr. phil. Studium: Germanistik, Politikwissenschaft und Philosophie an den Universitäten Mainz und Heidelberg. Promotion an der Universität Heidelberg (2002), Habilitation an der Universität Zürich (2008). Seit 2010 Professur für Germanistische Linguistik an der Dokkyo-Universität in Tokyo. Forschungsschwerpunkte: Korpuslinguistik, Soziolinguistik, Linguistische Pragmatik, Sprachgeschichte. Aktuellste Veröffentlichungen: *1968. Eine Kommunikationsgeschichte* (2011), »Datengeleitete Korpuspragmatik: Korpusvergleich als Methode der Stilanalyse« (zusammen mit Noah Bubenhofer) In: Ekkehard Felden, Marcus Müller, Friedemann Vogel (Hg.): *Korpuspragmatik. Thematische Korpora als Basis diskurslinguistischer Analysen von Texten und Gesprächen* (2011).

NORBERT SCHNEIDER, Prof. Dr. phil. Geb. 1945. Dozent an der Hochschule für Gestaltung Bremen (1973), Professor an der Pädagogischen Hochschule Münster (1976) sowie den Universitäten Münster (1980), Bielefeld (1993), Dortmund (1995) und Karlsruhe (1998). Wintersemester 2009/10 Emeritierung. Zahlreiche Monografien, u.a. zur Geschichte der Malereigattungen (Stillleben, Porträtmalerei, Landschaftsmalerei, Genremalerei, Historienmalerei), zur Geschichte der Ästhetik, zur Erkenntnistheorie im 20. Jahrhundert, zur mittelalterlichen Plastik, zur venezianischen Malerei der Frührenaissance. Zusammen mit Jutta Held: *Sozialgeschichte der Malerei* (1993, 4. Aufl. 2006), *Grundzüge der Kunstwissenschaft* (2007). Von ihm erschien zuletzt: *Geschichte der Kunsttheorie von der Antike bis zum 18. Jahrhundert* (2011).

BEATRIZ V. TOSCANO. Geb. 1975, Studium: Kunstgeschichte, Geschichte, Sozialanthropologie und Philosophie an der Magna Hispalensis, Sevilla, und an der University of Pennsylvania, Philadelphia. Doktorandin an der Heinrich-Heine-Universität in Düsseldorf bei Prof. Dr. Vittoria Borsó mit der Arbeit *Ästhetik und Materialität.* Stipendiatin des Graduiertenkollegs *Bild-Körper-Medium. Eine anthropologische Perspektive* an der HfG Karlsruhe. Zuletzt Lehrbeauftragte für Kunstkritik der Nachkriegszeit an der University of Texas at Dallas. Veröffentlichung: »Über Schokoladenmühlen und Junggesellenmaschinen: Duchamps Uhrenwerkbilder« In: Martin Schulz, Beat Wyss (Hg.): *Techniken des Bildes* (2010).

Abbildungsverzeichnis und -nachweis

Beitrag Sylvester Okwunodu Ogbechie:

Abbildung 1: Façade of the National Museum of Nigeria, Lagos. Foto: Sylvester Okwunodu Ogbechie

Abbildung 2: National Museum of Nigeria: View of Storage Shelves showing selection of Wood Sculpture. Foto: Sylvester Okwunodu Ogbechie

Abbildung 3: Interior Courtyard of National Museum of Nigeria showing installation of Akwanshi monolith. Foto: Sylvester Okwunodu Ogbechie

Abbildung 4: Schoolchildren on a visit to the National Museum of Nigeria, March 2009. Foto: Sylvester Okwunodu Ogbechie

Abbildung 5: Installation shot of *All is Not Lost* exhibition. Foto: Sylvester Okwunodu Ogbechie

Abbildung 6: Yoruba, *Jagun*, detail of sculpture of Equestrian Figure from *All is Not Lost* exhibition. Foto: Sylvester Okwunodu Ogbechie

Beitrag Martin Papenbrock, Joachim Scharloth:

Abbildung 1–7: © bei den Autoren

Beitrag Norbert Schneider:

Abbildung 1: Umschlag von Max Raphael: *Arbeiter, Kunst und Künstler*. Frankfurt a.M. 1975

Abbildung 2: Umschlag von Max Raphael: *Von Monet zu Picasso*. München/Leipzig 1973

Abbildung 3: Jean-Baptiste Camille Corot (?): *Die Insel San Bartolommeo*. Rom, 1826–28. Boston, Museum of Fine Arts (Harriet Otis Cruft Fund). Quelle: Bildbeilage zu: Max Raphael: *Arbeiter, Kunst und Künstler*. Frankfurt a.M. 1975

Themenschwerpunkt des nächsten Bandes:
Kunst und Kirche

Bei Fragen zur Produktsicherheit wenden Sie sich bitte an:
If you have any questions regarding product safety, please contact:

Brill Deutschland GmbH
Robert-Bosch-Breite 10
37079 Göttingen
info@v-r.de